Studien zum Medizin- und Gesundheitsrecht

Herausgegeben von
Steffen Augsberg, Karsten Gaede, Jens Prütting

11

Ferdinand Wollenschläger

Krankenhausreform und Grundgesetz

Kompetentielle und grundrechtliche Determinanten
einer Reform von Krankenhausplanung
und Krankenhausvergütung

Mohr Siebeck

Ferdinand Wollenschläger, geboren 1976; Inhaber des Lehrstuhls für Öffentliches Recht, Europarecht und Öffentliches Wirtschaftsrecht an der Juristischen Fakultät der Universität Augsburg sowie Co-Direktor des Instituts für Bio-, Medizin- und Gesundheitsrecht.
orcid.org/0000-0001-8550-1354

ISBN 978-3-16- 162595-4 / eISBN 978-3-16-162596-1
DOI 10.1628/978-3-16-162596-1

ISSN 2699-6855 / eISSN 2699-6863 (Studien zum Medizin- und Gesundheitsrecht)

Die Deutsche Nationalbibliothek verzeichnet diese Publikation in der Deutschen Nationalbibliographie; detaillierte bibliographische Daten sind über *https://dnb.de* abrufbar.

© 2023 Mohr Siebeck Tübingen. www.mohrsiebeck.com

Das Werk einschließlich aller seiner Teile ist urheberrechtlich geschützt. Jede Verwertung außerhalb der engen Grenzen des Urheberrechtsgesetzes ist ohne Zustimmung des Verlags unzulässig und strafbar. Das gilt insbesondere für die Verbreitung, Vervielfältigung, Übersetzung und die Einspeicherung und Verarbeitung in elektronischen Systemen.

Das Buch wurde von Gulde Druck in Tübingen aus der Times New Roman gesetzt, auf alterungsbeständiges Werkdruckpapier gedruckt und gebunden.

Printed in Germany.

Vorwort

In der aktuellen Legislaturperiode steht eine grundlegende Reform der Krankenhausversorgung auf der gesundheitspolitischen Agenda. Zur Vorbereitung dieses Vorhabens hat das Bundesministerium für Gesundheit in Umsetzung des Koalitionsvertrags eine Regierungskommission eingesetzt. Deren im Dezember 2022 vorgelegte dritte Stellungnahme hat bedeutsame Vorschläge zur Reform der Krankenhausversorgung einschließlich der Vergütung unterbreitet, namentlich eine Abkehr von der rein leistungs- und mengenorientierten Vergütung des DRG-Systems zugunsten einer Kombination aus leistungsabhängiger Vergütung und an Versorgungslevel sowie Leistungsgruppen einschließlich Qualitätsanforderungen geknüpfter Vorhaltefinanzierung – Vorschläge, die weit reichende Konsequenzen für die Versorgungsstruktur zeitigen.

Die Herausforderung einer bundesweiten Krankenhausreform besteht darin, dass die Gesetzgebungskompetenzen für die Regelung des Krankenhauswesens zwischen Bund und Ländern aufgeteilt sind und die Abgrenzung der Kompetenzräume mit Schwierigkeiten behaftet ist. Damit stellt sich zunächst die Frage der zuständigen Ebene im deutschen Bundesstaat. Zudem müssen Grundrechtspositionen der Krankenhausträger beachtet werden. Vor diesem Hintergrund entfaltet die vorliegende Arbeit den grundgesetzlichen, insbesondere kompetentiellen und grundrechtlichen Rahmen für eine Reform von Krankenhausversorgung und -vergütung. Auf dieser Basis unterzieht sie nicht nur die aktuellen Reformvorschläge einer verfassungsrechtlichen Bewertung, vielmehr zeigt sie auch weitere Gestaltungsoptionen auf.

Dass die hier untersuchten Reformvorschläge der Regierungskommission nicht den Endpunkt der Krankenhausreform bilden, sondern lediglich einen wesentlichen Zwischenschritt auf dem Weg zur Verabschiedung eines Krankenhausreformgesetzes darstellen, ändert nichts an der Relevanz der vorliegenden Arbeit. Nicht nur ist davon auszugehen, dass sich die hier erörterten Aspekte auch als für die Bewertung eines Reformgesetzes bedeutsam erweisen. Vielmehr bietet die vorliegende Schrift eine von konkreten Reformvorhaben unabhängige Entfaltung des grundgesetzlichen Rahmens für die Regelung und Reform von Krankenhausplanung und Krankenhausvergütung sowie eine verfassungsrechtliche Bewertung denkbarer Gestaltungsoptionen.

Die vorliegende Schrift beruht auf einem Rechtsgutachten, das das Bayerische Staatsministerium für Gesundheit und Pflege, das Ministerium für Justiz und Gesundheit des Landes Schleswig-Holstein und das Ministerium für Arbeit, Gesundheit und Soziales des Landes Nordrhein-Westfalen in Auftrag gegeben haben und das der Verfasser im April 2023 erstattet hat. Abgesehen von redaktionellen Anpassungen und Aktualisierungen entspricht der Text dem Gutachten.

Der Verfasser dankt dem Verlag Mohr Siebeck und den Herausgebern der Reihe, den Kollegen Steffen Augsberg, Karsten Gaede und Jens Prütting, für die Aufnahme der Schrift in das Verlagsprogramm und namentlich Frau Dr. Julia Caroline Scherpe-Blessing, LL.M. (Cantab), und Frau Linnéa Hoffmann für die verlagsseitige Betreuung des Werkes. Frau Wiss. Mit. Mirjam Scherle, Herrn Wiss. Mit. Tim Gutmann, sowie den studentischen Hilfskräften Luisa Gambs, Carina Mader und Sebastian Vogt von meinem Lehrstuhl gebührt der Dank für die redaktionelle Bearbeitung des Textes.

München, im Juni 2023

Abstract

Keine Bundeskompetenz für Umsetzung der Empfehlungen der Regierungskommission. Krankenhausreform muss zwischen Bund und Ländern aufgespaltene Zuständigkeit für Regelung der Krankenhausversorgung beachten, insbesondere die Planungshoheit der Länder. Demnach bestehen verschiedene Reformoptionen.

Das Grundgesetz sieht keine umfassende Gesetzgebungskompetenz des Bundes für das Gesundheits- oder Krankenhauswesen vor. Vielmehr bestehen nur punktuelle (konkurrierende) Bundeszuständigkeiten, namentlich für die wirtschaftliche Sicherung der Krankenhäuser und die Regelung der Krankenhauspflegesätze (Art. 74 Abs. 1 Nr. 19a GG) sowie für die Sozialversicherung (Art. 74 Abs. 1 Nr. 12 GG). Die Krankenhausplanung hat das Grundgesetz, bekräftigt vom Bundesverfassungsgericht, den Ländern zugewiesen, was die Reichweite der genannten Kompetenztitel als Basis für Regelungen des Bundes beschränkt; den Ländern müssen eigenständige und umfangmäßig erhebliche Planungsspielräume verbleiben, gerade auch für die legislative, abstrakt-generelle Rahmensetzung. Dabei gilt ein Primat der Landeskrankenhausplanung gegenüber Vergütungsregelungen des Bundes. Diese Kompetenzverteilung lässt sich nicht mittels ungeschriebener Bundeskompetenzen (Annexkompetenz bzw. Kompetenz kraft Sachzusammenhangs) überspielen, die zudem nur in äußerst engen Grenzen greifen.

Nach der grundgesetzlichen Kompetenzordnung besteht keine Zuständigkeit des Bundes für die Umsetzung der Empfehlungen der Regierungskommission, da diese die Planungsbefugnis der Länder übermäßig beschneiden. Unerheblich ist, dass nicht unmittelbar Vorgaben für die Krankenhausplanung, sondern Vergütungsregelungen getroffen werden sollen. Denn letzteren kommt erhebliche Planungsrelevanz zu. Hängt die Vergütung der Krankenhäuser, wie vorgesehen, von der bundesrechtlich definierten Berechtigung zur Leistungserbringung qua Levelzuordnung und der Einhaltung von bundesrechtlich definierten Qualitätsanforderungen ab, können die Krankenhäuser den krankenhausplanerisch zugewiesenen Versorgungsauftrag (adäquat vergütet) nur noch nach Maßgabe detaillierter Strukturvorgaben des bundesrechtlichen Vergütungsregimes erfüllen. Die Struktur- und Qualitätsvorgaben des Reformvorschlags tangieren dabei offenkundig Kategorien der Krankenhausplanung in erheblichem Umfang (detaillierte Definition von Leveln und Leistungsgruppen; Zuweisung von Leistungsgruppen zu Leveln; detaillierte Mindeststrukturvorgaben; Rolle von Fachkliniken). Durch die Vergütungsvorgaben entsteht nicht nur ein erheblicher faktischer Anpassungsdruck für die Planung; vielmehr ist die Steuerung der Versorgungsstruktur auch beabsichtigt. Dies widerspricht zugleich dem kompetentiell fundierten Primat der Krankenhausplanung gegenüber Vergütungsregelungen, da das Vergütungsregime eigenständige, die Planungshoheit übermäßig beschneidende Strukturanforderungen formuliert. Jenseits dessen bewirkt der Reformvorschlag einen – auch vor dem Hintergrund der Widerspruchsfreiheit der Rechtsordnung relevanten – Systembruch in der dualen Krankenhausfinanzierung, da erste und zweite Säule der Krankenhausfinanzierung nicht mehr synchronisiert wären, mithin Krankenhäuser in die Investitionskostenförderung einzubeziehen wären, obgleich ihnen kein adäquater Vergütungsanspruch zukommt.

Zur Realisierung der Krankenhausreform bestehen verschiedene Lösungsmöglichkeiten. Mittels einer *Vergütungsregelung unter Verzicht auf die Planungshoheit übermäßig beschneidender Strukturvorgaben* lassen sich wichtige Anliegen realisieren, namentlich die Fehlanreize beseitigende Umstellung von einer rein leistungs- und mengenorientierten Vergütung des DRG-Systems auf eine Kombination aus leistungsabhängiger Vergütung und v. a. an Leistungsgruppen geknüpfter Vorhaltefinanzierung. Rechtssicher und kompetenzkonform realisierbar ist eine *landesautonome Umsetzung des Reformvorschlags*, wobei eine landesübergreifende Koordinierung (Staatsvertrag; Musterentwurf) und eine Abstimmung mit dem Bund möglich ist. Mit *Rahmenvorgaben für die Landeskrankenhausplanung* (namentlich Festlegung der Länder auf Planung nach Leistungsgruppen und Leveln sowie auf der Basis von Mindeststrukturvorgaben, wobei keine weitere verbindliche Konkretisierung erfolgen darf), ließe sich die Krankenhausplanung im Vergleich zum Status quo stärker steuern, wobei bereits gegen diesen Ansatz kompetentielle Einwände erhoben werden. Eine *Detailsteuerung der Krankenhausversorgung mit umfassenden Abweichungsbefugnissen zugunsten der Länder* begegnet wegen der gleichwohl in Anspruch genommenen überschießenden Regelungsmacht gewichtigen kompetentiellen Einwänden; diese schlagen jedenfalls dann durch, wenn in erheblichem Ausmaß in die Planungshoheit der Länder eingriffen wird, was bei der Einführung detailliert definierter Level und der Zuordnung von Leistungsgruppen zu Leveln der Fall wäre.

Schließlich ist der Anspruch privater und freigemeinnütziger Krankenhausträger auf gleichheitskonforme Teilhabe an Vergütung und Planung (Art. 12 Abs. 1 i. V. m. Art. 3 Abs. 1 GG) zu beachten. Dieser steht etwa einer generellen Beseitigung des Selbststands von Fachkliniken entgegen und unterwirft Qualitätsanforderungen sowie die Zuweisung von Leistungsgruppen an Level einem Rechtfertigungszwang. Überdies sind hinreichend lange Übergangsregelungen erforderlich.

Hinweis: Am Ende des Textes findet sich eine ausführliche Zusammenfassung in Thesen.

Inhaltsübersicht

Vorwort V
Abstract VII
Inhaltsverzeichnis XIII

I. Hintergrund und Kontext 1

1. Gegenstand der Untersuchung 1
2. Hintergrund und Reformvorschlag 2

II. Kompetentieller Rahmen 7

1. Beschränkte Regelungsbefugnis gemäß Art. 74 Abs. 1 Nr. 19a GG (wirtschaftliche Sicherung der Krankenhäuser und Regelung der Krankenhauspflegesätze) 8
2. Beschränkte Regelungsbefugnis gemäß Art. 74 Abs. 1 Nr. 12 GG (Sozialversicherung) 25
3. Kompetenzwidrigkeit des Reformvorschlags 35
4. Lösungsmöglichkeiten 69

III. Grundrechtliche Aspekte 87

1. Sicherstellungsauftrag 87
2. Allgemeine Anforderungen an Planaufnahme- und Vergütungskriterien 88
3. Notwendigkeit von Übergangsregelungen und Bestandsschutz . . . 99

IV. Organisatorische Aspekte 109

1. Verlagerung von Entscheidungskompetenzen 109
2. Einbeziehung der kommunalen Ebene 110

V. Zusammenfassung in Thesen 111

VI. Literaturverzeichnis 121

VII. Stichwortverzeichnis 127

Inhaltsverzeichnis

Vorwort V
Abstract VII
Inhaltsübersicht XI

I. Hintergrund und Kontext 1

1. Gegenstand der Untersuchung 1
2. Hintergrund und Reformvorschlag 2
   a) Hintergrund 2
   b) Reformvorschlag 3

II. Kompetentieller Rahmen 7

1. Beschränkte Regelungsbefugnis gemäß Art. 74 Abs. 1 Nr. 19a GG
(wirtschaftliche Sicherung der Krankenhäuser und Regelung
der Krankenhauspflegesätze) 8
   a) Genese 8
   b) Beschränkte Reichweite des Art. 74 Abs. 1 Nr. 19a GG 10
      aa) Wirtschaftliche Sicherung der Krankenhäuser 12
      bb) Regelung der Krankenhauspflegesätze 15
         (1) Begriff und Grenzen einer Vergütungsregelung i. S. d. Art. 74
            Abs. 1 Nr. 19a GG 15
            (a) Begriff der Vergütungsregelung 15
            (b) Grenze im Primat der Krankenhausplanung über
                Entgeltregelungen 17
            (c) Fazit 21
         (2) Parallele Begrenzung durch die Grundsätze der
            Widerspruchsfreiheit der Rechtsordnung und der Bundestreue 23
   c) Bindung an die Erforderlichkeitsklausel des Art. 72 Abs. 2 GG . . . 24

2. Beschränkte Regelungsbefugnis gemäß Art. 74 Abs. 1 Nr. 12 GG (Sozialversicherung) 25
   a) Ausschluss einer stationären GKV-Bedarfsplanungskompetenz aus Art. 74 Abs. 1 Nr. 12 GG 27
   b) Möglichkeit und Grenzen der Statuierung von Anforderungen an die sozialversicherungsrechtliche Leistungserbringung 30
3. Kompetenzwidrigkeit des Reformvorschlags 35
   a) Keine schlichte Regelung der Krankenhauspflegesätze, sondern Vergütungsregelung mit struktureller Planungsrelevanz 35
   b) Kompetenzwidrigkeit des Reformvorschlags 43
     aa) Konkretisierung des Inhalts der Krankenhausplanung 44
     bb) Bewertung des Status quo 46
       (1) Krankenhausplanerische Vorgaben 46
       (2) Entgeltrecht 48
     cc) Bewertung des Reformvorschlags 50
       (1) Einschätzungen in Rechtsprechung und Schrifttum 51
       (2) Vergütungsregelung 53
       (3) Regelung der wirtschaftlichen Sicherung 54
         (a) Strukturierung des Bedarfs 54
         (b) Mindeststrukturvoraussetzungen 56
           (aa) Bedeutung des Beschlusses des Bundesverfassungsgerichts vom 12. Juni 1990 ... 56
           (bb) Qualität als Aspekt der wirtschaftlichen Sicherung . 58
       (4) Keine Wahrung eigenständiger und umfangmäßig erheblicher Planungsspielräume der Länder 60
         (a) Übermäßige Beschneidung der Planungshoheit der Länder durch den Reformvorschlag 60
         (b) Keine Widerlegung durch Ausarbeitung der Wissenschaftlichen Dienste des Deutschen Bundestages vom 27. März 2023 63
         (c) Gegenteilige Bewertung des DRG-Regimes 66
     dd) Sozialversicherungskompetenz 67
   c) Wirtschaftlichkeitserwägungen in der Krankenhausplanung 69
4. Lösungsmöglichkeiten 69
   a) Vergütungsregelung unter Verzicht auf planungsrelevante Strukturvorgaben 70
     aa) Ausgestaltungsoptionen 70
     bb) Bewertung 73
     cc) Lösung über Ausnahmen? 73

b) Aufgabe einer Steuerung der Versorgungsstruktur über das
Vergütungsregime 73
c) Verfassungsänderung 74
d) (Koordiniertes) Landesrecht 75
e) Rahmenvorgaben 75
    aa) Vorläufer: Die (vorübergehende) Regelung im Krankenhaus-
    Kostendämpfungsgesetz 75
    bb) Ausgestaltung 77
        (1) Level und Leistungsgruppen 77
            (a) Weitere Konkretisierung der Level 77
            (b) Weitere Konkretisierung der Leistungsgruppen 77
        (2) Mindeststrukturvoraussetzungen 78
    cc) Bewertung 78
f) Detailvorgaben bei Einräumung von Öffnungs- bzw.
Abweichungsbefugnissen zugunsten der Länder 80
    aa) Vorläufer: Qualitätsindikatoren für die Krankenhausplanung . . 80
    bb) Rechtstechnische Ausgestaltungsmöglichkeiten 80
    cc) Konkretisierung notwendiger Planungsspielräume 81
    dd) Bewertung 82
g) Prozessrisiko 84

III. Grundrechtliche Aspekte 87

1. Sicherstellungsauftrag 87
2. Allgemeine Anforderungen an Planaufnahme- und Vergütungskriterien 88
    a) Der Anspruch auf gleiche Plan- bzw. Vergütungsteilhabe
    als Maßstab für Planaufnahme- und Vergütungskriterien 88
    b) Rolle von Fachkrankenhäusern 92
    c) Qualitätsvorgaben 95
3. Notwendigkeit von Übergangsregelungen und Bestandsschutz 99
    a) Bestands- und Vertrauensschutz hinsichtlich des Erhalts
    der Planposition 100
    b) Übergangsregelungen 102
    c) Bestandsschutz 105
        aa) Berufsfreiheit (Art. 12 Abs. 1 GG) 105
        bb) Eigentumsgarantie (Art. 14 Abs. 1 GG) 106
    d) Fazit 108

IV. Organisatorische Aspekte 109
1. Verlagerung von Entscheidungskompetenzen 109
2. Einbeziehung der kommunalen Ebene 110

V. Zusammenfassung in Thesen 111

VI. Literaturverzeichnis 121

VII. Stichwortverzeichnis 127

I.
Hintergrund und Kontext

1. Gegenstand der Untersuchung

Am 6. Dezember 2022 hat die vom Bundesministerium für Gesundheit auf der Basis des Koalitionsvertrags eingesetzte Regierungskommission für eine moderne und bedarfsgerechte Krankenhausversorgung ihre dritte Stellungnahme und Empfehlung vorgelegt. Unter dem Titel „Grundlegende Reform der Krankenhausvergütung" unterbreitet das Papier bedeutsame Vorschläge zur Reform der Krankenhausversorgung einschließlich der Vergütung. Die Regierungskommission fordert eine Abkehr von der rein leistungs- und mengenorientierten Vergütung des DRG-Systems zugunsten einer Kombination aus leistungsabhängiger Vergütung und an Versorgungslevel sowie Leistungsgruppen geknüpfter Vorhaltefinanzierung.[1] Dabei werden Leistungsgruppen und Level bundeseinheitlich definiert, bundeseinheitlich Mindeststrukturanforderungen für die Zuordnung eines Krankenhauses zu einem Level und für die Erbringung von Leistungen formuliert sowie das mögliche Leistungsspektrum eines Krankenhauses nach dem jeweiligen Level ausdifferenziert, indem den Leveln Leistungsgruppen zugeordnet werden.[2] Damit kann ein Krankenhaus Leistungen (vergütet) nur noch erbringen, wenn ihm die einschlägige Leistungsgruppe zugeordnet ist, das ihm zugewiesene Level zur Erbringung der jeweiligen Leistung berechtigt und die Mindeststrukturanforderungen erfüllt sind. Die Umsetzung dieses Reformvorschlags hat nicht nur erhebliche Auswirkungen auf die Krankenhauslandschaft,[3] sondern auch auf die nach dem Grundgesetz in die ausschließliche Landeszuständigkeit fallende Krankenhausplanung. Daher stellt sich die hier untersuchte Frage, ob und inwieweit der Bund eine derartige Reform vor dem Hintergrund seiner gegenständlich beschränkten Gesetzgebungsbefugnisse im Gesundheitswesen realisieren kann (II.).

---

[1] Zusammenfassend Regierungskommission, Grundlegende Reform der Krankenhausvergütung, S. 3.

[2] Siehe Regierungskommission, Grundlegende Reform der Krankenhausvergütung, S. 11 ff.

[3] Siehe dazu BINDOC-Szenarioanalyse für Bayern vom 6.2.2023, abrufbar unter https://www.bindoc.de/auswirkungsanalyse-kh-reform-bayern (21.6.2023).

Bereits der Reformvorschlag streicht diese kompetentielle Problematik heraus:

„Die rechtliche Implementierung des Reformvorschlags birgt juristische Herausforderungen. Das gilt insbesondere in kompetenzrechtlicher Hinsicht mit Blick auf Art. 74 Abs. 1 Nr. 12 und 19a GG. Die Kommission ist sich dieser, das Verhältnis von Bundes- und Landesgesetzgebung betreffenden Herausforderungen sehr bewusst. Soll eine von übermäßigem ökonomischem Kostendruck entlastete, planungstechnisch harmonisierte und sektorenunabhängige Versorgung erreicht werden, bedarf es nach Auffassung der Kommission daher zwingend einer engen Kooperation zwischen Bund und Ländern im Sinne des bereits im Koalitionsvertrag anvisierten ,Bund-Länder-Pakts'."[4]

Im Wege eines Exkurses thematisiert die vorliegende Untersuchung überdies weitere juristische Herausforderungen bei der Umsetzung des Reformvorschlags, so grundrechtliche Aspekte, namentlich Anforderungen an Strukturvorgaben und Fragen des Bestandsschutzes (III.), und organisatorische Aspekte, so die Problematik der Verlagerung von Entscheidungskompetenzen auf Institutionen außerhalb der Staatsverwaltung sowie die Einbeziehung der kommunalen Ebene (IV.).

2. Hintergrund und Reformvorschlag

a) Hintergrund

Der Koalitionsvertrag der die aktuelle Bundesregierung tragenden Parteien formuliert das Ziel, die Krankenhausversorgung grundlegend zu reformieren, und sieht hierzu die Einsetzung einer Regierungskommission vor:

„**Krankenhausplanung und -finanzierung**

Mit einem Bund-Länder-Pakt bringen wir die nötigen Reformen für eine moderne und bedarfsgerechte Krankenhausversorgung auf den Weg. Eine kurzfristig eingesetzte Regierungskommission wird hierzu Empfehlungen vorlegen und insbesondere Leitplanken für eine auf Leistungsgruppen und Versorgungsstufen basierende und sich an Kriterien wie der Erreichbarkeit und der demographischen Entwicklung orientierende Krankenhausplanung erarbeiten. Sie legt Empfehlungen für eine Weiterentwicklung der Krankenhausfinanzierung vor, die das bisherige System um ein nach Versorgungsstufen (Primär-, Grund-, Regel-, Maximalversorgung, Uniklinika) differenziertes System erlösunabhängiger Vorhaltepauschalen ergänzt. Kurzfristig sorgen wir für eine bedarfsgerechte auskömmliche Finanzierung für die Pädiatrie, Notfallversorgung und Geburtshilfe."[5]

Die im Mai 2022 eingesetzte, aus 15 Expertinnen und Experten aus der Versorgung (Pflege und Medizin), der Ökonomie und der Rechtswissenschaften sowie

---

[4] Regierungskommission, Grundlegende Reform der Krankenhausvergütung, S. 10.
[5] Koalitionsvertrag 2021–2025, S. 86.

einem Koordinator bestehende Regierungskommission für eine moderne und bedarfsgerechte Krankenhausversorgung[6] hat am 6. Dezember 2022 ihre dritte Stellungnahme und Empfehlung vorgelegt, die sich der Thematik „Grundlegende Reform der Krankenhausvergütung" widmet.

b) Reformvorschlag

Der Reformvorschlag beinhaltet eine Ersetzung der rein leistungs- und mengenorientierten Vergütung des DRG-Systems durch eine Kombination aus leistungsabhängiger Vergütung und an Versorgungslevel und Leistungsgruppen geknüpfter Vorhaltefinanzierung. Die Kernempfehlungen der Regierungskommission lauten:

- „Das bisher eindimensionale Vergütungssystem für Krankenhäuser mittels DRGs wird in Zukunft durch ein mehrdimensionales System unter Einführung von Vorhaltung mit abgesenktem DRG-Anteil in den beiden neuen Dimensionen Leistungsgruppen statt Fachabteilungen und Level statt Versorgungsstufen abgelöst.
  - Die Regierungskommission hat für drei (mit Sub-Unterteilungen: fünf) Versorgungsstufen (Level) Strukturvorgaben erarbeitet, um lokale, regionale und überregionale Versorgungsaufträge abzugrenzen:
    - Level I – Grundversorgung; unterteilt in *i* (integrierte ambulant/stationäre Versorgung) und *n* (mit Notfallstufe I)
    - Level II – Regel- und Schwerpunktversorgung
    - Level III – Maximalversorgung (mit Level IIIU = Universitätsmedizin)
- Außerdem empfiehlt die Regierungskommission ein System von 128 Leistungsgruppen mit Strukturvorgaben und detaillierten Definitionen. Die Leistungsgruppen werden auf jedem Level nach ICD-10-Diagnosen und OPS-Codes definiert, und zwar so, dass die Patientenbehandlung innerhalb einer Gruppe ähnliche Qualifikationen, Kompetenzen und Erfahrungen sowie gleichartige technische Ausstattung benötigt. Die Leistungsgruppen ermöglichen eine bedarfsgerechtere Behandlung der Patientinnen und Patienten.
- Um die Qualität der medizinischen Versorgung zu sichern, werden die Mindeststrukturvoraussetzungen auf Ebene des Levels und der Leistungsgruppen genau benannt. Für jede Leistungsgruppe wird zudem festgelegt, in welchem Krankenhaus-Level sie erbracht werden darf. Krankenhäuser eines höheren

---

[6] Siehe BMG, Pressemitteilung vom 2.5.2022: „BM Lauterbach stellt Krankenhaus-Kommission vor", abrufbar unter https://www.bundesgesundheitsministerium.de/presse/pressemitteilungen/bm-lauterbach-stellt-krankenhaus-kommission-vor.html (21.6.2023).

Levels dürfen grundsätzlich auch die Leistungsgruppen der niedrigeren Level erbringen.
- Die Einhaltung der Strukturvorgaben für die Level und Leistungsgruppen wird durch den Medizinischen Dienst (MD) geprüft (Strukturprüfungen).
- Die bisherige Vergütung der Krankenhäuser – überwiegend über Fallpauschalen (aDRGs) – wird deutlich modifiziert: Für die Krankenhäuser der Level I*n*, II und III wird für jede Leistungsgruppe der Anteil des Vorhaltebudgets festgelegt. Dieser beinhaltet auch das ausgegliederte Pflegebudget, das bereits als eine Vorhaltefinanzierung zu verstehen ist. Die Mindestvorhaltung wird auf Ebene der Leistungsgruppen definiert.
- Die Regierungskommission empfiehlt für die Leistungsgruppen der Intensivmedizin, der Notfallmedizin, Geburtshilfe und Neonatologie einen 60-prozentigen Vorhalteanteil, für alle übrigen Leistungsgruppen einen 40-prozentigen Vorhalteanteil (jeweils inkl. Pflegebudget).
- Dieser Vorhalteanteil bezieht sich auf die bisher für eine Leistungsgruppe ausgezahlte Gesamtvergütung. Zugrunde gelegt werden die Basisjahre 2022/23. Anhand von ICD-10-Diagnosen und OPS-Codes ist eine Zuordnung der Leistungen der Basisjahre zu den neuen Leistungsgruppen möglich. Die aDRGs werden so abgesenkt, dass das Gesamtfinanzierungsvolumen gleich bleibt. Aus den abgesenkten aDRGs resultieren rDRGs (Residual-DRGs). Es gilt also: „derzeit aDRGs + Pflegebudget" = „zukünftig rDRGs + Pflegebudget + Vorhaltebudget".
- Das Bundesamt für Soziale Sicherung (BAS) verteilt das je Leistungsgruppe festgelegte Vorhaltebudget auf die einzelnen dafür infrage kommenden Krankenhäuser. Das Pflegebudget wird weiterhin so ausgezahlt wie bisher. Die Auszahlung des vollen Vorhaltebudgets ist daran geknüpft, dass die Strukturvoraussetzungen für das Level des Krankenhauses und für die Leistungsgruppe eingehalten werden. Wenn Krankenhäuser die Mindeststrukturvoraussetzungen nicht erfüllen, ergibt sich ein Abschlag auf das Vorhaltebudget, der an das BAS zurückgeführt und dann auf die übrigen Kliniken der Leistungsgruppe verteilt wird.
- Die Regierungskommission empfiehlt den Bundesländern, ihre Krankenhausplanung mit diesen Versorgungsleveln und Leistungsgruppen zu harmonisieren und mit der Zuweisung von Leistungsgruppen einen Versorgungsauftrag zu verbinden.
- Um eine Systeminstabilität zu vermeiden, soll mit dem Istzustand begonnen und der Zielzustand schrittweise nach fünf Jahren erreicht sein (Konvergenzphase). Die Konvergenzphase könnte dergestalt aussehen, dass der Vorhalteanteil einer Leistungsgruppe im ersten Jahr bei 0 % liegt, im zweiten bei einem Viertel des Zielwerts, im dritten bei der Hälfte, im vierten bei drei Vier-

teln und schließlich im fünften Jahr die volle Höhe des jeweils angestrebten Zielwerts erreicht.
– In der Startphase orientiert sich die Verteilung der Vorhaltebudgets auf die Krankenhäuser an der jeweiligen IST-Fallzahl. Im Zielzustand orientiert sie sich hingegen an drei Komponenten: (1) an Parametern der zu versorgenden Bevölkerung, (2) an Parametern der Prozess- und Ergebnisqualität und (3) an der längerfristigen Entwicklung der Leistungsmenge in einer Leistungsgruppe.
– Krankenhäusern des Levels Ii (integrierte ambulant/stationäre Versorgung) kommt eine Schlüsselrolle auf dem Weg zu einer sektorenübergreifenden und integrierten Gesundheitsversorgung zu. Sie verbinden wohnortnah ambulante fachärztliche Leistungen mit Akutpflegebetten und werden daher abweichend geplant und vergütet. Zur sektorenübergreifenden Planung unter Einbindung von Vertragsärztinnen und -ärzten sollten regionale, paritätisch besetzte Gremien unter Beteiligung der Länder eingerichtet werden. In Akutpflegebetten können Patientinnen und Patienten z. B. zur Beobachtung und Basistherapie oder nach der Verlegung aus einem Haus der Regel-/Schwerpunkt- oder Maximalversorgung stationär überwacht und gepflegt werden. Diese sollten unter pflegerischer Leitung stehen.
– Die Vergütung der Level-Ii-Krankenhäuser erfolgt im Gegensatz zu allen anderen Leveln außerhalb der oben beschriebenen Budgets durch sachgerecht kalkulierte, degressive Tagespauschalen. Die Vergütung der ärztlichen Leistungen erfolgt durch erhöhte Tagespauschalen bei fest am Krankenhaus angestellten Ärztinnen und Ärzten und nach EBM für Ärzte mit KV-Zulassung (analog zu belegärztlichen Leistungen). Hiermit entsteht ein hoher Anreiz einer engen sektorenübergreifenden Versorgung."[7]

---

[7] Regierungskommission, Grundlegende Reform der Krankenhausvergütung, S. 29 ff.

II.
Kompetentieller Rahmen[1]

Im Gegensatz zu Art. 7 Nr. 8 WRV, der eine Gesetzgebungskompetenz des Reichs für das Gesundheitswesen statuierte,[2] eine auch vereinzelt in Vorarbeiten zum Grundgesetz zu findende Formulierung,[3] sieht das Grundgesetz, dem Herrenchiemseer Entwurf folgend,[4] weder für das Gesundheits-, Krankenhaus- oder Arztwesen im Allgemeinen noch für die ambulante Bedarfs- und Krankenhausplanung im Besonderen eine sich aus den Kompetenzkatalogen der Art. 73 und 74 GG ergebende (explizite) Gesetzgebungskompetenz des Bundes vor.[5] Folglich enthält das Grundgesetz mit dem Bundesverfassungsgericht keine „Globalermächtigung des Bundes für den Bereich des Gesundheitswesens";[6] vielmehr bestehen nur punktuelle (konkurrierende) Bundeszuständigkeiten, nämlich für bestimmte Aspekte des Gesundheitsrechts wie die Zulassung zu ärztlichen Heilberufen (Art. 74 Abs. 1 Nr. 19 GG), die wirtschaftliche Sicherung der Kranken-

---

[1] Die Entfaltung des kompetentiellen Rahmens beruht auf und entwickelt fort *F. Wollenschläger*, NZS 2023, S. 8 (13 ff.) und S. 48 (48 ff.). Siehe des Weiteren bereits *F. Wollenschläger/A. Schmidl*, GesR 2016, S. 542 (544 ff.); *dies.*, VSSR 2014, S. 117 (124 f.).

[2] Zur nur marginalen Aktualisierung *C. Pestalozza*, in: v. Mangoldt/Klein, GG, Art. 74 Abs. 1 Nr. 19a, Rn. 1354; *M. Rehborn*, in: BerlK-GG, Art. 74 Abs. 1 Nr. 19a, Rn. 1 (Stand: 30. EL Juli 2010).

[3] Siehe Westdeutsche Satzung (Erster Menzel-Entwurf) vom 26.7.1948, GG-Dok., Bd. 18/II, S. 1500; Grundgesetz (Zweiter Menzel-Entwurf), 2.9.1948, ebd., S. 1513. Siehe ferner die Diskussion im Verfassungskonvent von Herrenchiemsee, Unterausschuß II: Zuständigkeitsfragen, Prot. der 2. Sitzung vom 14.8.1948, ebd., S. 1501 ff.

[4] Der Entwurf des Verfassungskonvents von Herrenchiemsee für ein Grundgesetz hat indes den Grundgesetz gewordenen Ansatz partikularer Kompetenzzuweisungen verfolgt (siehe Art. 36 Nr. 17–19 mit Erläuterungen).

[5] Grundlegende Erwägungen zur Kompetenzaufspaltung finden sich bei *S. Rixen*, VSSR 2007, S. 213 (213 ff.).

[6] BVerfGE 106, 62 (108); ferner BVerfGE 102, 26 (37): „allgemein anerkannt, dass Art. 74 Abs. 1 Nr. 19 GG keine Globalermächtigung des Bundes für den Bereich des Gesundheitswesens darstellt, sondern dass enumerativ und spezifisch einige Felder aufgeführt sind, bei denen der Bund normierungsbefugt ist". Siehe auch *P. Axer*, in: BK-GG, Art. 74 Abs. 1 Nr. 19, Rn. 9 f. (Stand: 151. AL April 2011); Abg. Dr. Hoch, PR, Zuständigkeitsausschuß, StenProt. der 9. Sitzung vom 7.10.1948, GG-Dok., Bd. 18/II, S. 1529 f.: „Wir haben jetzt hier entsprechend den Vorschlägen von Herrenchiemsee dieses ganze Gebiet des Gesundheitswesens auseinandergerissen, […]".

häuser und die Regelung der Krankenhauspflegesätze (Art. 74 Abs. 1 Nr. 19a GG) oder die Sozialversicherung (Art. 74 Abs. 1 Nr. 12 GG). Aus diesen müsste sich eine entsprechende Bundeskompetenz herleiten lassen, wobei auch eine kumulative Heranziehung möglich ist („Mosaikkompetenz")[7]. Andernfalls, und insoweit Lücken bestehen, verbleibt es nach dem Grundsatz des Art. 70 Abs. 1 GG bei einer ausschließlichen Zuständigkeit der Länder.

Vor diesem Hintergrund sei zunächst die Reichweite der für die vorgeschlagene Krankenhausreform relevanten Bundeskompetenzen entfaltet, allen voran von Art. 74 Abs. 1 Nr. 19a GG (1.), aber auch von Art. 74 Abs. 1 Nr. 12 GG (2.). Eine Bewertung des Reformvorschlags auf dieser Basis ergibt, dass dieser mangels Gesetzgebungskompetenz nicht durch den Bundesgesetzgeber realisiert werden kann (3.). Daher seien Möglichkeiten einer alternativen, kompetenzkonformen Realisierung der ins Auge gefassten Reform erörtert (4.).

1. Beschränkte Regelungsbefugnis gemäß Art. 74 Abs. 1 Nr. 19a GG (wirtschaftliche Sicherung der Krankenhäuser und Regelung der Krankenhauspflegesätze)

Eine konkurrierende Zuständigkeit des Bundes für einen Teilbereich des Krankenhauswesens fand erst im Jahre 1969 in Gestalt des Art. 74 Abs. 1 Nr. 19a GG Eingang in das Grundgesetz [a].[8] Der neu geschaffene Kompetenztitel bezieht sich lediglich auf „die wirtschaftliche Sicherung der Krankenhäuser und die Regelung der Krankenhauspflegesätze" [b] und unterliegt der Erforderlichkeitsklausel des Art. 72 Abs. 2 GG [c].[9]

a) Genese

Die Grundgesetzänderung des Jahres 1969 sollte dem Bund eine umfassende Reform und Regelung der notleidenden Krankenhausfinanzierung ermöglichen.[10]

---

[7] Dazu *F. Wollenschläger*, in: BK-GG, Art. 72, Rn. 161 (Stand: 192. AL August 2018). Zum Begriff *C. Degenhart*, in: Sachs, GG, Art. 72, Rn. 9a.

[8] Zweiundzwanzigstes Gesetz zur Änderung des Grundgesetzes vom 12.5.1969, BGBl. I, S. 363. Kritisch zur Sinnhaftigkeit der Kompetenzverteilung *R. Pitschas*, Versorgungsstrukturen, S. 79 (92).

[9] Dieser Abschnitt beruht auf und entwickelt fort *F. Wollenschläger/A. Schmidl*, GesR 2016, S. 542 (544 ff.); *dies.*, VSSR 2014, S. 117 (124 f.).

[10] Zum Hintergrund Bericht der Bundesregierung an den Bundestag gemäß Beschluss des Deutschen Bundestages vom 1.7.1966 (BT-Drs. V/784) über die finanzielle Lage der Krankenanstalten in der Bundesrepublik, S. 25 ff.; vgl. auch die Begründung zum Entwurf eines Gesetzes zur wirtschaftlichen Sicherung der Krankenhäuser und zur Regelung der Krankenhauspfle-

I. Beschränkte Regelungsbefugnis gemäß Art. 74 Abs. 1 Nr. 19a GG

Wegen Vorbehalten des Bundesrates ist eine Einigung erst nach Anrufung des Vermittlungsausschusses gelungen.[11] In diesem Kontext ist zu erwähnen, dass der für zu weitgehend erachtete ursprüngliche Vorschlag der Bundesregierung, den Kompetenztitel auf „die wirtschaftliche Sicherung der Krankenhausversorgung" zu beziehen,[12] durch die Grundgesetz gewordene Fassung ersetzt wurde. Die damit bezweckte restriktive Tendenz kommt im Bericht des Rechtsausschusses des Bundestags zum Ausdruck: „Abweichend vom Regierungsentwurf hält der Ausschuß eine Kompetenz für die wirtschaftliche Sicherung der Krankenhäuser anstelle der von der Bundesregierung vorgeschlagenen gesamten Krankenhausversorgung für ausreichend. Er stimmt insoweit mit den Vorstellungen des Arbeits- und Sozialausschusses des Bundesrates überein."[13] Letzterer hat in seiner Stellungnahme betont: „Mit der Änderung des Grundgesetzes soll die Möglichkeit eröffnet werden, einen Substanzverlust der Krankenanstalten durch die z. Z. ungedeckte Differenz zwischen dem Pflegesatz und den berechtigten Selbstkosten eines wirtschaftlich geführten und sparsam verwalteten Krankenhauses zu verhindern. Darauf sollte sich die Grundgesetzänderung beschränken."[14]

Auch in der ersten Beratung des von der Bundesregierung eingebrachten Entwurfs für die Grundgesetzänderung hat die Bundesministerin für Gesundheitswesen Käte Strobel betont, dass „[d]er Bundestag [nicht] beabsichtigt [...] – auch das will ich hier deutlich sagen –, in die Planungsarbeit der Länder und in die innere Organisation der Krankenhäuser hineinzureden; das beabsichtigen si-

---

gesätze, BT-Drs. VI/1874, Vorblatt, S. 1; *B. Schmidt am Busch*, Gesundheitssicherung, S. 239 f.; *M. Simon*, Krankenhauspolitik, S. 87 f.

[11] Zur Genese *P. Axer*, in: BK-GG, Art. 74 Abs. 1 Nr. 19a, Rn. 3 (Stand: 151. AL April 2011); *C. Pestalozza*, in: v. Mangoldt/Klein, GG, Art. 74 Abs. 1 Nr. 19a, Rn. 1355 ff.; *M. Rehborn*, in: BerlK-GG, Art. 74 Abs. 1 Nr. 19a, Rn. 3 ff. (Stand: 30. EL Juli 2010); *F. Wittreck*, in: Dreier, GG³, Art. 74, Rn. 92. Zur Anrufung des Vermittlungsausschusses BT-Drs. V/3826, S. 2.

[12] Entwurf eines ... Gesetzes zur Änderung des Grundgesetzes vom 18.11.1968, BT-Drs. V/3515, S. 2. Die Begründung (ebd., S. 6) führt hierzu u.a. aus: „Die Anerkennung der Verantwortung des Bundes für die Pflegesätze der Krankenanstalten schließt aber notwendigerweise die Konsequenz ein, daß dem Bund zur Wahrung der Einheitlichkeit der Lebensverhältnisse in diesem gesundheitspolitisch wichtigen Bereich auch ein Einfluß auf diejenigen Faktoren eingeräumt wird, die die Kostenlage der Krankenanstalten und damit die wirtschaftliche Sicherung der Krankenhausversorgung bestimmen. Hierzu bedarf es einer entsprechenden Erweiterung der Gesetzgebungszuständigkeit des Bundes." Es soll keine Vollkompetenz für das Krankenhauswesen sein, sondern nur für die Finanzierung der Krankenhäuser, da „der Bund keine Mittel für die Krankenhausfinanzierung bereitstellen kann, weil die Voraussetzungen gegenwärtig nicht vorliegen" (Auffassung der Bundesregierung zu der Stellungnahme des Bundesrates, BT-Drs. V/3515, S. 15). Siehe dazu *B. Schmidt am Busch*, Gesundheitssicherung, S. 239.

[13] Schriftlicher Bericht des Rechtsausschusses (12. Ausschuß) u.a. über den von der Bundesregierung eingebrachten Entwurf eines Gesetzes zur Änderung des Grundgesetzes – Drucksache V/3515 –, zu Drucksache V/3605, S. 3.

[14] BR-Drs. 332/1/68, S. 10.

cher weder der Bundestag noch die Bundesregierung. Eine Neuordnung der Krankenhausfinanzierung insgesamt scheint mir und der Bundesregierung aber nur möglich zu sein, wenn der Bund nicht mehr allein die Zuständigkeit für die Bundespflegesatzverordnung über das Preisrecht hat, sondern wenn er über ein Gesetz die wirtschaftliche Sicherung der Krankenhäuser und die Pflegesätze regeln kann."[15]

Diese neue Kompetenzgrundlage hat der Bund mit dem Krankenhausfinanzierungsgesetz vom 29.6.1972[16] aktualisiert und bundesweit einheitlich die – im Wesentlichen noch heute geltende – duale Finanzierung normiert, die die Kosten der Krankenhausfinanzierung zwischen Staat (Investitionskostenförderung) und Krankenkassen (Betriebskosten) aufteilt.[17] Die Begründung zum Entwurf dieses Gesetzes bekräftigt im Übrigen die Planungshoheit der Länder:

„Voraussetzung für die Förderung eines Krankenhauses ist seine Aufnahme in den Krankenhausbedarfsplan eines Landes. Der Entwurf folgt damit der Entscheidung des Grundgesetzes, nach der die Planung von Krankenhäusern Angelegenheit der Länder ist. Aus der Bereitstellung erheblicher Bundesmittel ergibt sich aber auch die Verpflichtung, die von Bund und Ländern gemeinsam verfolgten Ziele zu harmonisieren. Das hierzu erforderliche Maß an Koordinierung erscheint unerlässlich."[18]

b) Beschränkte Reichweite des Art. 74 Abs. 1 Nr. 19a GG

Art. 74 Abs. 1 Nr. 19a GG deckt lediglich Regelungen der wirtschaftlichen Sicherung der Krankenhäuser und der Krankenhauspflegesätze. Diese Begrenzung hat das Bundesverfassungsgericht in seinem Beschluss vom 7. Februar 1991 bekräftigt und betont, dass „dem Bund nur die Kompetenz zur Regelung der Finanzierung der Krankenhäuser eingeräumt wurde und daß diese Regelungen einen Ausschnitt aus der Sachaufgabe der Krankenhausversorgung betreffen".[19] Die Krankenhausplanung ist vom Kompetenztitel des Art. 74 Abs. 1 Nr. 19a GG jedoch – in Einklang mit der skizzierten Genese – nicht erfasst; vielmehr sollte die Grundgesetz gewordene „Formulierung [...] dem Bund lediglich Spielraum zur Regelung finanzieller Fragen eröffnen, ihm jedoch den Bereich der Krankenhaus-

---

[15] BT-Plenarprotokoll 5/201, 10904 (C).
[16] BGBl. I, S. 1009.
[17] Siehe auch *O. Depenheuer*, Finanzierung, S. 31. Im Überblick zur Entwicklung *M. Rehborn*, in: BerlK-GG, Art. 74 Abs. 1 Nr. 19a, Rn. 1 ff. (Stand: 30. EL Juli 2010).
[18] Begründung zum Entwurf eines Gesetzes zur wirtschaftlichen Sicherung der Krankenhäuser und zur Regelung der Krankenhauspflegesätze (Gesetzentwurf der Bundesregierung), BT-Drs. VI/1874, S. 10.
[19] BVerfGE 83, 363 (379); ferner BayVerfGH, MedR 2020, S. 399 (400, 403); *P. Axer*, in: BK-GG, Art. 74 Abs. 1 Nr. 19a, Rn. 5, 19 (Stand: 151. AL April 2011); *B. Schmidt am Busch*, Gesundheitssicherung, S. 241 f.; *F. Wollenschläger/A. Schmidl*, VSSR 2014, S. 117 (124 f.).

organisation und der Krankenhausplanung versperren".[20] Dies bekräftigen auch weite Teile des Schrifttums, jüngere Judikate der Landesverfassungsgerichte, des Bundesverwaltungsgerichts und des Bundessozialgerichts.[21] Mithin kann, anders als dies im Gutachten von *Winfried Kluth* anklingt[22] und trotz der gleich noch dargelegten Möglichkeit von Überschneidungen, ein kompetentielles Primat der Länder für Fragen der Krankenhausplanung und -organisation nicht in Abrede gestellt werden; die Bezeichnung der Krankenhausplanung als „eine typische Residual- oder Restkompetenz"[23] verfehlt diesen Ausgangspunkt der kompetentiellen Betrachtung, mag es auch (aber nur) im Ergebnis zutreffen, dass die Länder im Rahmen der konkurrierenden Gesetzgebung nur das regeln dürfen, was der Bund nicht abschließend geregelt hat (Art. 72 Abs. 1 GG)[24]. Bei der Bestimmung der Reichweite der konkurrierenden Zuständigkeit des Bundes gemäß Art. 74 Abs. 1 Nr. 19a GG ist das Primat der Länder für Fragen der Krankenhausplanung und -organisation zu berücksichtigen, nur in diesem Rahmen greift die Sperrwirkung.

Zusammenfassend heißt es schließlich in einer Grundgesetz-Kommentierung: „Der Kompetenztitel gibt weder eine Kompetenz zur Sicherstellung der Krankenhausversorgung noch zu allgemeinen Systemveränderungen im Krankenhaus- und Gesundheitswesen. Zulässig ist allein ein sektorales Gesetz zur wirtschaftlichen Sicherung, nicht etwa ein darüber hinausgehendes Krankenhausversorgungsgesetz."[25]

---

[20] Näher BVerfGE 83, 363 (379 f.). Gegen eine enge Lesart aufgrund der Genese mit Blick auf deren Uneindeutigkeit *C. Pestalozza*, in: v. Mangoldt/Klein, GG, Art. 74 Abs. 1 Nr. 19a, Rn. 1379; ferner *K. Raupach*, Übergang, S. 122. Indes lässt sich eine insgesamt restriktive Tendenz und vor allem eine Bekräftigung der Planungshoheit der Länder, wie ausgeführt, erkennen, siehe nur *J. Isensee*, Rahmenbedingungen, S. 97 (145 f.).

[21] Vgl. statt vieler nur BremStGH, BeckRS 2020, 5311, Rn. 63 f.; HambVerfG, NordÖR 2019, S. 340 (348 f.); VerfGH Berlin, BeckRS 2021, 1218, Rn. 42; BVerwGE 156, 124 (134, Rn. 28); BSG, BeckRS 2018, 22328, Rn. 17 f.; BeckRS 2019, 10857, Rn. 16; *P. Axer*, in: BK-GG, Art. 74 Abs. 1 Nr. 19a, Rn. 5 (Stand: 151. AL April 2011); *J. Isensee*, Rahmenbedingungen, S. 97 (145 f.); *M. Kment*, in: Jarass/Pieroth, GG, Art. 74, Rn. 54a; *W. Kuhla*, NZS 2014, S. 361 (362 f.); *S. Oeter*, in: v. Mangoldt/Klein/Starck, GG, Art. 74, Rn. 141; *R. Pitschas*, GuP 2016, S. 161 (164); *M. Rehborn*, in: BerlK-GG, Art. 74 Abs. 1 Nr. 19a, Rn. 27 (Stand: 30. EL Juli 2010); *M. Quaas*, in: Quaas/Zuck/Clemens, Medizinrecht, § 26, Rn. 540, 550 f.; *F. Wollenschläger/A. Schmidl*, VSSR 2014, S. 117 (125) m.w.N. in Fn. 20; *R. Zuck*, in: Quaas/Zuck/Clemens, Medizinrecht, § 2, Rn. 28.

[22] *W. Kluth*, Krankenhausplanung, S. 22 f., 78.

[23] So *W. Kluth*, Krankenhausplanung, S. 23, ferner S. 78.

[24] Näher zur Sperrwirkung gemäß Art. 72 Abs. 1 GG *F. Wollenschläger*, in: BK-GG, Art. 72, Rn. 164 ff. (Stand: 192. AL August 2018)

[25] *P. Axer*, in: BK-GG, Art. 74 Abs. 1 Nr. 19a, Rn. 19 (Stand: 151. AL April 2011). Ebenso *J. Isensee*, Rahmenbedingungen, S. 97 (145 f.); *B. Schmidt am Busch*, Gesundheitssicherung, S. 255.

aa) Wirtschaftliche Sicherung der Krankenhäuser

Aufgrund seiner finalen Formulierung[26] vermag Art. 74 Abs. 1 Nr. 19a GG der wirtschaftlichen Sicherung der Krankenhäuser dienende, sich aber auf andere Bereiche als die Krankenhausfinanzierung, wie die Krankenhausplanung, auswirkende Regelungen zu decken. Überdies hängt die finanzielle Förderung (ebenso wie die GKV-Abrechnungsbefugnis) eines Krankenhauses von seiner Aufnahme in den Krankenhausplan ab, so dass der Planaufnahme und deren Voraussetzungen Bedeutung für die wirtschaftliche Sicherung zukommt.[27] Indes wirkt nicht jedweder Bezug einer Regelung zur wirtschaftlichen Sicherung der Krankenhäuser kompetenzbegründend, da ein derart (weit) ausgelegter Art. 74 Abs. 1 Nr. 19a GG einer Vollkompetenz für das Krankenhauswesen nahekäme, was seinem Wortlaut, der Systematik und seiner Genese widerspricht.[28] Zur Auflösung des skizzierten kompetentiellen Spannungsverhältnisses ist vielmehr eine hinreichend enge Rückkoppelung der Regelung an das Ziel der wirtschaftlichen Sicherung zu fordern; überdies ist ein hinreichender krankenhausplanerischer und -organisatorischer Spielraum der Länder zu wahren. In Einklang damit erweist sich eine auf Art. 74 Abs. 1 Nr. 19a GG gestützte Regelung nur dann als kompetenzkonform, „sofern deren Bezug zur wirtschaftlichen Sicherung nahe

---

[26] Zu dieser auch *J. Ipsen*, in: FS Hufen, 2015, S. 181 (181).

[27] Ähnlich *P. Axer*, in: BK-GG, Art. 74 Abs. 1 Nr. 19a, Rn. 21 f. (Stand: 151. AL April 2011); *M. Quaas*, in: Quaas/Zuck/Clemens, Medizinrecht, § 26, Rn. 540: „Diese Vorgabe für die Länder, unter Beachtung der Zwecke des § 1 KHG Krankenhauspläne aufzustellen, findet ihre Rechtfertigung darin, dass nach dem KHG die öffentliche Investitionsförderung – ursprünglich auch unter Einsatz von Bundesmitteln – nur mit Plankrankenhäusern gewährt wird und dass das Pflegesatzrecht für Plankrankenhäuser gilt. Diese zwingende Verknüpfung der Aufnahme eines Krankenhauses in den Krankenhausplan mit der Investitionsförderung und dem Pflegesatz kann auf die Gesetzgebungskompetenz des Bundes zur wirtschaftlichen Sicherung der Krankenhäuser und die Regelung der Krankenhauspflegesätze (Art. 74 Nr. 19a GG) gestützt werden" (ferner Rn. 552); *M. Rehborn*, in: BerlK-GG, Art. 74 Abs. 1 Nr. 19a, Rn. 28 ff. (Stand: 30. EL Juli 2010); *P. Wysk*, DVBl. 2015, S. 661 (662).

[28] *P. Axer*, in: BK-GG, Art. 74 Abs. 1 Nr. 19a, Rn. 5, 21 ff. (Stand: 151. AL April 2011); *C. Degenhart*, in: Sachs, GG, Art. 74, Rn. 88 f.; *J. Isensee*, Rahmenbedingungen, S. 97 (147 f.); *M. Rehborn*, in: BerlK-GG, Art. 74 Abs. 1 Nr. 19a, Rn. 27 ff. (Stand: 30. EL Juli 2010); *B. Schmidt am Busch*, Gesundheitssicherung, S. 241 f., 253, 255; ferner VerfGH Berlin, BeckRS 2021, 1218, Rn. 42. Zu weit daher *O. Bachof/D. H. Scheuing*, Krankenhausfinanzierung, S. 79 ff.; *T. Maunz*, in: Dürig/Herzog/Scholz, GG, Art. 74, Rn. 221 (Stand: 23. EL): Finalität; *H.-W. Rengeling*, HStR VI, § 135 Rn. 269; *R. Stettner*, in: Dreier, GG², Art. 74, Rn. 95. Tendenziell weiter auch *C. Pestalozza*, in: v. Mangoldt/Klein, GG, Art. 74 Abs. 1 Nr. 19a, Rn. 1379, 1396 ff. – siehe aber auch Rn. 1391: Befugnis zur Regelung der Subventionierung eröffnet „keinen unmittelbaren kompetentiellen Zugang zum Krankenhauswesen", Bund darf „Voraussetzungen und Nebenbestimmungen [der Förderung] beschreiben, kann sie aber, soweit sie die Struktur des Krankenhauses betreffen, nicht selbst regeln. Die Regelung ist insoweit vielmehr Sache des Landesgesetzgebers".

liegend und offensichtlich ist und den Ländern eigenständige und umfangmäßig erhebliche Ausgestaltungsspielräume bleiben."²⁹ Diese Formel findet sich auch in jüngeren Judikaten der Landesverfassungsgerichte: so „können" nach der Entscheidung des Bayerischen Verfassungsgerichtshofs vom 16. Juli 2019

„grundsätzliche und allgemeine Regelungen des Bundes zur Krankenhausplanung und -organisation auf Art. 74 Abs. 1 Nr. 19a GG gestützt werden, sofern deren Bezug zur wirtschaftlichen Sicherung naheliegend und offensichtlich ist und den Ländern dennoch eigenständige und umfangmäßig erhebliche Ausgestaltungsspielräume bleiben."³⁰

Die Notwendigkeit weiter Regelungsspielräume wird auch dadurch bekräftigt, dass eine (ausschließliche) Gesetzgebungskompetenz der Länder infrage steht, die über im Vollzug gemäß Art. 83 f. GG ohnehin bestehende Konkretisierungsspielräume hinausgehen muss. Die Rolle der Länder erschöpft sich mithin nicht darin, im Wege der Planung und damit auch gestaltend – wie etwa die Kommunen im Rahmen der Bauleitplanung – einen bundesgesetzlichen Rahmen administrativ auszufüllen; vielmehr obliegt es den Ländern als Gesetzgeber, diesen Rahmen selbst (abstrakt-generell) zu gestalten. Hinsichtlich der Bauleitplanung enthält Art. 74 Abs. 1 Nr. 18 GG überdies eine gegenständlich umfassende Zuständigkeit für das Bodenrecht. Auch die Ausarbeitung der Wissenschaftlichen Dienste des Deutschen Bundestages vom 27. März 2023 betont: „Grundsätzlich erfolgt die Krankenhausplanung damit ausschließlich durch die Länder und gerade nicht ‚in Ausführung' oder ‚zur Konkretisierung' von Bundesrecht."³¹

---

[29] *P. Axer*, in: BK-GG, Art. 74 Abs. 1 Nr. 19a, Rn. 5, 21 ff. (Stand: 151. AL April 2011) – Zitat Rn. 22; ferner *C. Degenhart*, in: Sachs, GG, Art. 74, Rn. 88 f.; *J. Lafontaine/F. Stollmann*, NZS 2014, S. 406 (407); *L. Neumann*, Qualitätssicherung, S. 106; *F. Stollmann*, GesR 2012, S. 279 (282); *F. Wollenschläger/A. Schmidl*, VSSR 2014, S. 117 (125). I.E. ebenso, obgleich unter Rekurs auf eine Annexkompetenz *T. Clemens*, Rechtsfragen, S. 19 (21 ff.); *F. Stollmann*, NZS 2016, S. 201 (202 f.). Vgl. auch *P. Wysk*, DVBl. 2015, S. 661 (662): „begrenzte ‚Übergriffe'". Restriktiv auch *M. Burgi/M. Nischwitz*, KrV 2023, S. 45 (48 f.); *H. Dettmer*, Krankenhausfinanzierung, S. 121 f.; *B. Schmidt am Busch*, Gesundheitssicherung, S. 242, 253, 255. Für eine Beschränkung auf „zumindest die formellen Grundzüge der Krankenhausplanung, soweit diese die wirtschaftliche Sicherung der Krankenhäuser und die Regelung [der Pflegesätze] betreffen", trotz eines insgesamt weiten Ansatzes *K. Raupach*, Übergang, S. 123 f. (und im Übrigen, S. 124 f., restriktiv hinsichtlich einer Kompetenz kraft Sachzusammenhangs). Siehe zum Verbot struktureller Übergriffe in die Krankenhausplanung auch BVerfGE 82, 209 (232). Auch in der Begründung zum Entwurf eines Gesetzes zur Neuordnung der Krankenhausfinanzierung, BT-Drs. 10/2095, S. 21 (zu § 6 Abs. 3 KHG) heißt es: „Absatz 3 unterstreicht die Kompetenz der Länder zur Regelung näherer Einzelheiten zu Krankenhausplanung und Investitionsprogrammen." Zu weit *H. Thomae*, Krankenhausplanungsrecht, S. 28 f.

[30] BayVerfGH, MedR 2020, S. 399 (402); ferner HambVerfG, NordÖR 2019, S. 340 (349).

[31] BT-WD, Reform, S. 29.

Diesen Befund vernachlässigt das Gutachten von *Winfried Kluth* mit seiner Parallelisierung von Krankenhausplanung und Bauleitplanung.[32]

Ob hinreichende Gestaltungsspielräume verbleiben, ist dabei sowohl hinsichtlich der Breite als auch der Tiefe bundesgesetzlicher Vorgaben für die Krankenhausplanung zu beurteilen.[33]

Andere Stimmen im Schrifttum verlangen noch restriktiver, „dass die wirtschaftliche Sicherung unmittelbarer Regelungsgegenstand bzw. Hauptzweck der Regelung ist."[34] Dies erweist sich angesichts des Finalitätszusammenhangs als zu restriktiv; freilich steigt die Begründungslast für andere als derartige Regelungen, die nur eingeschränkt möglich sind.[35]

Versteht man die Kompetenz zur wirtschaftlichen Sicherung in dem hier zugrunde gelegten weiten Sinne, bedarf es keines Rekurses auf eine Annexkompetenz oder eine Kompetenz kraft Sachzusammenhangs, um etwa die Vorgaben in § 1 und § 6 KHG für die Krankenhausplanung kompetentiell zu fundieren [dazu in der Sache noch unten, II.3.b)bb)(1)].[36] Vor allem aber ermöglichen diese Figuren keinen grenzenlosen, umfassenden Übergriff in die Planungshoheit der Länder. Nach der Rechtsprechung des Bundesverfassungsgerichts können „[u]ngeschriebene Gesetzgebungskompetenzen des Bundes [...] nur in äußerst engen Grenzen anerkannt" werden.[37] Keinesfalls genügt „[d]as Bedürfnis nach einer bundeseinheitlichen Regelung".[38] Vielmehr muss „das Übergreifen in die Gesetzgebungskompetenz der Länder unerlässliche Voraussetzung für die Regelung der in Rede stehenden Materie" sein und ist „[d]ie umfassende Regelung eines den Ländern vorbehaltenen Bereichs [...] dem Bund in keinem Fall eröffnet"[39]. Das Vorliegen dieser Voraussetzungen „bedarf [...] strenger Prüfung".[40] Zulässig

---

[32] *W. Kluth*, Krankenhausplanung, S. 22 f.

[33] Siehe auch *T. Clemens*, Rechtsfragen, S. 19 (24 f.), mit der Konsequenz, dass bei hinreichender Breite der Gestaltungsspielräume eine Detailregelung zulässig sein kann.

[34] *P. Lerche/C. Degenhart*, Verfassungsfragen, S. 11 (79 f. – siehe aber auch 91 f.); *B. Schmidt am Busch*, Gesundheitssicherung, S. 242 – indes auch auf verbleibende Gestaltungsspielräume abstellend, S. 253, 255.

[35] *P. Axer*, in: BK-GG, Art. 74 Abs. 1 Nr. 19a, Rn. 22 (Stand: 151. AL April 2011). Als zu eng erwiese sich auch ein restriktives Verständnis von BSG, BeckRS 2018, 22328, Rn. 17 f., das einen Überschneidungsbereich negiert.

[36] Siehe nur *P. Axer*, in: BK-GG, Art. 74 Abs. 1 Nr. 19a, Rn. 8 (Stand: 151. AL April 2011); ders., Art. 74 Abs. 1 Nr. 12, Rn. 71 f. (Stand: 209. AL Dezember 2020). Konstruktiv anders *W. Kluth*, Krankenhausplanung, S. 24 ff. (insb. auch S. 27), 78 ff. und einige der in Fn. 29 zitierten.

[37] BVerfGE 98, 265 (299).

[38] BVerfGE 98, 265 (299).

[39] Siehe nur BVerfGE 137, 108 (169 f., Rn. 145); ferner BVerfGE 98, 265 (299 f.); E 106, 62 (115).

[40] BVerfGE 132, 1 (6, Rn. 19).

sind lediglich „Einzelregelungen" bzw. die „punktuell[e] Inanspruchnahme einer Landeskompetenz"[41]. In prozeduraler Hinsicht darf „auf eine gemeinsame Regelung der Länder nicht gewartet werden" können.[42] Dabei bestimmt sich der zulässige Kompetenzübergriff nach den „Besonderheiten des jeweiligen Regelungsgegenstandes".[43] Diese bestehen vorliegend darin, dass das Grundgesetz, wie ausgeführt, ein Primat der Länder für die Krankenhausplanung und Krankenhausorganisation anerkannt hat; diese explizite, von der Rechtsprechung bekräftigte Entscheidung des Verfassungsgebers darf nicht durch die Zuerkennung ungeschriebener Gesetzgebungskompetenzen außer Kraft gesetzt werden. Ein Rekurs auf ungeschriebene Gesetzgebungskompetenzen zur Begründung von Regelungsbefugnissen im Bereich der Krankenhausplanung scheidet auch deshalb aus, weil Art. 74 Abs. 1 Nr. 19a GG bereits, wie ebenfalls ausgeführt, den Kompetenzübergriff ermöglicht und begrenzt, was nicht überspielt werden darf. Im Ergebnis lassen sich daher über die Figuren der Annexkompetenz bzw. der Kompetenz kraft Sachzusammenhangs keine weitergehenden Regelungsbefugnisse als die hier skizzierten begründen.

Abschließend sei darauf hingewiesen, dass die Landeskrankenhausplanungskompetenz auch dann infrage steht, wenn sektorenübergreifende Strukturen unter wesentlicher Einbeziehung von Krankenhäusern und ihrem spezifischen Leistungsprofil geschaffen werden, womit der Wandel der Aufgaben von Krankenhäusern auch für die Reichweite der Kompetenzbestimmungen relevant ist.[44]

bb) Regelung der Krankenhauspflegesätze

(1) Begriff und Grenzen einer Vergütungsregelung
i. S. d. Art. 74 Abs. 1 Nr. 19a GG

(a) Begriff der Vergütungsregelung

Neben der wirtschaftlichen Sicherung der Krankenhäuser erfasst die konkurrierende Gesetzgebungsbefugnis des Bundes „die Regelung der Krankenhauspflegesätze". Hierunter ist die von Nutzern oder Dritten (Kostenträger) zu entrichtende Vergütung für die Inanspruchnahme von Krankenhausleistungen zu verstehen (vgl. auch § 2 Nr. 4 KHG, § 3 KHEntgG).[45] Eine Vergütungsregelung impliziert,

---

[41] BVerfGE 98, 265 (300); E 106, 62 (115).
[42] BVerfGE 98, 265 (302).
[43] BVerfGE 98, 265 (300); E 106, 62 (115).
[44] Siehe dazu auch *M. Burgi/M. Nischwitz*, KrV 2023, S. 45 (48 f.); *F. Wollenschläger*, NZS 2023, S. 48 (51); ferner *M. Rehborn*, in: BerlK-GG, Art. 74 Abs. 1 Nr. 19a, Rn. 18 (Stand: 30. EL Juli 2010).
[45] Siehe auch BVerfGE 114, 196 (222): „Entgelte für teilstationäre und stationäre Krankenbehandlung"; BVerfG (K), NZS 2011, S. 500 (501); BVerwGE 156, 124 (134 f., Rn. 29); BSG,

auf Tatbestandsseite die zu vergütende Leistung zu beschreiben, deren Erbringung die Vergütung als Rechtsfolge auslöst. Der Kompetenztitel erstreckt sich auf „alle Regelungen, die diese Entgelte in ihrer Struktur oder Höhe beeinflussen",[46] wozu auch ein Vergütungsabschlag[47] oder -zuschlag[48] rechnen. Dabei enthält der Kompetenztitel keine Festlegung auf eine bestimmte Art der Vergütung.[49] Auch ist eine grundlegende Reform des Vergütungssystems – so im Kompetenzrahmen – zulässig.[50] In den Materialen zur Grundgesetzänderung findet sich ein Verweis auf das Anliegen, „die Pflegesätze der allgemeinen (3.) Pflegeklasse für alle Patienten nach einheitlichen Grundsätzen fest[zulegen]. Dazu gehören Bestimmungen darüber, welche Kosten in den Pflegesatz aufgenommen und welche durch die öffentliche Hand finanziert werden sollten, ohne daß Einfluß auf die aus regionalen, lokalen und strukturellen Gründen unterschiedliche Höhe der einzelnen Kosten genommen werden soll."[51] Teils wird die Erwähnung der Befugnis zur Regelung der Krankenhauspflegesätze neben der Kompetenz für die wirtschaftliche Sicherung der Krankenhäuser als deklaratorisch verstanden, da erstere ein Element der letzteren darstelle.[52]

Hinsichtlich der Reichweite der Vergütungskompetenz ist nicht zu verkennen, dass sich Vergütungsregelungen – gerade auch im Gesundheitswesen – nicht in der schlichten Preisfestsetzung für medizinische Leistungen erschöpfen, sondern sie auch zwangsläufig das Verhalten der am Leistungsgeschehen beteiligten Personen beeinflussen. Dies gilt bereits für die Höhe der Vergütung, die die Erbrin-

---

BeckRS 2010, 70879, Rn. 14; *P. Axer*, in: BK-GG, Art. 74 Abs. 1 Nr. 19a, Rn. 24 (Stand: 151. AL April 2011); *M. Rehborn*, in: BerlK-GG, Art. 74 Abs. 1 Nr. 19a, Rn. 38 ff. (Stand: 30. EL Juli 2010); *B. Schmidt am Busch*, Gesundheitssicherung, S. 241. Zur Erstreckung auf Abführungspflichten liquidationsberechtigter Ärzte BVerwGE 112, 170 (176 f.); E 130, 252 (255, Rn. 14 f.).

[46] BSG, BeckRS 2010, 70879, Rn. 14. Ebenso *C. Degenhart*, in: Sachs, GG, Art. 74, Rn. 88.
[47] BVerfG (K), NZS 2011, S. 500 (501); BSG, BeckRS 2010, 70879, Rn. 14; *C. Degenhart*, in: Sachs, GG, Art. 74, Rn. 88.
[48] BVerwGE 156, 124 (134 f., Rn. 28 f.).
[49] *P. Axer*, in: BK-GG, Art. 74 Abs. 1 Nr. 19a, Rn. 24 (Stand: 151. AL April 2011); *B. Schmidt am Busch*, Gesundheitssicherung, S. 241.
[50] *P. Lerche/C. Degenhart*, Verfassungsfragen, S. 11 (79); *K. Rübsamen*, DRG-Vergütungssystem, S. 83.
[51] Auffassung der Bundesregierung zu der Stellungnahme des Bundesrates, BT-Drs. V/3515, S. 15.
[52] *P. Axer*, in: BK-GG, Art. 74 Abs. 1 Nr. 19a, Rn. 24 (Stand: 151. AL April 2011) – in Fn. 66 eine Ausrichtung auf andere Ziele als das der Kostendeckung problematisierend; *B. Schmidt am Busch*, Gesundheitssicherung, S. 240 f. Vgl. auch *R. Broemel*, in: v. Münch/Kunig, GG, Art. 74, Rn. 74; *T. Maunz*, in: Dürig/Herzog/Scholz, GG, Art. 74, Rn. 222 (Stand: 23. EL). A.A. *C. Pestalozza*, in: v. Mangoldt/Klein, GG, Art. 74 Abs. 1 Nr. 19a, Rn. 1395, 1403 ff.; *K. Rübsamen*, DRG-Vergütungssystem, S. 81 f. (Verdeutlichung, dass Pflegesätze anderen Zwecken als der Kostendeckung dienen können).

gung bestimmter Leistungen mehr oder weniger attraktiv machen kann, aber auch für die Festlegung einer Vergütungsart, etwa die Entscheidung für eine Einzelleistungs- oder eine Pauschalvergütung.[53] Vor diesem Hintergrund schließt die Steuerungs- oder Lenkungswirkung einer Vergütungsregelung für das Versorgungsgeschehen den Rekurs auf die Vergütungskompetenz nicht prinzipiell aus. Dies gestattet auch die Normierung von Abschlägen, greifen sie generell oder ab bestimmten Leistungsmengen, oder von Zuschlägen für die Erbringung besonders erwünschter Leistungen.

(b) Grenze im Primat der Krankenhausplanung über Entgeltregelungen

Freilich begrenzt wiederum die ausschließliche Landeszuständigkeit für die Krankenhausplanung auf die Vergütungskompetenz gestützte, aber in erstere strukturell einwirkende Vergütungsregelungen des Bundesgesetzgebers. Versteht man die Kompetenz zur Regelung der Krankenhauspflegesätze als Unterfall der Kompetenz zur Regelung der wirtschaftlichen Sicherung der Krankenhäuser, folgt dies bereits aus vorstehend Ausgeführtem. Aber auch generell folgt aus Zweck und Inhalt der Krankenhausplanung, dass Vergütungsregelungen Entscheidungen der Krankenhausplanung nicht strukturell infrage stellen dürfen.[54]

Die Krankenhausplanung umschreibt das Bundesverwaltungsgericht wie folgt:

„Gemäß § 1 Abs. 1 KHG gehört es zu den Zielen der gesetzlichen Regelung, eine bedarfsgerechte Versorgung der Bevölkerung zu gewährleisten. Die Länder sind daher gemäß § 6 KHG verpflichtet, einen Krankenhausplan aufzustellen, in dem der landesweite Versorgungsbedarf in räumlicher, fachlicher und struktureller Gliederung beschrieben wird (Bedarfsanalyse), in dem des Weiteren die zur Bedarfsdeckung geeigneten Krankenhäuser verzeichnet werden (Krankenhausanalyse) und in dem schließlich festgelegt wird, mit welchen dieser Krankenhäuser der beschriebene Bedarf gedeckt werden soll (Versorgungsentscheidung; BVerwG, Urteile vom 25. September 2008 – 3 C 35.07 – BVerwGE 132, 64 Rn. 17 m. w. N. und vom 14. April 2011 – 3 C 17.10 – BVerwGE 139, 309 Rn. 13). Die Bedarfsanalyse umfasst die Beschreibung des gegenwärtig zu versorgenden Bedarfs sowie eine vorausschauende Beurteilung (Prognose) des zu erwartenden künftigen Versorgungsbedarfs (BVerwG, Beschlüsse vom 31. Mai 2000 – 3 B 53.99 – Buchholz 451.74 § 6 KHG Nr. 5 S. 1 f. = juris Rn. 4 und vom 25. Oktober 2011 – 3 B 17.11 – Buchholz 451.74 § 6 KHG Nr. 7 Rn. 4, jeweils m. w. N.)."[55]

Diese Anliegen der Krankenhausplanung und damit ihr Ziel, eine bedarfsgerechte Versorgung der Bevölkerung sicherzustellen, ließen sich nicht mehr erreichen, wenn Vergütungsregelungen aufgrund ihrer Strukturrelevanz faktisch zu einer

---

[53] Umfassend dazu KOMV, Vergütungssystem, insbesondere S. 105 ff.
[54] Siehe auch *M. Burgi/M. Nischwitz*, KrV 2023, S. 45 (49). Vgl. im Übrigen zum Verhältnis von Bürgerlichem Recht und Staatshaftungsrecht BVerfGE 61, 149 (204 ff.).
[55] BVerwG, Urt. v. 26.4.2018, 3 C 11/16, juris, Rn. 24; ferner E 132, 64 (67, Rn. 17); E 139, 309 (312, Rn. 13).

abweichenden Steuerung des Versorgungsgeschehens führen und die Krankenhausplanung damit konterkarieren, indem in *strukturrelevanter Weise* dem im Rahmen der Krankenhausplanung zuzuweisenden Versorgungsauftrag von Krankenhäusern entsprechende Leistungen nicht mehr – jedenfalls (adäquat) vergütet – erbracht werden könnten bzw. auch umgekehrt Krankenhäuser Leistungen erbringen könnten, die über ihre Versorgungsaufgabe hinausgingen. Vielmehr besteht, wie das Bundessozialgericht in seinem Urteil vom 19. Juni 2018 deutlich herausgearbeitet hat, angesichts der skizzierten grundgesetzlichen Kompetenzverteilung ein Primat der Krankenhausplanung gegenüber Entgeltregelungen:

> *„Diesen verfassungsrechtlichen Vorgaben* [d. h. ausschließliche Zuständigkeit der Länder für die Krankenhausplanung] *entspricht es*, dass nach § 11 Abs. 1 S. 1 KHEntgG die Vertragsparteien die Vergütung für das einzelne Krankenhaus nach Maßgabe der §§ 3 bis 6 und unter Beachtung des Versorgungsauftrags des Krankenhauses (§ 8 Abs. 1 S. 3 und 4 KHEntgG) vereinbaren. Nach § 8 Abs. 1 S. 3 KHEntgG dürfen die Entgelte für allgemeine Krankenhausleistungen mit Ausnahme für die Behandlung von Notfallpatienten, nur im Rahmen des Versorgungsauftrags berechnet werden. Hieraus ergibt sich, dass der auf Grundlage des Krankenhausplanungsrechts festzulegende Versorgungsauftrag des Krankenhauses Maß und Grenze jeder Entgeltvereinbarung ist. Die Vertragsparteien dürfen in die Vereinbarung keine Entgelte für Leistungen des Krankenhauses aufnehmen, die außerhalb seines Versorgungsauftrags liegen (BVerwGE 156, 124, 126; BVerwG Buchholz 451.74 § 17b KHG Nr. 2 – Juris RdNr. 14). Vielmehr sind die krankenhausplanerischen Festlegungen dem Budgetrecht zugrunde zu legen (vgl BVerwG Urteil vom 22.5.2014 – 3 C 12/13 – Juris RdNr. 27). Hiermit wäre es nicht vereinbar, den Umfang des Versorgungsauftrags anhand des Krankenhausbudgets festzulegen."*[56]

Unter Bezugnahme auf dieses Urteil hat das Bundessozialgericht in seinem Urteil vom 9. April 2019 bekräftigt, dass „die krankenhausplanerischen Festlegungen dem Budgetrecht zugrunde zu legen" sind.[57]

Die Akzessorietät hat auch das Bundesverwaltungsgericht in seinem Urteil vom 22. Mai 2014 – obgleich ohne verfassungsrechtliche Rückkoppelung – herausgestrichen:

> „Dieser besondere Versorgungsauftrag führt wegen der Verknüpfung von Krankenhausplanungs- und Krankenhausfinanzierungsrecht dazu, dass auch entgeltrechtlich von einem Zentrum auszugehen ist. Grundlage hierfür ist § 11 Abs. 1 Satz 1 i.V.m. § 8 Abs. 1 KHEntgG. Danach ist der Inhalt der Vergütungsvereinbarung unter Beachtung und im Rahmen des Versorgungsauftrags des Krankenhauses zu regeln. Das gilt, wie sich § 8 Abs. 1 Satz 3 i.V.m. § 7 Abs. 1 Satz 1 Nr. 4 KHEntgG i.V.m. § 17b Abs. 1 Satz 4 KHG entnehmen lässt, auch für Zuschläge nach § 5 Abs. 3 KHEntgG. § 8 Abs. 1 Satz 4 Nr. 1 KHEntgG bringt die Anbindung an das Krankenhausplanungsrecht zum Ausdruck. Er bestimmt, dass sich der Versorgungsauftrag bei einem Plankrankenhaus aus den Festlegungen des Krankenhausplans des Landes in Verbindung mit den Bescheiden zu seiner Durchführung nach § 6 Abs. 1 und § 8 Abs. 1 Satz 3 KHG (sowie gegebenenfalls einer ergänzenden Vereinbarung nach § 109 Abs. 1 SGB V) ergibt. Das

---

[56] BSG, BeckRS 2018, 22328, Rn. 20 – Hervorhebung nicht im Original.
[57] BSG, BeckRS 2019, 10857, Rn. 18.

schließt die Ausweisung von Zentren mit ein; denn bundesrechtlich steht nicht in Frage, dass ein Krankenhausplan Festlegungen über Versorgungsschwerpunkte und -zentren treffen kann (vgl. Urteil vom 14. April 2011 – BVerwG 3 C 17.10 – BVerwGE 139, 309 Rn. 20; Clemens, Rechtsschutz vor Schiedsstellen und vor Gericht für Krankenhäuser und Reha-Einrichtungen, in: DAI, 9. Medizinrechtliche Jahresarbeitstagung, 2014, S. 131 <153 ff.>).

Eine vergleichbare rechtliche Verknüpfung findet sich in den Regelungen über die Versorgungsberechtigung der Krankenhäuser nach dem Fünften Buch des Sozialgesetzbuchs. Gemäß § 108 Nr. 2 SGB V folgt aus der Aufnahme einer Klinik in den Krankenhausplan des Landes die Berechtigung, Versicherte der gesetzlichen Krankenversicherung stationär zu versorgen. Nach der Rechtsprechung des Bundessozialgerichts ‚präjudiziert' die landesrechtliche Entscheidung über die Planaufnahme die Versorgungsberechtigung nach dem SGB V. Dabei erstreckt sich die von der Krankenhausplanung des Landes ausgehende Bindungswirkung auch auf die Anwendung der §§ 109 ff. SGB V. Das Bundessozialgericht verweist in diesem Zusammenhang auf den Regelungszweck des § 108 Nr. 2 SGB V, mit der Anknüpfung an die landesrechtlichen Vorgaben divergierende Entscheidungen über dieselbe stationäre Einrichtung auf Landes- und auf Bundesebene zu vermeiden (vgl. BSG, Urteil vom 28. Januar 2009 – B 6 KA 61/07 R – BSGE 102, 219 = juris Rn. 23 ff.). Diese Erwägung gilt gleichermaßen für das Verhältnis von Krankenhausplanungs- und Krankenhausentgeltrecht. Die ausdrückliche Bezugnahme in § 11 KHEntgG lässt auf die Regelungsabsicht des Gesetzgebers schließen, dass für die Anwendung der §§ 3 ff. KHEntgG die krankenhausplanerischen Festlegungen zugrunde zu legen sind."[58]

Die Problematik einer Steuerung der Versorgung durch die Formulierung von Entgelttatbeständen, die nicht an planungsrechtlich vorgefundene Strukturen anknüpfen, sondern die Versorgung ohne hinreichende planerische Rückkoppelung steuern, hat auch der Richter am Bundesverwaltungsgericht *Peter Wysk* mit Blick auf die Regelung zu Vergütungszuschlägen für Krankenhäuser, die besondere Aufgaben von Zentren und Schwerpunkten wahrnehmen (§ 17b Abs. 1a Nr. 2 KHG, § 5 Abs. 3 KHEntgG), auf den Punkt gebracht:

„Was sind die gesetzlichen Voraussetzungen für ein ‚Zentrum' bzw. einen ‚Schwerpunkt' im bundesrechtlichen Sinne? Aber damit verbinden sich zwei tieferliegende Probleme. Schwerpunkte und Zentren gehören zur Krankenhausplanung und damit zu Strukturen, die von den Ländern festgelegt werden. Hat der Bund die Kompetenz, Begriffe aus dem Bereich der Krankenhausplanung mit einem bundesrechtlich determinierten Inhalt zu versehen oder Regelungen zu treffen, in denen das Entstehen solcher Strukturen begünstigt oder gar vorausgesetzt wird. Einfach zu beantworten ist die letzte Frage: Der Bund darf jedenfalls an Strukturen anknüpfen, die er in den Ländern vorfindet oder deren Entstehen er prognostisch voraussehen kann (vgl. Urteile vom 22.05.2014 [...] Rdnr. 31). Allein schon das Vorhandensein dieser Strukturen führt zu einem finanzierungsrechtlichen Regelungsbedarf, der – zumindest mit Reservefunktion – normativ abgedeckt sein muss. Zwar beeinflussen solche Regelungen die Krankenhauslandschaft, weil sie das Entstehen und Betreiben von Schwerpunktkrankenhäusern finanziell begünstigen; sie geben den Ländern aber auch die Freiheit, solche Strukturen auskömmlich zu schaffen.

Das führt zu der schwierigeren Frage, inwieweit die im Bundesrecht gebrauchten Begriffe der Krankenhausplanung bundesrechtlich ‚aufgeladen' werden dürfen. Das BVerwG hat sie in den Urteilen vom 22.05.2014 nur zum Teil entschieden. Streitig war insofern, ob die Auslegung

---

[58] BVerwG, BeckRS 2014, 55360, Rn. 26 f.

strikt an die Organisationsentscheidung des jeweiligen Landes anknüpfen muss oder ob auch die (bloße) Wahrnehmung von Zentrums- oder Schwerpunktaufgaben berücksichtigt werden darf. Das BVerwG aktiviert bei seiner Antwort die Verknüpfung zwischen Krankenhausfinanzierungs- und Krankenhausplanung und umschifft die Kompetenzklippe: Entgeltrechtlich ist – jedenfalls dann – von einem Zentrum auszugehen, wenn ein Krankenhaus mit diesem besonderen Versorgungsauftrag in den Krankenhausplan eines Landes aufgenommen ist. Diese Vorentscheidung entfaltet bundesrechtlich eine Art Tatbestandswirkung bei der Auslegung des Begriffs ‚Zentrum'. Es kann dem Bundesgesetzgeber nicht verwehrt sein, einen Begriff zu gebrauchen, der letztverbindlich durch Entscheidungen im jeweiligen Land konkretisiert wird. Offengeblieben ist damit, ob sich die Zentrumseigenschaft auch allein aus der Wahrnehmung bestimmter Aufgaben ergeben kann und wer dieser Aufgaben zu definieren hätte. Dies war nicht entscheidungserheblich, weil allen klagenden Krankenhäusern ein passender Versorgungsauftrag erteilt war. In künftigen Verfahren kann sich die Frage aber noch stellen."[59]

Hinsichtlich der Beantwortung dieser Frage vertritt *Wysk* eine restriktive Position:

„Ohne dass ihre Beantwortung auf der Hand läge, müsste wohl gewährleistet werden, dass bundesrechtlich keine Finanzierung von Aufgaben *gegen* die Versorgungsplanung des Landes möglich wird. Ob es dazu genügt, dass ein Land in seinem Krankenhausplan zu den erwünschten Zentren keine abschließende Aussage getroffen hat, kann bezweifelt werden."[60]

Das Bundesverwaltungsgericht hat in seinem Urteil vom 8. September 2016 sodann anerkannt, dass von Art. 74 Abs. 1 Nr. 19a GG prinzipiell gedeckte Entgeltregelungen weder mittelbar noch unmittelbar in die Planungshoheit der Länder eingreifen dürfen, aber an planergänzende, zumal im Planungsregime angelegte Tatbestände anknüpfen dürfen:

„Es liegt auch kein Eingriff in die Gesetzgebungszuständigkeit der Länder für die Krankenhausplanung vor. Erlaubt das Recht eines Landes nur eine Rahmenplanung, nicht aber die Ausweisung von Zentren und Schwerpunkten, wird das Land durch die dargelegte Auslegung des § 5 Abs. 3 KHEntgG weder unmittelbar noch mittelbar angehalten, die gesetzlichen Grundlagen seiner Planung zu ändern, um den Krankenhäusern die Gewährung eines Zuschlags zu ermöglichen. Die Rahmenplanung schließt – wie gezeigt – einen Versorgungsauftrag für die besonderen Aufgaben eines Zentrums oder Schwerpunkts nicht aus. Die Leistungsstruktur des Krankenhauses kann nach Maßgabe von § 109 Abs. 1 Satz 5 SGB V ergänzt werden."[61]

Auch weitere Stimmen im Schrifttum betonen den Primat der Krankenhausplanung:

„Der Begriffsinhalt muss also vom Gesetzgeber erst konstituiert werden. Der Bundesgesetzgeber überschritte dabei seine Normsetzungsbefugnisse, wenn er durch Entgelttatbestände und die damit verbundenen wirtschaftlichen Anreize Leistungen in bestimmten Strukturen zu er-

---

[59] *P. Wysk*, DVBl. 2015, S. 661 (665).
[60] *P. Wysk*, DVBl. 2015, S. 661 (665). Siehe für eine Akzessorietät des Entgeltrechts insoweit auch *T. Clemens*, Rechtsfragen, S. 19 (33 ff.).
[61] BVerwGE 156, 124 (135, Rn. 30). Siehe zur kompetentiellen Problematik der erfolgten Konkretisierung unten, II.3.b)bb)(2).

bringen, das Entstehen dieser Strukturen mittelbar steuerte. Die Gesetzesbegründung belegt, dass dies nicht das Ziel des Gesetzgebers war. Als Beispiele für Sachverhalte, die die Gewährung eines Zuschlags rechtfertigen, werden durchweg nur Leistungen und nicht Organisationsstrukturen beschrieben: ‚Zu den besonderen Aufgaben – die zum Teil in regional unterschiedlicher Ausprägung erbracht werden – gehören insbesondere Konsile, interdisziplinäre Video-Fallkonferenzen einschließlich der Nutzung moderner Kommunikationstechnologien, besondere Dokumentationsleistungen z. B. für klinische Krebsregister und Nachsorgeempfehlungen, Fortbildungsaufgaben und ggf. Aufgaben der Qualitätssicherung.' Es sprechen also gute Gründe dafür, die Begriffe des Zentrums und Schwerpunkts – im Einklang mit den Kompetenznormen des GG – rein aufgabenbezogen zu sehen: Die Wahrnehmung besonderer Aufgaben im Sinne des § 2 Abs. 2 S. 2 Nr. 4 KHEntgG begründet die Zentrums- oder Schwerpunkteigenschaft der leistenden Einheit."[62]

Den Primat der Krankenhausplanung über Entgeltregelungen erhärtet auch ein systematisches Argument. So begründet Art. 74 Abs. 1 Nr. 19a GG lediglich eine Kompetenz für Vergütungsregelungen (und die wirtschaftliche Sicherung der Krankenhäuser), wohingegen andere Kompetenztitel einen umfassenden Zugriff auf den Sachbereich ermöglichen. So erfasst eine auf den Kompetenztitel Recht der Wirtschaft (Art. 74 Abs. 1 Nr. 11 GG) gestützte Regulierung der Wirtschaft wegen der weiten Formulierung des Kompetenztitels Vorgaben sowohl für die Modalitäten der wirtschaftlichen Betätigung (etwa hinsichtlich der Qualifikation eines Taxiunternehmers) als auch für die Vergütung (Beförderungsentgelte im Taxenverkehr). Auch das von Art. 74 Abs. 1 Nr. 12 GG erfasste Leistungserbringungsrecht [dazu noch III.2.b)] ist begrifflich nicht auf Vergütungsfragen beschränkt.[63] Dementsprechend können strukturrelevante Vergütungsregelungen nicht damit gerechtfertigt werden, dass die Bepreisung vom Aufwand abhängt, der wiederum durch die (Mindest-)Strukturvorgaben (mit)bestimmt wird. Denn damit erstarkte Art. 74 Abs. 1 Nr. 19a GG angesichts der finanziellen Konsequenzen jeder Planungsvorgabe entgegen der angezeigten restriktiven Interpretation und unter Missachtung der Regelungsbefugnis des Sachgesetzgebers zur Vollkompetenz.

(c) Fazit

Angesichts der herausgearbeiteten zwangsläufigen Relevanz von Vergütungsregelungen für das Versorgungsgeschehen ginge es zu weit, dem Vergütungsgesetzgeber jedwede Regelung mit Auswirkungen auf Planung und Versorgung zu

---

[62] *W. Kuhla*, NZS 2014, S. 361 (363). Vgl. auch *K. Raupach*, Übergang, S. 132 f.: Überwiegen der Entgeltkomponente über planerischen Aspekt.

[63] Zu weit daher – obgleich im Folgenden Grenzen aufgrund der Krankenhausplanungshoheit der Länder betonend – *U. Waßer*, GesR 2015, S. 587 (591): „Qualitätssicherung gehört zur wirtschaftlichen Sicherung der Krankenhäuser und zur Regelung der Krankenhauspflegesätze, weil Leistungen nur bei einer bestimmten Mindestqualität vergütet werden."

verschließen. Indes deckt die konkurrierende Gesetzgebungsbefugnis des Bundes für die Regelung der Krankenhauspflegesätze keine Vergütungsregelung, die maßgeblich die Versorgungsstruktur steuert bzw. die Planungshoheit der Länder übermäßig beschneidet.[64] Spezifischer Ausdruck dieser Grenze ist der Primat der Krankenhausplanung gegenüber Entgeltregelungen.

Rechnet auch die Beschreibung der Leistung, die vergütet wird, zur Vergütungskompetenz, mag sie auch qualifizierende Elemente beinhalten, so handelt es sich bei maßgeblich qualitäts- und struktursteuernden Maßnahmen, mögen diese auch in das Gewand eines Abrechnungsausschlusses oder von Abrechnungsvoraussetzungen gekleidet sein, nicht mehr um Vergütungsregelungen i. S. d. Art. 74 Abs. 1 Nr. 19a GG. Entscheidend für das Vorliegen einer die Kompetenzgrenzen wahrenden Vergütungsregelung ist die Antwort auf die Frage, ob die Entgeltregelung an planerisch (oder anderweitig vom Sachgesetzgeber, wozu auch der GKV-Gesetzgeber rechnet) definierte Strukturen und Anforderungen anknüpft oder eigenständige Struktur- bzw. Qualitätsvorgaben aufstellt. Verschärfend wirkt, wenn die Vorgaben im Widerspruch zu Regelungen des Sachgesetzgebers stehen. Für ein primär beschreibendes Moment und damit eine Vergütungsregelung kann sprechen, dass die Formulierung von Anforderungen notwendiger Bestandteil der Beschreibung einer (komplexen) Leistung ist, etwa hinsichtlich der notwendigen apparativen Ausstattung. Relevant ist des Weiteren, in welchem Umfang über die reine Leistungsbeschreibung hinausgehende Anforderungen formuliert werden, mithin ob mittels Vergütungstatbeständen flächendeckend Struktur- bzw. Qualitätsvorgaben aufgestellt werden oder ob es sich um punktuelle Vorgaben für komplexe Leistungen handelt. Ferner kommt es entscheidend auf die Regelungstiefe der Vorgabe an. Die Planungsrelevanz bestimmt sich überdies nach den ökonomischen Konsequenzen der Nichterfüllung des Vergütungstatbestands; abgesehen vom absoluten Betrag lässt sich strukturell insoweit danach differenzieren, ob lediglich Zu- bzw. Abschläge im Raum stehen oder Vergütungsausschlüsse, ebenso danach, ob Leistungen über alternative Tatbestände noch angemessen abgerechnet werden können. Diese Abgrenzung kann im Einzelfall Schwierigkeiten aufwerfen. Grundsätzlich zulässig erscheinen Regelungen, die die Vergütung am Planungsregime orientieren, dabei auch Zuschläge bei besonderem und im Planungs- bzw. Versorgungsregime angelegtem Aufwand vorsehen, unzulässig demgegenüber – zumal flächendeckende und neue – Strukturanforderungen als Vergütungsvoraussetzung. Diese Grenzen können, wie ausgeführt, auch nicht über einen Rekurs auf eine ungeschriebene Annexkompetenz bzw. Kompetenz kraft Sachzusammenhangs überspielt werden [dazu oben, II.1.b)aa)].

---

[64] Vgl. im Übrigen *R. Broemel*, in: v. Münch/Kunig, GG, Art. 74, Rn. 74.

(2) Parallele Begrenzung durch die Grundsätze der Widerspruchsfreiheit der Rechtsordnung und der Bundestreue

Selbst bei einer weiten Auslegung der Bundeskompetenz würden im Übrigen die Grundsätze der Widerspruchsfreiheit der Rechtsordnung und der Bundestreue[65] Regelungsbefugnisse des Bundes entsprechend beschränken, was am Rande vermerkt sei. So hat das Bundesverfassungsgericht in seinem Urteil zur kommunalen Verpackungssteuer vom 7. Mai 1998 herausgearbeitet:

„Die Verpflichtung zur Beachtung der bundesstaatlichen Kompetenzgrenzen und zur Ausübung der Kompetenz in wechselseitiger bundesstaatlicher Rücksichtnahme (vgl. BVerfGE 81, 310 [339]) wird durch das Rechtsstaatsprinzip in ihrem Inhalt verdeutlicht und in ihrem Anwendungsbereich erweitert. Das Rechtsstaatsprinzip verpflichtet alle rechtsetzenden Organe des Bundes und der Länder, die Regelungen jeweils so aufeinander abzustimmen, daß den Normadressaten nicht gegenläufige Regelungen erreichen, die die Rechtsordnung widersprüchlich machen. Welche der einen Widerspruch begründenden Regelungen zu weichen hat, bestimmt sich grundsätzlich nach dem Rang, der Zeitenfolge und der Spezialität der Regelungen. Sachkompetenz und Steuerkompetenz werden vom Grundgesetz bereits in der Weise aufeinander abgestimmt, daß grundsätzlich der Sachgesetzgeber Verhaltenspflichten, der Steuergesetzgeber Zahlungspflichten regelt. Das Nebeneinander dieser Kompetenzen und ihre Wahrnehmung führen insoweit nicht zu sachlichen Widersprüchen. Begründet der Steuergesetzgeber aber Zahlungspflichten, die den Adressaten zur Vermeidung des steuerbelasteten Tatbestandes veranlassen sollen, so kann diese Lenkung Wirkungen erreichen, die den vom zuständigen Sachgesetzgeber getroffenen Regelungen widersprechen. Der Gesetzgeber darf deshalb aufgrund einer Steuerkompetenz nur insoweit lenkend und damit mittelbar gestaltend in den Kompetenzbereich eines Sachgesetzgebers übergreifen, als die Lenkung weder der Gesamtkonzeption der sachlichen Regelung noch konkreten Einzelregelungen zuwiderläuft.

Diese rechtsstaatlichen Vorgaben begründen im Rahmen der bundesstaatlichen Ordnung der Gesetzgebungskompetenzen zugleich Schranken der Kompetenzausübung. Der Steuergesetzgeber darf die vom Sachgesetzgeber getroffenen Entscheidungen nicht durch Lenkungsregelungen verfälschen, deren verhaltensbestimmende Wirkungen dem Regelungskonzept des Sachgesetzgebers zuwiderlaufen. Sobald der Sachgesetzgeber für einen Sachgegenstand Regelungen trifft, muß der Gesetzgeber diese bei steuerlichen Lenkungen beachten (zur Auferlegung von Abgaben aufgrund einer Sachkompetenz vgl. BVerfGE 91, 186 [201 ff.]).

Würde der Bundesgesetzgeber etwa durch eine Lenkungsteuer mit Lenkungsdruck in einem vom Landesgesetzgeber geregelten Bereich des Kultusrechts gestaltend einwirken, überschritte er seine Steuerkompetenz, wenn er dadurch zu einer dem Regelungskonzept oder einer Einzelaussage des Landesgesetzgebers zuwiderlaufenden Verhaltensweise veranlassen würde. Umgekehrt dürfte der Landesgesetzgeber oder der kommunale Satzungsgeber nicht durch eine Lenkungsteuer in den Regelungsbereich des Bundesgesetzgebers einwirken, wenn dieser den steuerlich verfolgten Lenkungszweck ausgeschlossen oder gegenläufige Lenkungswirkungen oder Handlungsmittel vorgeschrieben hat."[66]

---

[65] Zum Vorrang der Auslegung der Kompetenztitel *S. Rixen*, VSSR 2007, S. 213 (226).
[66] BVerfGE 98, 106 (118 ff.). Siehe auch BVerfGE 98, 83 (97 f.).

Dieser Grundsatz lässt sich auf das Verhältnis von Krankenhausplanung und Vergütungsregelung übertragen. Die Sachentscheidung, nämlich Bedarfs- und Krankenhausanalyse sowie Versorgungsentscheidung, ist den Ländern als ausschließliche Kompetenz zugeordnet; hierzu darf sich eine mittelbar lenkend wirkende Vergütungsregelung nicht in Widerspruch setzen.

c) Bindung an die Erforderlichkeitsklausel des Art. 72 Abs. 2 GG

Der Bund darf von seiner konkurrierenden Gesetzgebungsbefugnis gemäß Art. 74 Abs. 1 Nr. 19a GG nur Gebrauch machen, wenn dies erforderlich i. S. d. Art. 72 Abs. 2 GG ist. Ein Gesetzgebungsrecht des Bundes besteht mithin nur, „wenn und soweit die Herstellung gleichwertiger Lebensverhältnisse im Bundesgebiet oder die Wahrung der Rechts- oder Wirtschaftseinheit im gesamtstaatlichen Interesse eine bundesgesetzliche Regelung erforderlich macht." Konkretisierend gilt nach dem Altenpflege-Urteil des Bundesverfassungsgerichts:

> „Im Kompetenzgefüge des Grundgesetzes gebührt bei gleicher Eignung von Regelungen zur Erfüllung der grundgesetzlichen Zielvorgaben grundsätzlich den Ländern der Vorrang (Art. 30 und Art. 70 GG). Art. 72 Abs. 2 GG trägt dem – mit dem Kriterium der Erforderlichkeit bundesgesetzlicher Regelung – Rechnung und verweist den Bund damit auf den geringst möglichen Eingriff in das Gesetzgebungsrecht der Länder. ‚Erforderlich' ist die bundesgesetzliche Regelung danach nur soweit, als ohne sie die vom Gesetzgeber für sein Tätigwerden im konkret zu regelnden Bereich in Anspruch genommene Zielvorgabe des Art. 72 Abs. 2 GG, also die Herstellung gleichwertiger Lebensverhältnisse oder die im gesamtstaatlichen Interesse stehende Wahrung der Rechts- oder Wirtschaftseinheit, nicht oder nicht hinlänglich erreicht werden kann [...]. Eine Bundeskompetenz besteht nicht, wenn landesrechtliche Regelungen zum Schutz der in Art. 72 Abs. 2 GG genannten gesamtstaatlichen Rechtsgüter ausreichen."[67]

Grundsätzlich stellt die Erforderlichkeitsklausel keine unüberwindbare Hürde für eine Aktualisierung der Gesetzgebungskompetenz des Art. 74 Abs. 1 Nr. 19a GG auf. Denn in der Rechtsprechung des Bundesverfassungsgerichts zur gesetzlichen Krankenversicherung hat die Erforderlichkeit bundeseinheitlicher Finanzierungsgrundsätze wegen der elementaren Bedeutung der Gesundheitsversorgung „auf gleichmäßig hohem Niveau"[68] Anerkennung gefunden.[69] So heißt es im Beschluss vom 13. September 2005:

> „Die Wahrung der Rechts- und Wirtschaftseinheit gebietet es, das System der gesetzlichen Renten- und Krankenversicherung für ganz Deutschland einheitlich zu regeln. Erforderlich sind nicht bundeseinheitliche Beitragssätze – wie die unterschiedlich hohen Krankenkassenbeiträge zeigen –, wohl aber eine einheitliche Berechnungsmethode und daher auch eine einheitliche Regelung der Berechnungsgrundlagen und, wenn auf diese Berechnungsgrundlagen

---

[67] BVerfGE 106, 62 (149 f.); ferner BVerfGE 125, 141 (154).
[68] So BVerfGE 114, 196 (223).
[69] Vgl. zur GKV BVerfGE 113, 167 (198 f.); E 114, 196 (222 f.).

durch Gesetz Einfluss genommen werden soll, eine einheitliche Reglementierung. Wollte man die Reglementierung der Kosten für Waren und Dienstleistungen im Gesundheitswesen und damit das wesentliche Instrument zur Begrenzung der Beitragssätze der Regelung durch die Landesgesetzgeber überlassen, so müsste ein Wettbewerb hingenommen werden, der aus unterschiedlichen Preisreglementierungen entstünde. Anbieter mit ausreichender Wirtschaftskraft könnten die Märkte meiden, die durch strenge Preisbeschränkungen gekennzeichnet sind. Hier würden nur noch Anbieter auftreten, die den stark reglementierten Preis halten können, dies aber mit Qualitätsabstrichen erreichen. Eine Versorgung der Versicherten auf gleichmäßig hohem Niveau könnte nicht mehr gewährleistet werden."[70]

Im Einzelfall sind die Voraussetzungen freilich für jede Bundesvorgabe zu prüfen [dazu noch unten, 3.b)ee)]. Eine insgesamt restriktive Handhabung lässt sich auch daraus ableiten, dass der verfassungsändernde Gesetzgeber die Sozialversicherungskompetenz (Art. 74 Abs. 1 Nr. 12 GG), auf die sich die zitierte Rechtsprechung bezieht, im Zuge der Föderalismusreform I (2006) aus der Erforderlichkeitsklausel ausgenommen hat (siehe Art. 72 Abs. 2 GG), da insoweit „das gesamtstaatliche Interesse an einer bundesgesetzlichen Regelung allgemein anerkannt ist",[71] wohingegen diese für Art. 74 Abs. 1 Nr. 19a GG nach wie vor Geltung beansprucht.

Am Rande vermerkt sei schließlich, dass die Erforderlichkeitsklausel des Art. 72 Abs. 2 GG verdeutlicht, dass das Anliegen, gleichwertige Lebensverhältnisse im Bundesgebiet oder die Wahrung der Rechts- oder Wirtschaftseinheit im gesamtstaatlichen Interesse herzustellen, so wünschenswert dies im Einzelfall auch erscheinen mag, keine Kompetenz des Bundes begründet, sondern vielmehr Voraussetzung für die Aktualisierung einer anderweitig begründeten, der Erforderlichkeitsklausel unterliegenden Gesetzgebungskompetenz ist.[72]

2. Beschränkte Regelungsbefugnis gemäß Art. 74 Abs. 1 Nr. 12 GG (Sozialversicherung)

Dem Bund steht gemäß Art. 74 Abs. 1 Nr. 12 GG die konkurrierende Gesetzgebungszuständigkeit für die Sozialversicherung zu, die seit der Föderalismusreform I (2006) nicht mehr der Erforderlichkeitsklausel des Art. 72 Abs. 2 GG

---

[70] BVerfGE 114, 196 (222 f.). Ebenso BSG, BeckRS 2010, 70879, Rn. 16; ferner *K. Rübsamen*, DRG-Vergütungssystem, S. 89 f.

[71] Entwurf der Fraktionen der CDU/CSU und SPD eines Gesetzes zur Änderung des Grundgesetzes (Artikel 22, 23, 33, 52, 72, 73, 74, 74a, 75, 84, 85, 87c, 91a, 91b, 93, 98, 104a, 104b, 105, 107, 109, 125a, 125b, 125c, 143c), BT-Drucks. 16/813, S. 7, ferner S. 9. Zum Hintergrund *F. Wollenschläger*, in: BK-GG, Art. 72, Rn. 117 f., 252 ff. (Stand: 192. AL August 2018).

[72] Siehe zum kompetenzbeschränkenden, nicht aber kompetenzbegründenden Charakter des Art. 72 Abs. 2 GG *F. Wollenschläger*, in: BK-GG, Art. 72, Rn. 266 (Stand: 192. AL August 2018).

unterliegt [dazu soeben, II.1.c)]. Dieser Kompetenztitel kann Regelungen im Bereich des Krankenhauswesens decken.[73] Denn er beinhaltet die gesetzliche Krankenversicherung[74] und – angesichts des sie prägenden Sachleistungsprinzips – die Normierung von Vorgaben für das Leistungserbringungsrecht[75]. Erfasst ist damit, auch entstehungsgeschichtlich erhärtet,[76] das Vertragsarztrecht[77] und die Regelung der Leistungsbeziehungen zwischen GKV und Krankenhäusern[78].[79] Erfasst sind auch (auf die GKV bezogene) Vergütungsregelungen, da

---

[73] Siehe hierzu und zum Folgenden bereits *F. Wollenschläger/A. Schmidl*, VSSR 2014, S. 117 (126 ff.).

[74] BayVerfGH, MedR 2020, S. 399 (402 f.); *F. Wollenschläger/A. Schmidl*, VSSR 2014, S. 117 (126) m. w. N.

[75] BayVerfGH, MedR 2020, S. 399 (400, 403); BremStGH, BeckRS 2020, 5311, Rn. 62; HambVerfG, NordÖR 2019, S. 340 (346, 348); VerfGH Berlin, BeckRS 2021, 1218, Rn. 43; *P. Axer*, in: BK-GG, Art. 74 Abs. 1 Nr. 12, Rn. 71 (Stand: 209. AL Dezember 2020), Art. 74 Abs. 1 Nr. 19a, Rn. 8 (Stand: 151. AL April 2011); *ders.*, VSSR 2010, S. 1 (5); *ders.*, VSSR 2010, S. 183 (195); *T. Clemens*, Rechtsfragen, S. 19 (26); *I. Ebsen*, G+S 2011, S. 46 (48); *ders.*, in: FS für Peter Krause, 2006, S. 97 (109); *B. Halbe/U. Orlowski*, Kompetenzrechtliche Fragen, S. 36 f.; *W. Kuhla*, NZS 2014, S. 361 (362); *L. Neumann*, Qualitätssicherung, S. 109; *F. Wollenschläger/A. Schmidl*, VSSR 2014, S. 117 (126).

[76] Siehe auch den Verweis des BSG, NJW 1999, S. 888 (889), darauf, dass „das Grundgesetz [...] das Vertragsarztrecht als Teil der in der früheren Reichsversicherungsordnung geregelten Versicherung gegen Krankheit als Bundeskompetenz übernommen [hat], und die Kassen- bzw. Vertragsärzte [...] als Leistungserbringer in das öffentlich-rechtliche System der gesetzlichen Krankenversicherung einbezogen" sind; ferner *E. Riedel/U. Derpa*, Kompetenzen, S. 50.

[77] BVerfG (K), NJW 1999, S. 2730 (2731); ferner BSG, NJW 1999, S. 888 (889); BVerwGE 65, 362 (365); E 99, 10 (12) – Entgelte; pauschal BVerfGE 98, 265 (303). Ebenso *P. Axer*, in: BK-GG, Art. 74 Abs. 1 Nr. 12, Rn. 71 (Stand: 209. AL Dezember 2020); *S. Rixen*, VSSR 2007, S. 213 (225); *U. Wenner*, Vertragsarztrecht, S. 2 f. (dort, S. 4 ff., auch zu Genese und Entwicklung). Strikter wird teils eine Kompetenz (nur) kraft Sachzusammenhangs das Vertragsarztrecht angenommen, so dass das Recht der Leistungserbringung nur soweit erfasst sei, wie es „notwendige Funktionsbedingung für die Gewährung sozialversicherungsrechtlicher Leistungen ist", siehe *A. Prehn*, MedR 2015, S. 560 (564) – unter gleichzeitiger Betonung, dass „die Gesetzgebungskompetenz im Hinblick auf das vertragsärztliche Leistungserbringungsrecht allenfalls als Annexkompetenz oder Kompetenz kraft Sachzusammenhangs zu Art. 74 Abs. 1 Nr. 12 GG verstanden" werden könne; ebenso *I. Ebsen*, VSSR 1996, S. 351 (355 f.): funktionaler Bezug und untrennbarer Sachzusammenhang; vgl. ferner – Kompetenz kraft Sachzusammenhangs – *ders.*, in: FS für Peter Krause, 2006, S. 97 (108 f.; ferner 99); *E. Riedel/U. Derpa*, Kompetenzen, S. 16 f. (Annex), S. 50. Zweckmäßigkeitserwägungen genügten nicht, die in Landeskompetenzen übergreifende Regelung müsse vielmehr unerlässlich für die Regelung der GKV sein, siehe *A. Prehn*, MedR 2015, S. 560 (569). Zu Recht gegen eine Annexkompetenz wegen der Reichweite des Kompetenztitels *P. Axer*, in: BK-GG, Art. 74 Abs. 1 Nr. 19a, Rn. 8 (Stand: 151. AL April 2011) – ferner *ders.*, Art. 74 Abs. 1 Nr. 12, Rn. 71 f. (Stand: 209. AL Dezember 2020).

[78] *P. Axer*, in: BK-GG, Art. 74 Abs. 1 Nr. 19a, Rn. 8 (Stand: 151. AL April 2011).

[79] *B. Schmidt am Busch*, Gesundheitssicherung, S. 213 f., 224 f., beschränkt die Bundeskom-

diese für die Ausgaben der Sozialversicherung relevant sind.[80] Eine stationäre GKV-Bedarfsplanungskompetenz ist indes nicht von Art. 74 Abs. 1 Nr. 12 GG gedeckt [a]. Die Statuierung von Anforderungen an die sozialversicherungsrechtliche Leistungserbringung ist zwar grundsätzlich möglich; allerdings findet sie ebenfalls eine Grenze in der Krankenhausplanungshoheit der Länder [b].

a) Ausschluss einer stationären GKV-Bedarfsplanungskompetenz aus Art. 74 Abs. 1 Nr. 12 GG

Nach einer vereinzelten Stimme im Schrifttum soll „der Bundesgesetzgeber, gestützt auf Art. 74 Abs. 1 Nr. 12 GG umfassend die Bedarfsplanung und Sicherstellung auch der stationären Versorgung in letztlich gleicher Weise regeln [dürfen] wie diejenige der vertragsärztlichen Versorgung. Er müsste sich dabei allerdings auf die Leistungserbringung in der GKV beschränken."[81] Der Konflikt mit der Krankenhausplanung wird zwar gesehen, indes sei ein Übergriff in diese Kompetenzmaterie erst dann schädlich, wenn sich „aufdrängt, dass es dem Bundesgesetzgeber – gewissermaßen zur faktischen Regelung auf mittelbare Weise gerade auch um diese Wirkungen geht. Dass wäre letztlich ein Missbrauch eines Kompetenztitels zur Erschleichung einer kompetenzwidrigen Gestaltungsmacht." Hiervon „könnte, wenn sich der Bundesgesetzgeber entschlösse, jedenfalls für die Versorgung der GKV-Versicherten eine eigene Bedarfsplanungs- und Sicherstellungskonzeption auch für den stationären Sektor zu normieren, nicht die Rede sein. Dafür spricht schon die Brüchigkeit der jetzigen Trennung von stationär und ambulant, auch wenn diese selbst auf Bundesrecht, nämlich der Auflösung der Sektorengrenzen insbesondere durch die Bestimmungen über ambulante Leistungen im Krankenhaus und über die integrierte Versorgung, beruhen."[82]

Von historischem Interesse ist, dass ein die Landeskrankenhausplanung relativierender, die Einführung der monistischen Finanzierung flankierender Vorstoß im Entwurf des Gesetzes zur GKV-Gesundheitsreform 2000 gescheitert ist.[83]

---

petenz demgegenüber aus systematischen Gründen auf die Finanzierung und Leistungen der GKV, nicht aber auf Fragen der Organisation und des Rechtsverhältnisses der Leistungserbringer zu den Krankenkassen. Das Vertragsarztrecht einschließlich des Sicherstellungsauftrags wäre demnach nicht erfasst.

[80] BVerfG (K), NZS 2011, S. 500 (501); BSG, BeckRS 2010, 70879, Rn. 15.
[81] *I. Ebsen*, G+S 2011, S. 46 (49). Ebenso bereits *ders.*, Krankenhaus-Report 2006, S. 117 (125). Unbestimmt auf (damals) noch nicht ausgeschöpfte Spielräume verweisend *P. Axer*, GesR 2012, S. 714 (718).
[82] *I. Ebsen*, G+S 2011, S. 46 (49 f.).
[83] BT-Drs. 14/1245 (siehe §§ 108, 109, 109a). Dazu auch *M. Burgi/P. Maier*, DÖV 2000, S. 579 ff.

Dieser knüpfte die Zulassung eines Krankenhauses für GKV-Behandlungen an den Abschluss eines Versorgungsvertrags „mit den Landesverbänden der Krankenkassen und den Verbänden der Ersatzkassen" (§ 108 Nr. 1 i. V. m. § 109 SGB V-E) und sah eine Anknüpfung an die (frühere) Landeskrankenhausplanung nur noch als Bestandsschutzregelung vor (§ 108 Nr. 3 SGB V-E). Die Regelung für den Abschluss eines Versorgungsvertrags wurde analog zur Aufnahme in den Krankenhausplan gestaltet (§ 109 Abs. 2 SGB V-E). Den Einfluss der Länder sicherte die sie einbeziehende Regelung zum Beschluss von Rahmenvorgaben für Versorgungsverträge (§ 109a SGB V-E). Nach dieser „beschließt die zuständige Landesbehörde im Einvernehmen mit den Landesverbänden der Krankenkassen und den Verbänden der Ersatzkassen gemeinsam und einheitlich allgemeine leistungsorientierte Rahmenvorgaben für Versorgungsverträge, die sich am tatsächlichen medizinischen Bedarf zu orientieren haben und in regelmäßigen Abständen zu überprüfen und entsprechend der Entwicklung fortzuschreiben sind. Die Rahmenvorgaben beinhalten insbesondere Festlegungen zu den notwendigen Leistungsbedarfen und Mindestmengen [...] sowie Aussagen zur Sicherstellung der Notfallversorgung und Empfehlungen zur Wirtschaftlichkeit und Leistungsfähigkeit der Krankenhausbehandlung [...]". Dabei sollte dem Land ein Letztentscheidungsrecht zukommen, wenn kein Einvernehmen hergestellt werden kann.

Der Zuordnung einer Kompetenz für die Bedarfsplanung im Krankenhaussektor zu Art. 74 Abs. 1 Nr. 12 GG ist indes entgegenzutreten. Trotz der einleitend dargestellten grundsätzlichen Regelungsbefugnis des Bundes für das GKV-Leistungserbringungsrecht aufgrund der Sozialversicherungskompetenz ist nämlich zu berücksichtigen, dass das Grundgesetz, wie Wortlaut und Genese des Art. 74 Abs. 1 Nr. 19a GG erhellen und wie im vorausgehenden Abschnitt (siehe oben, II.1.) näher dargelegt, die Materie Krankenhausplanung den Landesgesetzgebern als ausschließliche Zuständigkeit vorbehält. Dies unterscheidet den stationären diametral vom ambulanten Sektor, besteht im letzteren doch kein vergleichbarer Vorbehalt. Dieser Befund kann nicht durch eine weite Auslegung des Art. 74 Abs. 1 Nr. 12 GG überspielt werden. Hieraus ergeben sich folgende Konsequenzen:[84]

Kompetenzwidrig ist zunächst, eine (generelle, d.h. nicht nur gesetzlich Versicherte erfassende) Krankenhausbedarfsplanung einschließlich hierauf bezogener Planungskriterien auf Art. 74 Abs. 1 Nr. 12 GG zu stützen. Vor diesem Hintergrund schied es etwa aus, die mit dem Krankenhausstrukturgesetz[85] spezifisch

---

[84] Restriktiv zu Bundeskompetenzen vor dem Hintergrund der Ambulantisierung auch *M. Burgi/M. Nischwitz*, KrV 2023, S. 45 (48).
[85] BGBl. 2015 I, S. 2229. Umfassend dazu *F. Wollenschläger/A. Schmidl*, GesR 2016, S. 542 ff.

für die Krankenhausplanung formulierten Qualitätsvorgaben auf diesen Kompetenztitel zu stützen, mögen sie auch für die sozialversicherungsrechtliche Leistungserbringung relevant sein;[86] nichts anderes gilt für die Einführung des DRG-Systems[87]. Ebenso wenig gedeckt wäre die im Koalitionsvertrag angestrebte Formulierung von Leitplanken für die Krankenhausplanung.[88]

Ebenfalls kompetenzwidrig ist es, obgleich auf die GKV-Leistungserbringung bezogen, eine GKV-Bedarfsplanung für den stationären Sektor, wie im ambulanten Bereich, einzuführen. Denn angesichts des hohen Anteils gesetzlich versicherter Personen (ca. 90 %) substituierte eine solche faktisch die Krankenhausplanung der Länder. Damit liefe die den Ländern aufgrund einer expliziten Entscheidung des Verfassunggebers vorbehaltene Krankenhausplanung leer.[89] Somit ist dem Bundesgesetzgeber eine Regelung der Bedarfsplanung im stationären Sektor auch über Art. 74 Abs. 1 Nr. 12 GG versperrt.[90] Vielmehr muss umgekehrt, wie dies § 108 Nr. 2 SGB V vorsieht und die von der Rechtsprechung bekräftigte Regelung zur Subsidiarität der Zulassung qua Versorgungsvertrag (§ 108 Nr. 3, § 109 SGB V) unterstreicht,[91] das GKV-Leistungsrecht an die Krankenhausplanung anknüpfen. Ableitbar ist dieses Koordinierungsgebot aus der

---

[86] *F. Wollenschläger/A. Schmidl*, GesR 2016, S. 542 (547).

[87] *K. Rübsamen*, DRG-Vergütungssystem, S. 82 f.

[88] Ebenso *B. Halbe/U. Orlowski*, Kompetenzrechtliche Fragen, S. 38 f., unter Verweis auf den Strukturbezug dieser Regelungen.

[89] Dies vernachlässigt *I. Ebsen*, Krankenhaus-Report 2006, S. 117 (125 f.), der Art. 74 Abs. 1 Nr. 19a GG nur hinsichtlich Regelungen, die auch nicht gesetzlich versicherte Personen betreffen, für relevant erachtet.

[90] Vgl. auch *R. Pitschas*, Versorgungsstrukturen, S. 79 (97): „Die staatliche Letztverantwortung für die Krankenhausversorgung und insbesondere Krankenhausplanung dürfen den Bundesländern und den Kommunen im Umkehrschluß aus Art. 72 Abs. 2 GG nicht entzogen bzw. darf die Länderkompetenz nicht auf dem Umweg über eine ‚sozialversicherungsrechtlich' begründete Regulierung zur Verbesserung der Versorgung – die vorerst nur behauptet wird – entsubstanzialisiert werden" (ferner S. 98, 100). Siehe auch *M. Quaas*, in: Quaas/Zuck/Clemens, Medizinrecht, § 26, Rn. 542.

[91] Die Bedarfsplanung ist insofern nicht abschließend, als ein Nicht-Plankrankenhaus im Wege des Abschlusses eines Versorgungsvertrags mit den Landesverbänden der Krankenkassen und den Verbänden der Ersatzkassen zur Behandlung GKV-Versicherter zugelassen werden kann (§ 108 Nr. 3 SGB V); allerdings muss ein auf diese Weise jenseits der Krankenhausplanung zugelassenes Krankenhaus gemäß § 109 Abs. 3 Satz 1 Nr. 3 SGB V „für eine bedarfsgerechte Krankenhausbehandlung der Versicherten [...] erforderlich" sein. Letzteres ist nicht der Fall, wenn Plankrankenhäuser den Bedarf bereits abdecken, wobei der Plan nach nicht unbestrittener Auffassung keine Bindungswirkung für die Bedarfsgerechtigkeit entfaltet. Siehe dazu BSG, BeckRS 2002, 30274189, Rn. 23 f.; *U. Becker*, in: ders./Kingreen, SGB V, § 109, Rn. 15. Siehe namentlich BSG, NZS 1998, S. 518 (519 f.): Vorrang der Plankrankenhäuser, ohne dass Leistungsvergleich erforderlich, ebenso BSG, GesR 2013, S. 95 (99 ff.). Zur mangelnden Bindungswirkung BSG, GesR 2022, S. 530 (532).

beschränkten Bundesgesetzgebungskompetenz sowie den Grundsätzen der Widerspruchsfreiheit der Rechtsordnung und der Bundestreue [es gilt das zur Vergütungskompetenz Ausgeführte entsprechend, siehe oben II.1.b)bb)].[92]

Die Akzessorietät hat auch das Bundesverwaltungsgericht in seinem Urteil vom 22. Mai 2014 – obgleich ohne verfassungsrechtliche Rückkoppelung – herausgestrichen:

„Eine vergleichbare rechtliche Verknüpfung findet sich in den Regelungen über die Versorgungsberechtigung der Krankenhäuser nach dem Fünften Buch des Sozialgesetzbuchs. Gemäß § 108 Nr. 2 SGB V folgt aus der Aufnahme einer Klinik in den Krankenhausplan des Landes die Berechtigung, Versicherte der gesetzlichen Krankenversicherung stationär zu versorgen. Nach der Rechtsprechung des Bundessozialgerichts ‚präjudiziert' die landesrechtliche Entscheidung über die Planaufnahme die Versorgungsberechtigung nach dem SGB V. Dabei erstreckt sich die von der Krankenhausplanung des Landes ausgehende Bindungswirkung auch auf die Anwendung der §§ 109 ff. SGB V. Das Bundessozialgericht verweist in diesem Zusammenhang auf den Regelungszweck des § 108 Nr. 2 SGB V, mit der Anknüpfung an die landesrechtlichen Vorgaben divergierende Entscheidungen über dieselbe stationäre Einrichtung auf Landes- und auf Bundesebene zu vermeiden (vgl. BSG, Urteil vom 28. Januar 2009 – B 6 KA 61/07 R – BSGE 102, 219 = juris Rn. 23 ff.) […]."[93]

Dass mit Blick auf Art. 74 Abs. 1 Nr. 19a GG „die bundesgesetzliche Übertragung der Planungshoheit im Krankenhausbereich auf die Kostenträger (Sozialversicherungsträger) kompetenzwidrig" ist, betont auch das Gutachten von *Kluth*.[94]

b) Möglichkeit und Grenzen der Statuierung von Anforderungen an die sozialversicherungsrechtliche Leistungserbringung

Wie einleitend ausgeführt ist der Bundesgesetzgeber befugt, Anforderungen an die sozialversicherungsrechtliche Leistungserbringung zu formulieren. Bei einer Überschneidung mit anderen Materien wie der Krankenhausplanung muss es sich, entsprechend der allgemeinen Regel bei Auflösung kompetentieller Gemengelagen, um eine im Schwerpunkt sozialversicherungsrechtliche Regelung handeln.[95] Dies ist zu bejahen, wenn die Regelung „Funktionsbedingung für die

---

[92] Zu eng daher die ausschließliche kompetenzrechtliche Betrachtung bei *M. Burgi/P. Maier*, DÖV 2000, S. 579 (583).
[93] BVerwG, BeckRS 2014, 55360, Rn. 27.
[94] *W. Kluth*, Krankenhausplanung, S. 21.
[95] Allgemein *M. Kment*, in: Jarass/Pieroth, GG, Art. 70, Rn. 8. Vgl. auch BVerfGE 137, 108 (161, Rn. 123). Im hiesigen Kontext: BremStGH, BeckRS 2020, 5311, Rn. 65; HambVerfG, NordÖR 2019, S. 340 (349); VerfGH Berlin, BeckRS 2021, 1218, Rn. 44; *B. Halbe/U. Orlowski*, Kompetenzrechtliche Fragen, S. 37; *F. Wollenschläger/A. Schmidl*, VSSR 2014, S. 117 (127) m.w.N. in Fn. 34. Zur Maßgeblichkeit der Zielrichtung: HambVerfG, NordÖR 2019, S. 340 (349); *B. Halbe/U. Orlowski*, Kompetenzrechtliche Fragen, S. 38.

Gewährung sozialversicherungsrechtlicher Leistungen" ist, sie also für die Leistungserbringung geboten und erforderlich ist.[96] Auswirkungen auf die Krankenhausplanung sind dann grundsätzlich unschädlich (zum Verbot strukturrelevanter Regelungen sogleich).[97] Gedeckt ist demnach etwa die Vorgabe von Qualitätsstandards, wie die Erfüllung von Fortbildungspflichten (§ 136b Abs. 1 Satz 1 Nr. 1 SGB V), Personaluntergrenzen[98] oder von Mindestmengen (§ 136b Abs. 1 Satz 1 Nr. 2 SGB V)[99], wenn und weil diese eine Leistungserbringung gemäß dem Wirtschaftlichkeits- und Qualitätsgebot sichern (vgl. §§ 1, 2 Abs. 1 SGB V).[100]

So hat etwa das Hamburgische Verfassungsgericht in seinem Urteil vom 7. Mai 2019 die Zuordnung der Vorgabe von Personaluntergrenzen zur Sozialversicherungskompetenz damit begründet, dass

„sie [...] für die Erbringung der sozialversicherungsrechtlich geregelten (Krankenhaus-)Leistungen erforderlich und auch primär hierauf ausgerichtet [sind]. Sie dienen der Sicherheit der Patientinnen und Patienten und der Wirksamkeit ihrer Behandlung (vgl. § 1 SGB V), weil sie

---

[96] BremStGH, BeckRS 2020, 5311, Rn. 65; HambVerfG, NordÖR 2019, S. 340 (349); *P. Axer*, in: BK-GG, Art. 74 Abs. 1 Nr. 19a, Rn. 8 (Stand: 151. AL April 2011) – ferner *ders.*, Art. 74 Abs. 1 Nr. 12, Rn. 71 und 73 (Stand: 209. AL Dezember 2020); *ders.*, VSSR 2010, S. 1 (6); *ders.*, VSSR 2010, S. 183 (195); *B. Halbe/U. Orlowski*, Kompetenzrechtliche Fragen, S. 37 f.; *L. Neumann*, Qualitätssicherung, S. 109 f.; *F. Wollenschläger/A. Schmidl*, GesR 2016, S. 542 (546); *dies.*, VSSR 2014, S. 117 (127).

[97] *F. Wollenschläger/A. Schmidl*, GesR 2016, S. 542 (546 f.); *dies.*, VSSR 2014, S. 117 (127); BremStGH, BeckRS 2020, 5311, Rn. 62, 65; VerfGH Berlin, BeckRS 2021, 1218, Rn. 44; *P. Axer*, in: BK-GG, Art. 74 Abs. 1 Nr. 19a, Rn. 8 (Stand: 151. AL April 2011), Art. 74 Abs. 1 Nr. 12, Rn. 72; *ders.*, VSSR 2010, S. 1 (6 f.); *ders.*, VSSR 2010, S. 183 (195 f.); *B. Halbe/U. Orlowski*, Kompetenzrechtliche Fragen, S. 37 f.

[98] BremStGH, BeckRS 2020, 5311, Rn. 65; HambVerfG, NordÖR 2019, S. 340 (349); BayVerfGH, MedR 2020, S. 399 (403); VerfGH Berlin, BeckRS 2021, 1218, Rn. 45 ff.; *P. Axer*, in: BK-GG, Art. 74 Abs. 1 Nr. 12, Rn. 72 (Stand: 209. AL Dezember 2020).

[99] Vgl. dazu *P. Axer*, in: BK-GG, Art. 74 Abs. 1 Nr. 12, Rn. 72 (Stand: 209. AL Dezember 2020), Art. 74 Abs. 1 Nr. 19a, Rn. 8 (Stand: 151. AL April 2011); *ders.*, VSSR 2010, S. 1 (6 f.); *L. Neumann*, Qualitätssicherung, S. 110.

[100] BayVerfGH, MedR 2020, S. 399 (400, 402); BremStGH, BeckRS 2020, 5311, Rn. 62; HambVerfG, NordÖR 2019, S. 340 (346, 348); VerfGH Berlin, BeckRS 2021, 1218, Rn. 43; BSGE 82, 55 (59); BeckRS 2015, 69717, Rn. 13 (u. U. Grenze: Aushöhlung des ärztlichen Berufsrechts); *P. Axer*, in: BK-GG, Art. 74 Abs. 1 Nr. 12, Rn. 72 (Stand: 209. AL Dezember 2020), Art. 74 Abs. 1 Nr. 19a, Rn. 8 (Stand: 151. AL April 2011); *ders.*, VSSR 2010, S. 1 (6); *ders.*, VSSR 2010, S. 183 (195 f.); *I. Ebsen*, GuP 2013, S. 121 (123); *B. Halbe/U. Orlowski*, Kompetenzrechtliche Fragen, S. 36 f.; *F. Wollenschläger/A. Schmidl*, GesR 2016, S. 542 (546 f.); *dies.*, VSSR 2014, S. 117 (126 f.). Siehe ferner *R. Pitschas*, VSSR 2012, S. 157 (178 f.). Restriktiv *R. Pitschas*, GuP 2016, S. 161 (164 f.); *A. Prehn*, MedR 2015, S. 560 (568 f.); *E. Riedel/U. Derpa*, Kompetenzen, S. 77 ff. A.A. (hinsichtlich des Berufsrechts) *B. Schmidt am Busch*, Gesundheitssicherung, S. 220, ferner S. 256 f. Vgl. im Übrigen zum umfassend greifenden Qualitäts- und Wirtschaftlichkeitsgebot BSG, BeckRS 2021, 44352, Rn. 9 ff. (ohne Thematisierung der Frage kompetentieller Grenzen).

[...] die Güte der von einem Krankenhaus zu erbringenden Leistungen positiv beeinflussen. Etwaige Auswirkungen auf andere Bereiche – auch auf den Bereich der Krankenhausplanung – bleiben in ihrer Relevanz dahinter zurück."[101]

Auch wenn ein derartiger Bezug zur sozialversicherungsrechtlichen Leistungserbringung dargetan werden kann, darf angesichts der ausschließlichen Zuständigkeit der Länder für die Krankenhausplanung kein Übergriff in diesen Kompetenzbereich erfolgen, strukturrelevante, im Schwerpunkt die Krankenhausversorgung allgemein betreffende Regelungen sind dem Bund versperrt. Angesichts des Ausmaßes der infrage stehenden Strukturvorgaben stellt sich diese Frage nunmehr in besonderer Schärfe, wobei es auch zuvor nicht an kritischen Stimmen mangelte, die schon im Jahre 2007 darauf hinwiesen, dass aufgrund der Regelungen im SGB V zur Qualitätssicherung „die Kompetenzen der Länder im stationären Bereich in bedenklicher Weise beschnitten" würden.[102]

Hinsichtlich der Grenzen der Sozialversicherungskompetenz hat das Hamburgische Verfassungsgericht im soeben erwähnten Urteil vom 7. Mai 2019 betont, dass

„[a]us den [zur beschränkten Regelungskompetenz des Art. 74 Abs. 1 Nr. 19a GG] genannten Gründen [...] dem Bund zwar strukturelle Eingriffe in das Krankenhauswesen aus Kompetenzgründen verwehrt [sind]. Indes können selbst auf Art. 74 Abs. 1 Nr. 19a GG grundsätzliche und allgemeine Regelungen zur Krankenhausplanung und -organisation gestützt werden, sofern deren Bezug zur wirtschaftlichen Sicherung naheliegend und offensichtlich ist und den Ländern eigenständige und umfangmäßig erhebliche Ausgestaltungsspielräume verbleiben [...]. Für etwaige Wechselwirkungen sozialversicherungsrechtlicher Regelungen im Sinne von Art. 74 Abs. 1 Nr. 12 GG mit dem Krankenhausplanungsrecht kann im Ergebnis nichts anderes gelten."[103]

Überdies hat bereits das OVG Münster in seinem Beschluss vom 17. Januar 2013 festgestellt:

„Die im Sozialgesetzbuch zur gesetzlichen Krankenversicherung verankerte Regelung über ‚Beschlüsse zur Qualitätssicherung' – so die amtliche Überschrift des § 137 SGB V – kann aber nicht dergestalt funktional an die Stelle der Krankenhausplanung durch das Land treten, dass der zuständigen Landesbehörde damit die gezielte Steuerung durch planerische Gestaltung verwehrt wäre."[104]

Die Aktualisierung der Gesetzgebungskompetenz des Art. 74 Abs. 1 Nr. 12 GG durch den Bund fordert daher neben dem nach den oben skizzierten Grundsätzen hinreichend engen Bezug zur sozialversicherungsrechtlichen Leistungserbrin-

---

[101] HambVerfG, NordÖR 2019, S. 340 (349).
[102] *B. Schmidt am Busch*, Gesundheitssicherung, S. 256 f.
[103] HambVerfG, NordÖR 2019, S. 340 (349).
[104] OVG Münster, GesR 2013, S. 314 (316). Ebenso *J. Lafontaine/F. Stollmann*, NZS 2014, S. 406 (407).

2. Beschränkte Regelungsbefugnis gemäß Art. 74 Abs. 1 Nr. 12 GG

gung, dass Auswirkungen auf die Krankenhausplanung, wie es das Hamburgische Verfassungsgericht in seinem Urteil vom 7. Mai 2019 formuliert hat, „in ihrer Relevanz dahinter", d. h. hinter dem sozialversicherungsrechtlichen Anliegen, „zurück[bleiben]".[105] Maßgeblich hierfür sind die Strukturrelevanz und verbleibende Ausgestaltungsspielräume. Für die Strukturrelevanz ist dabei auch das Ausmaß der Überlagerung entscheidend.[106] Eine „geradezu flächendeckende Regelung" von wesentlichen Teilbereichen ist unzulässig,[107] was etwa für eine umfassende Regelung des ärztlichen Fortbildungsrechts gestützt auf Art. 74 Abs. 1 Nr. 12 GG bejaht wird[108]. Ebenso wenig darf eine allgemeine Regelung der Krankenhausversorgung im Vordergrund stehen.[109] Dies ist der Fall, wenn die Regelung von konkreten Leistungen abstrahiert Versorgungsstrukturen reguliert, etwa Versorgungsstufen (Level) einführt und Qualitätsanforderungen oder die Berechtigung zur Erbringung von Leistungen an diese Level knüpft bzw. die Rolle von Fachkrankenhäusern definiert, mag dies auch durch Qualitätsanliegen motiviert sein.

Auch im Schrifttum heißt es:

„Schließlich sind selbst erforderliche Maßnahmen im Leistungserbringerrecht dann kompetenzrechtlich nicht mehr abgedeckt, wenn sie den Kernbereich des Krankenhausplanungs- und Krankenhausorganisationsrecht betreffen und beeinträchtigen […]. Die Vollkompetenz der Sozialversicherung findet demnach da ihre Grenze, wo Regelungen des Leistungserbringerrechts die Krankenhausstruktur und Krankenhausorganisation im Schwerpunkt mitregeln. Denn Krankenhausplanung ist nach Auftrag und Verständnis die Planung der Strukturen des stationären Versorgungssystems in qualitativer und quantitativer Hinsicht. Die Länder – und nicht der Bund – legen den Rahmen fest, in dem die an der Versorgung mitwirkenden Krankenhäuser ihre individuellen Leistungen erbringen […]."[110]

---

[105] HambVerfG, NordÖR 2019, S. 340 (349). Vgl. auch BremStGH, BeckRS 2020, 5311, Rn. 65: „Nebeneffekte" unschädlich. Nur auf den Schwerpunkt abstellend VerfGH Berlin, BeckRS 2021, 1218, Rn. 44.

[106] Vgl. für das ärztliche Berufsrecht *P. Axer*, in: BK-GG, Art. 74 Abs. 1 Nr. 12, Rn. 73 (Stand: 209. AL Dezember 2020); restriktiv auch *S. Rixen*, VSSR 2007, S. 213 (225 ff.). Siehe im Übrigen zum „Vorrang der Landesplanung" *F. Stollmann*, GesR 2012, S. 279 (282).

[107] *P. Axer*, in: BK-GG, Art. 74 Abs. 1 Nr. 12, Rn. 73 (Stand: 209. AL Dezember 2020). Vgl. auch *ders.*, VSSR 2010, S. 183 (195 f.): Einwirkungen „grundsätzlich möglich".

[108] *P. Axer*, in: BK-GG, Art. 74 Abs. 1 Nr. 12, Rn. 73 (Stand: 209. AL Dezember 2020).

[109] *J. Isensee*, Rahmenbedingungen, S. 97 (150) – nicht erfasst sind „allgemeine gesundheits- und regionalpolitische Aspekte des staatlichen Sicherstellungsauftrags" und „die allgemeine Versorgung der Bevölkerung mit Krankenhäusern"; überdies scheide eine Einbeziehung Nichtversicherter aus. Siehe ferner *J. Isensee*, Thesen, S. 273 (281).

[110] *B. Halbe/U. Orlowski*, Kompetenzrechtliche Fragen, S. 39. Siehe auch *R. Pitschas*, Versorgungsstrukturen, S. 79 (97, 100 f.); *ders.*, GuP 2016, S. 161 (164 f.) – mit Blick auf die in Fn. 22 artikulierte Kritik am Kompetenzverständnis bei *F. Wollenschläger/A. Schmidl*, VSSR 2014, S. 117 (126 ff.), ist indes anzumerken, dass dort die Frage nach Grenzen aufgrund eines

Oder:

„Aus der übergreifenden Gesamtschau mit Einbeziehung des Art. 74 Abs. 1 Nr. 19a GG und der dortigen Beschränkung auf Regelungen finanzieller Fragen [...] ergibt sich aber, dass die Gesetzgebungskompetenz für Regelungen auf dem Gebiet der Sozialversicherung nicht so weit verstanden werden darf, dass der Bund auch den Bereich der Krankenhausorganisation und der Krankenhausplanung regeln dürfte. Vielmehr stellt sich für den Krankenhausbereich und speziell für den Bereich der Krankenhausplanung die Aufgliederung und Abgrenzung, wie sie im Verhältnis zwischen Art. 70 Abs. 1 GG (Ländergesetzgebungskompetenz) und Art. 74 Abs. 1 Nr. 19a GG (Bundesgesetzgebungskompetenz) aufgezeigt worden ist, als das speziellere Reglement dar. Insofern gilt auch für die Bundesgesetzgebungskompetenz gemäß Art. 74 Abs. 1 Nr. 12 GG die vom BVerfG für Art. 74 Abs. 1 Nr. 19a GG ausgesprochene Beschränkung, dass der Grundgesetzgeber dem Bund ,den Bereich der Krankenhausorganisation und der Krankenhausplanung' nicht eröffnen, diesen vielmehr versperrt lassen wollte."[111]

Spezifisch mit Blick auf die Regelungen zur Qualitätssicherung im SGB V wird schließlich darauf hingewiesen, dass bei diesen „der Bundesgesetzgeber also gerade im Krankenhausrecht besonders darauf zu achten [hat], den Rahmen seiner Gesetzgebungskompetenz nicht zu überschreiten und nicht unzulässig in das den Ländern vorbehaltene Krankenhausplanungsrecht einzugreifen."[112] Maßgebliche Parameter für die Beurteilung, ob die Planungshoheit der Länder bei Qualitätsvorgaben gewahrt wird, sind zunächst Breite und Tiefe der Qualitätsvorgaben, mithin ob erstens Struktur- bzw. Qualitätsvorgaben flächendeckend aufgestellt werden oder ob es sich um punktuelle Vorgaben gerade für komplexe Leistungen handelt und ob zweitens Mindestvorgaben aufgestellt werden oder eine weitergehende Steuerung erfolgt. Entscheidend ist darüber hinaus, ob krankenhausplanerische Anliegen der Länder, namentlich eine flächendeckende, erreichbare und ortsnahe Versorgung zu ermöglichen, über Ausnahmetatbestände hinreichend berücksichtigt werden. Die grundsätzliche Synchronisierung mit der Krankenhausplanung der Länder ist im Übrigen auch vor dem Hintergrund der rechtsstaatlich und kompetentiell gebotenen Widerspruchsfreiheit der Rechtsordnung bedeutsam, da andernfalls ein Systembruch in der über die Krankenhausplanung verklammerten dualen Krankenhausfinanzierung entstünde, wenn nämlich erste und zweite Säule der Krankenhausfinanzierung nicht mehr synchronisiert wären, mithin Krankenhäuser in die Investitionskostenförderung einzubeziehen wären, obgleich ihnen kein (adäquater) Vergütungsanspruch zukommt.

Generell gebietet das grundgesetzlich vorgezeichnete Primat der Länder für die Krankenhausplanung, über das Leistungserbringungsrecht eröffnete Rege-

---

Übergriffs in die Planungshoheit der Länder nicht thematisiert wird; *K. Schillhorn*, ZMGR 2011, S. 352 (356); *B. Schmidt am Busch*, Gesundheitssicherung, S. 253, 256 f.

[111] *T. Clemens*, Rechtsfragen, S. 19 (26 f.). Vgl. auch *J. Isensee*, Rahmenbedingungen, S. 97 (150 f.).

[112] *U. Waßer*, GesR 2015, S. 587 (591).

lungsmöglichkeiten des Bundesgesetzgebers restriktiv zu bestimmen.[113] Hierfür streitet überdies, dass eine weite Auslegung des Art. 74 Abs. 1 Nr. 12 GG zugleich die Geltung der Erforderlichkeitsklausel limitierte, die gemäß Art. 72 Abs. 2 GG nur für Art. 74 Abs. 1 Nr. 19a GG greift, was die Beeinträchtigung der Landeskompetenzen weiter verschärft.[114]

Das Primat der Länder für die Krankenhausplanung illustriert im Übrigen auch die Regelung zu Mindestmengen, von deren Anwendung die Landeskrankenhausplanungsbehörden bei Gefährdung der Sicherstellung einer flächendeckenden Versorgung der Bevölkerung Ausnahmen zulassen können (§ 136b Abs. 5a SGB V); diese Ausnahmemöglichkeit ist kompetentiell geboten.[115] Sehr weit geht es insoweit allerdings, für die Entscheidung über die Nichtanwendung ein Einvernehmen mit den Landesverbänden der Krankenkassen und den Ersatzkassen vorzusehen. Vergleichbar wird hinsichtlich der früheren (engen) Tatbestandsvoraussetzung eines hochgradigen Zusammenhangs zwischen Menge und Qualität argumentiert (§ 137 Abs. 3 Satz 1 SGB V a. F.).[116]

3. Kompetenzwidrigkeit des Reformvorschlags

Die Empfehlung erschöpft sich nicht in einer schlichten Regelung der Krankenhauspflegesätze, sondern beinhaltet eine Vergütungsregelung mit struktureller Planungsrelevanz [a]. Der damit einhergehende Eingriff in die Krankenhausplanung ist mit der grundgesetzlichen Kompetenzordnung nicht vereinbar [b]. Dass der Bund die Krankenhausplanung nicht im Sinne des Reformvorschlags steuern kann, bedeutet schließlich nicht, dass Wirtschaftlichkeitserwägungen keine Rolle spielen [c].

a) Keine schlichte Regelung der Krankenhauspflegesätze, sondern Vergütungsregelung mit struktureller Planungsrelevanz

Die dritte Stellungnahme und Empfehlung der Regierungskommission schlägt eine Abkehr von der rein leistungs- und mengenorientierten Vergütung des DRG-

---

[113] *R. Pitschas*, GPR 2016, S. 161 (165); vgl. ferner *ders.*, Versorgungsstrukturen, S. 79 (97 f., 100 f.).
[114] Siehe auch *B. Halbe/U. Orlowski*, Kompetenzrechtliche Fragen, S. 39 f.
[115] Deutlich *U. Waßer*, GesR 2015, S. 587 (591). Siehe auch *F. Stollmann*, GesR 2012, S. 279 (282, 284); *F. Wollenschläger/A. Schmidl*, VSSR 2014, S. 117 (148). Vgl. im Übrigen *P. Axer*, VSSR 2010, S. 1 (6 f.); *K. Rübsamen*, DRG-Vergütungssystem, S. 87; *R. Schimmelpfeng-Schütte*, MedR 2006, S. 630 (631).
[116] *U. Waßer*, GesR 2015, S. 587 (591).

Systems zugunsten einer Kombination aus leistungsabhängiger Vergütung und an Versorgungslevel und Leistungsgruppen geknüpfter Vorhaltefinanzierung vor. Hierzu gliedert der Reformvorschlag die Krankenhäuser in Level und das Versorgungsgeschehen in Leistungsgruppen. Hierbei handelt es sich nicht, wie im DRG-Regime, um eine schlichte Festlegung von Preisen für bestimmte Leistungen, modifiziert durch eine Vorhaltekomponente. Vielmehr entfaltet der Vorschlag eine erhebliche Steuerungswirkung für das Versorgungsgeschehen. Die Verknüpfung von Leistungsgruppen und Leveln bedingt zunächst, dass bestimmte Leistungsgruppen nur durch Krankenhäuser bestimmter Level abgerechnet werden können. Hinzu kommt, dass die Vergütung von Leistungen die Erfüllung von Mindeststrukturvoraussetzungen (Qualifikationen, Kompetenzen, Erfahrungen und technischer Ausstattung) erfordert. Beide Elemente bedeuten, dass Krankenhäuser ihren krankenhausplanerisch zugewiesenen Versorgungsauftrag (jedenfalls adäquat vergütet) nur im Rahmen der Strukturvorgaben des Vergütungsregimes erfüllen können.[117] Hieraus folgt ohne Weiteres eine Planungsrelevanz der Vergütungsvorgaben, da offensichtlich ist, dass Krankenhäuser die ihnen im Rahmen der Planung zugewiesene Versorgungsaufgabe nur adäquat vergütet erfüllen. Hinzu kommt, dass das Vergütungsregime weitere struktur- und planungsrelevante Vorgaben aufstellt. Anreize zur Ambulantisierung steuern den Versorgungsbedarf, Kooperationsanreize bis hin zum Austausch von Leistungsgruppen betreffen die Entscheidung über die regionale Verteilung des Versorgungsangebots einschließlich der Schwerpunktbildung. Des Weiteren ist eine Beseitigung des Selbststands von Fachkliniken vorgesehen, was entsprechende Planungsmöglichkeiten beschneidet, ebenso determiniert die im Kontext der sektorenübergreifenden Versorgung angestrebte Harmonisierung der Planungsebenen die Möglichkeit einer räumlichen Strukturierung des Bedarfs.

Gegenteiliges, mithin einen nicht zwingenden Zusammenhang von Vergütungsreform und Krankenhausplanung, könnte eine Passage der Kernempfehlung suggerieren, wenn dort den Ländern empfohlen wird, „ihre Krankenhausplanung mit diesen Versorgungslevels und Leistungsgruppen zu harmonisieren und mit der Zuweisung von Leistungsgruppen einen Versorgungsauftrag zu verbinden."[118] Trotz des nur empfehlenden Charakters unterstreicht allerdings bereits diese Passage Anpassungsbedarf in der Krankenhausplanung infolge der Vergütungsreform. Diesen Zusammenhang, mithin dass die Vergütungsreform die Kranken-

---

[117] Siehe für Mindestmengen *U. Waßer*, GesR 2015, S. 587 (590): „Zudem führt das Gebot an den G-BA, Mindestmengen für Krankenhausleistungen festzulegen und der mit dem Nichterreichen der Mindestmenge verbundene Vergütungsausschluss (§ 137 Abs. 3 S. 2 SGB V), praktisch zu einem auf die konkrete Leistung bezogenen Ausübungsverbot. Ein Ausübungsverbot hat aber massive Auswirkungen auf den Bereich der Krankenhausplanung."
[118] Regierungskommission, Grundlegende Reform der Krankenhausvergütung, S. 30.

hausplanung determiniert, hat im Übrigen auch Bundesgesundheitsminister Karl Lauterbach mehr als deutlich gemacht, indem er Anfang März 2023 darauf hinwies, dass krankenhausplanerische Versorgungsaufträge vergütet künftig nur im Rahmen der Bundesvorgaben erfüllt werden können; im Ärzteblatt heißt es:

„Bundesgesundheitsminister Karl Lauterbach (SPD) warnte seinen NRW-Kollegen Karl-Josef Laumann (CDU) heute, die bereits eingeleitete Krankenhausreform für das bevölkerungsreichste Bundesland im Alleingang durchzuziehen. Die Reform Laumanns hätte ‚keine Geldflüsse zur Folge', drohte Lauterbach heute nach einem Besuch der SPD-Landtagsfraktion in Düsseldorf.

Bei der vom Bund geplanten Reform werde durch Wissenschaftler und nach einheitlichen Kriterien deutschlandweit festgelegt, welches Krankenhaus welche Leistungen anbieten könne. ‚Und dann fließt auch Geld', so der SPD-Politiker Lauterbach.

‚In dem Moment, wo bundesweit die Leistungskomplexe beschrieben sind und auf der Grundlage dann auch das Geld fließt, wird das Interesse an der Reform von Herrn Laumann sehr gering sein.' Denn wenn die NRW-Krankenhäuser die Kriterien nicht erfüllten, könnten sie ihre Leistungen auch nicht mehr abrechnen."[119]

Doch auch unabhängig davon erschöpft sich der Reformvorschlag bei näherer inhaltlicher Betrachtung – die im Folgenden unternommen sei – nicht darin, Vergütungsregelungen für ein anderweitig geplantes und definiertes Versorgungsgeschehen vorzusehen, sondern setzt die Vergütungsregelung als Steuerungsressource für das Versorgungsgeschehen ein. Hieraus folgt eine erhebliche Beschneidung der Krankenhausplanung.

Diese Planungsrelevanz ergibt sich bereits aus dem im Koalitionsvertrag formulierten Arbeitsauftrag der Regierungskommission, der die Krankenhausplanung fokussiert:

„Mit einem Bund-Länder-Pakt bringen wir die nötigen Reformen für eine moderne und bedarfsgerechte Krankenhausversorgung auf den Weg. Eine kurzfristig eingesetzte Regierungskommission wird hierzu Empfehlungen vorlegen und insbesondere Leitplanken für eine auf Leistungsgruppen und Versorgungsstufen basierende und sich an Kriterien wie der Erreichbarkeit und der demographischen Entwicklung orientierende Krankenhausplanung erarbeiten. Sie legt Empfehlungen für eine Weiterentwicklung der Krankenhausfinanzierung vor, die das bisherige System um ein nach Versorgungsstufen (Primär-, Grund-, Regel-, Maximalversorgung, Uniklinika) differenziertes System erlösunabhängiger Vorhaltepauschalen ergänzt."[120]

Die Strukturrelevanz kommt auch im Reformvorschlag deutlich zu Ausdruck.

Bereits die Präambel betont in ihrem ersten Satz die weiterreichende Zielsetzung:

„Die Regierungskommission schlägt eine grundlegende Reform der Krankenhausvergütung vor. Sie sieht in dieser Reform einen wesentlichen Beitrag zur nachhaltigen Stabilisierung der

---

[119] https://www.aerzteblatt.de/nachrichten/141543/Lauterbach-warnt-Laumann-vor-Alleingang-bei-Krankenhausreform (21.6.2023).
[120] Koalitionsvertrag 2021–2025, S. 86.

Krankenhausversorgung und -vergütung. Zugleich versteht sie ihren Vorschlag als einen Baustein für eine sektorenübergreifende Reform der ärztlichen und pflegerischen Versorgung in Deutschland."[121]

Und weiter heißt es in der Skizze der Ausgangslage zur Zielsetzung:

„Eine engere Verzahnung der Sektoren in der Planung und Finanzierung ist einer der Schlüssel, um stationäre Überversorgung zu reduzieren, regionaler Unterversorgung entgegenzuwirken, die Effizienz der Gesundheitsversorgung zu steigern und Fachkräfte ihrer Qualifikation entsprechend einzusetzen. Das hier vorgelegte Vergütungskonzept enthält daher auch Empfehlungen für Anreize zur Ambulantisierung von bislang stationär erbrachten Leistungen, insbesondere im Bereich der Grundversorger (Level I). Darin kann ein erster Schritt für eine sektorenunabhängige und ggf. auch sektorenübergreifende Regelversorgung gesehen werden; dieses Thema soll in einer der nächsten Stellungnahmen der Regierungskommission behandelt werden."[122]

Die Darlegung der Grundprinzipien des Reformvorschlags betont das auf Strukturveränderungen zielende Anliegen der Vorschläge, ist dort doch von einer „Restrukturierung der Krankenhauslandschaft auf Grundlage der hier vorgelegten Reformvorschläge" die Rede.[123]

So dient die Erarbeitung der Versorgungsstufen (Level) dazu, „lokale, regionale und überregionale Versorgungsaufträge abzugrenzen".[124] Darüber hinaus werden 128 Leistungsgruppen entwickelt, die den einzelnen Versorgungsstufen zugewiesen werden, was das Versorgungsspektrum des jeweiligen Levels weiter konkretisiert. Die Festlegung der Leistungsgruppen erschöpft sich überdies nicht in einer Leistungsdefinition; vielmehr stellt sie auch für die Leistungserbringung erforderliche Mindeststrukturvorgaben hinsichtlich Qualifikationen, Kompetenzen, Erfahrungen und technischer Ausstattung auf. Dies zielt auf eine Strukturveränderung:

„Eine einheitliche Definition von Versorgungsstufen und die Festlegung von Mindestanforderungen pro Stufe allein würden einen entscheidenden Schwachpunkt der derzeitigen deutschen Krankenhausversorgung noch nicht beseitigen: Krankenhäuser behandeln zu häufig auch ohne passende personelle und technische Ausstattung etwa Herzinfarkte ohne Linksherzkatheter, Schlaganfälle ohne Stroke Unit oder onkologische Erkrankungen ohne zertifiziertes Krebszentrum. Grund dafür ist, dass sich die Fachabteilungen in der Regel lediglich an den ärztlichen Fachgebieten orientieren. Dagegen wird zu Vergütungszwecken ein erheblich detaillierteres System von DRGs genutzt, das sich an Diagnosen und durchgeführten Prozeduren orientiert. Solche feinen Kriterien sollten genutzt werden, um auch Mindestvoraussetzungen für eine qualitätsorientierte Leistungserbringung zu definieren, wie dies derzeit etwa bei den Mindestmengen oder Strukturmerkmalen der Fall ist [...]."[125]

---

[121] Regierungskommission, Grundlegende Reform der Krankenhausvergütung, S. 3.
[122] Regierungskommission, Grundlegende Reform der Krankenhausvergütung, S. 5.
[123] Regierungskommission, Grundlegende Reform der Krankenhausvergütung, S. 10.
[124] Regierungskommission, Grundlegende Reform der Krankenhausvergütung, S. 29; ferner S. 9.
[125] Regierungskommission, Grundlegende Reform der Krankenhausvergütung, S. 17.

3. Kompetenzwidrigkeit des Reformvorschlags

Überdies ist die Festlegung von Leistungsgruppen für den Sicherstellungsauftrag relevant:

„Die Regierungskommission empfiehlt daher die Unterteilung der Level-I-Krankenhäuser mit und ohne Notfallversorgung (gemäß den G-BA-Richtlinien nach § 136c Abs. 4 SGB V) für die regionale Grundversorgung. Der Grundversorger mit Notfallversorgung (Level In) hat einen Sicherstellungsauftrag für die stationäre internistische und chirurgische Basisversorgung, Basis-Notfallversorgung und je nach Bedarf auch Geriatrie oder Palliativmedizin und ist für Regionen vorgesehen, in denen das nächstgelegene Krankenhaus der Regel- und Schwerpunktversorgung bzw. der Maximalversorgung weiter als 30 Minuten Pkw-Fahrzeit entfernt ist oder bei denen das Bundesland einen besonderen Versorgungsauftrag sieht."[126]

Ferner versteht sich die Einführung des Levels I*i* als Wegbereiter „einer sektorenübergreifenden und integrierten Gesundheitsversorgung".[127]

Des Weiteren sollen Anreize zu Kooperationen gesetzt werden:

„Im Rahmen der Restrukturierung der Krankenhauslandschaft auf Grundlage der hier vorgelegten Reformvorschläge wird ein deutlicher Anreiz zur engeren Kooperation zwischen Krankenhäusern geschaffen bis hin zum Austausch von Leistungsgruppen. Auch könnten verschiedene Standorte mit niedrigem Versorgungsgrad zu einem Standort mit hohem Versorgungsgrad fusionieren."[128]

Noch darüber hinausgehend sollen auch Konzentrationsprozesse durch die neue Vergütungssystematik befördert werden:

„Die Systematik der Vorhaltefinanzierung setzt dabei einen starken Anreiz, Leistungsgruppen zwischen Krankenhäusern so zu tauschen, dass die Fälle einer Leistungsgruppe auf weniger Standorte gebündelt werden und damit die Zahl der Standorte, mit denen das Vorhaltebudget geteilt werden muss, sinkt. Das Tauschen würde also in einem stärkeren Ausmaß als heute zu einer Verbesserung der wirtschaftlichen Lage der Krankenhäuser führen – und gleichzeitig die Versorgungsqualität erhöhen. Die Krankenhausplanung der Länder kann und sollte diese Schwerpunktbildung daher nachhaltig unterstützen. Alternativ oder ergänzend ist ein regionaler Moderator denkbar, der einen Umstrukturierungsprozess systematisch begleitet. Durch die Leistungsgruppen ergibt sich aber auch die Möglichkeit einer engeren Kooperation zwischen Kliniken bis hin zur Zusammenlegung einzelner Standorte."[129]

Diese Strukturrelevanz ist auch planungsrelevant. Bereits der erste Satz zu den Grundprinzipien des Reformvorschlags formuliert:

„Der Reformvorschlag verknüpft eine bedarfsgerechte Krankenhausplanung der Länder mit einer neuen Vergütungssystematik, die zu einem deutlich reduzierten Anteil leistungs- und mengenabhängig ist."[130]

---

[126] Regierungskommission, Grundlegende Reform der Krankenhausvergütung, S. 12.
[127] Regierungskommission, Grundlegende Reform der Krankenhausvergütung, S. 31; ferner S. 9, 12 ff.
[128] Regierungskommission, Grundlegende Reform der Krankenhausvergütung, S. 10; ferner S. 11 f.
[129] Regierungskommission, Grundlegende Reform der Krankenhausvergütung, S. 24.
[130] Regierungskommission, Grundlegende Reform der Krankenhausvergütung, S. 9.

In der Sache erhellt die Planungsrelevanz der Umstand, dass die Vergütungsregelungen an Kategorien anknüpfen, die bislang Gegenstand der Krankenhausplanung sind, und diese definieren. Dies gilt etwa für die Definition der Level, die an die Stelle der Versorgungsstufen treten und explizit dazu dienen, „lokale, regionale und überregionale Versorgungsaufträge abzugrenzen".[131] Den Zusammenhang mit der Krankenhausplanung stellen die Empfehlungen deutlich heraus:

„Die Krankenhausstrukturen in Deutschland sind historisch gewachsen und regional verschieden. Jedes Krankenhaus hält unterschiedliche Fachabteilungen und Leistungen vor, die keiner genauen Definition und nur teilweise Mindestanforderungen unterliegen. Die Bundesländer gehen in ihren Krankenhausplänen damit sehr unterschiedlich um. So nutzen acht der 16 Länder Stufen, um ihre Krankenhäuser einzugruppieren, wobei Bayern seine ,Versorgungsstufen' mit 1 bis 3 nummeriert, Niedersachsen seine ,Anforderungsstufen' mit 1 bis 4. Sechs Bundesländer nutzen Begriffe wie ,Regelversorgung' oder ,Schwerpunktversorgung', wobei sich die drei bis vier Stufen terminologisch unterscheiden. Es gibt also weder eine einheitliche Definition von ,Maximalversorgung', ,Schwerpunktversorgung', ,Regelversorgung' oder ,Grundversorgung' noch gibt es den typischen Maximalversorger oder den typischen Grundversorger.
Die Regierungskommission schlägt daher vor, (1) bundesweit einheitliche Stufen zu definieren und (2) die Krankenhausversorgung an diesen zu orientieren. Sie schlägt dafür ein System mit drei Leveln vor, von denen Level I und III nochmals weiter differenziert werden [...]."[132]

Auch die Formulierung von „Leistungsgruppen mit Strukturvorgaben und detaillierten Definitionen" entspricht der Festlegung auf eine Leistungs- statt einer fachabteilungsbezogenen Planung und strukturiert überdies den Versorgungsauftrag der Krankenhäuser. Explizit soll einer Planung nach Fachabteilungen entgegengewirkt werden:

„Da in den Krankenhausplänen der Länder überwiegend Fachabteilungen, nicht aber enger gefasste Leistungsbeschreibungen ausgewiesen werden, werden zum Teil Leistungen erbracht, für die die Fachabteilungen technisch, personell und qualitativ nicht adäquat ausgestattet sind. Das dadurch bedingte quantitativ sehr hohe Mengenniveau bei zum Teil bestehenden erheblichen Defiziten der Strukturqualität ist außerdem mit dem bestehenden Personalschlüssel der Krankenhäuser immer schwieriger zu erbringen, obwohl im europäischen Vergleich einwohnerbezogen in Deutschland bisher eher überdurchschnittlich viel medizinisches Personal zur Verfügung stand."[133]

Und weiter heißt es:

„Die dezidierte Einführung und Definition von Leistungsgruppen über ICD-und OPS-Codes mit Mindestvorgaben zur Vorhaltung je Leistungsgruppe und je Level löst die bisher kaum definierten Fachabteilungen ab. Ebenso ersetzen die jetzt bundesweit einheitlichen Level-Defi-

---

[131] Regierungskommission, Grundlegende Reform der Krankenhausvergütung, S. 29; ferner S. 9.
[132] Regierungskommission, Grundlegende Reform der Krankenhausvergütung, S. 11.
[133] Regierungskommission, Grundlegende Reform der Krankenhausvergütung, S. 6.

nitionen mit Mindeststrukturvoraussetzungen die bisher wenig dezidert definierten Versorgungsstufen."[134]

Die Vergütungsreform wird überdies als Beitrag zu einer bedarfsgerechteren und qualitativ hochwertigen Behandlung verstanden, was Zielen der Krankenhausplanung (vgl. § 1 Abs. 1 KHG) entspricht. Explizit betont wird die Möglichkeit, das System der Leistungsgruppen an den Bedarf der Bevölkerung anzupassen: „ein System von Leistungsgruppen, die passgenauer als durch DRGs (hohe Granularität) und Fachabteilungen (niedrige Spezifität) den Leveln zugeordnet und dem Bevölkerungsbedarf angepasst werden können".[135] Schließlich zielt die Gewährung des Vorhaltebudgets auf eine Sicherstellung des Leistungsangebots.

Die mangelnde Trennbarkeit von strukturrelevanter Vergütungsregelung und Planung bzw. die überschießende Tendenz des Reformvorschlags scheint auch immer wieder in den Empfehlungen der Regierungskommission durch:

„Krankenhäusern des Levels I*i* (integrierte ambulant/stationäre Versorgung) kommt eine Schlüsselrolle auf dem Weg zu einer sektorenübergreifenden und integrierten Gesundheitsversorgung zu. Sie verbinden wohnortnah ambulante fachärztliche Leistungen mit Akutpflegebetten und werden daher abweichend geplant und vergütet."[136]

„Mit der Schaffung von Kliniken des Levels I*i* wachsen der stationäre und ambulante Sektor zunehmend zusammen. Daher ist insbesondere für die Angebote dieser Kliniken eine Harmonisierung der stationären und ambulanten Planungsinstrumente, insbesondere der Planungsebenen, anzustreben. Die sektorenübergreifende Planung des Levels I*i* kann – und sollte zukünftig – in regionalen, paritätisch besetzten Gremien unter Beteiligung der Länder erfolgen, welche die regionalen Besonderheiten und lokalen Bedarfe berücksichtigen und in ihre Planung einbeziehen. Dies gilt ebenfalls für die Einbindung von Vertragsärztinnen und -ärzten in die Level-I*i*-Kliniken.

Eine sektorenübergreifende Planung durch ein erweitertes Gremium setzt die Harmonisierung der Planungsebenen der ambulanten Bedarfsplanungsrichtlinie mit den Krankenhausplanungen der Länder voraus. Dies sollte durch einheitliche Planungsebenen erfolgen, die den Definitionen des Bundesinstituts für Bau-, Stadt- und Raumforschung entsprechen (also insbesondere Kreise oder Raumordnungsregionen), damit die ambulante Planung der allgemeinen und spezialisierten fachärztlichen Versorgung systematisch berücksichtigt werden kann. Insgesamt bedarf es einer sektorenübergreifenden Harmonisierung der Planungs- und Vergütungsinstrumente, die einen Rahmen für regional flexible Versorgungsmodelle bilden."[137]

„Die Systematik der Vorhaltefinanzierung setzt dabei einen starken Anreiz, Leistungsgruppen zwischen Krankenhäusern so zu tauschen, dass die Fälle einer Leistungsgruppe auf weniger Standorte gebündelt werden und damit die Zahl der Standorte, mit denen das Vorhaltebudget geteilt werden muss, sinkt. Das Tauschen würde also in einem stärkeren Ausmaß als heute zu einer Verbesserung der wirtschaftlichen Lage der Krankenhäuser führen – und gleichzeitig die Versorgungsqualität erhöhen. Die Krankenhausplanung der Länder kann und sollte diese

---

[134] Regierungskommission, Grundlegende Reform der Krankenhausvergütung, S. 10.
[135] Regierungskommission, Grundlegende Reform der Krankenhausvergütung, S. 9.
[136] Regierungskommission, Grundlegende Reform der Krankenhausvergütung, S. 31 – Unterstreichung hinzugefügt.
[137] Regierungskommission, Grundlegende Reform der Krankenhausvergütung, S. 14.

Schwerpunktbildung daher nachhaltig unterstützen. Alternativ oder ergänzend ist ein regionaler Moderator denkbar, der einen Umstrukturierungsprozess systematisch begleitet. Durch die Leistungsgruppen ergibt sich aber auch die Möglichkeit einer engeren Kooperation zwischen Kliniken bis hin zur Zusammenlegung einzelner Standorte."[138]

Nicht zuletzt betont der Reformvorschlag selbst das Kompetenzproblem.[139]

Die Konsequenzen der Kommissionsvorschläge für die Versorgungslandschaft unterstreichen schließlich eindrücklich sowohl die vom Freistaat Bayern als auch die von der Deutschen Krankenhausgesellschaft (DKG) in Auftrag gegebene Begutachtung der Folgen einer Reform auf der Basis des Reformkonzepts. So hält die Pressemitteilung zur DKG-Auswirkungsanalyse fest:

„In ihrer jetzt vorliegenden Auswirkungsanalyse hat hcb in Kooperation mit Vebeto auf Basis öffentlich zugänglicher Daten die Vorschläge der Reformkommission geprüft. Datengrundlage waren die Qualitätsberichte der Krankenhäuser des Datenjahres 2020, die Notfallstufen nach den G-BA-Richtlinien und eine manuelle Prüfung zur Identifikation von Fachkliniken. Auf dieser Grundlage kommt das Institut zum Schluss, dass von den heute rund 1700 Standorten ca. 630 entweder dem neuen Level 1i zugehörig wären oder keine Zuordnung zu einem Level bekämen. Darunter fallen viele potentielle Fachkliniken. Etwa 830 Kliniken wären Level 1n. Würde man dies noch mit der 30-Minuten-Regel kombinieren, würden von diesen ca. 560 weitere Kliniken zu 1i-Einrichtungen. In den beiden oberen Leveln wären es nach dieser Ausführung noch insgesamt rund 230 Krankenhäuser.

Wie groß die Auswirkungen sind, wenn die Kriterien der Regierungskommission streng angewendet würden, zeigt sich bei der Verschiebung potentieller Patientenströme. So müssten sich 52 Prozent aller werdenden Mütter einen neuen Standort für die Geburt suchen. 56 Prozent der Patientinnen und Patienten in der interventionellen Kardiologie müssten das Krankenhaus wechseln. In der Urologie wären es 47 und in der Neurologie 39 Prozent. Andere Leistungsgruppen hätten ähnliche Ergebnisse."[140]

Auch die BINDOC-Szenarioanalyse für Bayern vom 6. Februar 2023[141] verdeutlicht, dass in mehr als der Hälfte der einem Level von I*n* bis III*u* zuzuordnenden Krankenhäuser nur noch eine Basisversorgung stattfinden kann (97 Level In-Häuser bei insgesamt 159 Kliniken Level I*n* bis III*u*). Spezialisiertere Versorgungsangebote (z. B. Endoprothetik, Kardiologie, Gastroenterologie, etc.) fallen an diesen Einrichtungen weg. Exemplarisch am Beispiel der Intensivmedizin (für die die Regierungskommission als einzige Leistungsgruppe bereits Prozedurencodes zugeordnet hat) belegt die Analyse die große Gefahr einer Ausdünnung der Versorgungsangebote. Nach der Analyse entfallen derzeit 9 % der somatischen Intensivleistungen der Stufe 1, 33 % der somatischen Intensivleistungen

---

[138] Regierungskommission, Grundlegende Reform der Krankenhausvergütung, S. 24.

[139] Regierungskommission, Grundlegende Reform der Krankenhausvergütung, S. 10.

[140] Pressemitteilung der DKG zur Auswirkungsanalyse der Vorschläge der Reformkommission vom 13.2.2023, abrufbar unter https://www.dkgev.de/dkg/presse/details/dkg-plaediert-fuer-augenmass-und-bringt-eigenen-vorschlag-in-die-reformdiskussion-ein/ (21.6.2023).

[141] Abrufbar unter https://www.bindoc.de/auswirkungsanalyse-kh-reform-bayern (21.6.2023).

der Stufe 2 und 19 % der somatischen Intensivleistungen der Stufe III auf solche Krankenhäuser, die dazu nach den Plänen der Regierungskommission nicht mehr oder zumindest nicht sicher mehr befugt sein sollen (unklare Aussagen der Regierungskommission zu den Fachkliniken). Ähnliches ist für die bereits genannten anderen Leistungsgruppen, die nicht der Basisversorgung angehören werden, zu befürchten. Anders als im Bereich der Fachkrankenhäuser wird Bayern sowohl in Relation zur Einwohnerzahl als auch zur Fläche nur einen unterdurchschnittlichen Anteil an Kliniken der Level In und II haben, was die Gefahren eines Versorgungsdefizits über die genannten Aspekte hinaus verstärkt.

b) Kompetenzwidrigkeit des Reformvorschlags

Nach den im ersten Teil entfalteten Grundsätzen ist der Bund aufgrund seiner in Art. 74 Abs. 1 Nr. 19a GG normierten konkurrierenden Gesetzgebungsbefugnis befugt, die wirtschaftliche Sicherung der Krankenhäuser und die Krankenhauspflegesätze zu regeln, darf dabei aber nicht in die ausschließliche Gesetzgebungszuständigkeit der Länder für die Krankenhausplanung und Krankenhausorganisation eingreifen. Bundesregelungen mit Planungsrelevanz schließt dies nicht aus; sie müssen aber einen hinreichenden Bezug zur wirtschaftlichen Sicherung bzw. Krankenhausvergütung aufweisen und den Ländern eigenständige und umfangmäßig erhebliche Planungsspielräume belassen. Um beurteilen zu können, ob diese Anforderungen gewahrt sind, namentlich hinreichende Planungsspielräume bestehen bleiben, ist zunächst der Inhalt der Krankenhausplanung zu entfalten [aa]. Sodann sei als Folie ein Blick auf den aktuellen Rechtsrahmen geworfen [bb]. Hieran schließt sich eine Bewertung der Empfehlung an [cc]. Mangels Bezugs des Reformvorschlags zum GKV-Regime ist die konkurrierende Zuständigkeit des Bundes für die Sozialversicherung (Art. 74 Abs. 1 Nr. 12 GG) nicht einschlägig, die im Übrigen ebenfalls ihre Grenze in der Planungshoheit der Länder findet [dd]. Nicht (mehr) entscheidend kommt es damit auf die Erforderlichkeit gemäß Art. 72 Abs. 2 GG an, die freilich gegeben sein muss [dazu bereits oben, II.1.c)].[142]

---

[142] An der Erforderlichkeit werden mit Blick auf Elemente einer Detailsteuerung teils Zweifel angemeldet (*B. Halbe/U. Orlowski*, Kompetenzrechtliche Fragen, S. 32 f., 35; ebenfalls eine umfassende Normierung der Krankenhausplanung nicht für erforderlich erachtend *M. Kaltenborn*, in: Huster/Kaltenborn, Krankenhausrecht, § 2, Rn. 4), und wird zur Vorgabe einer Leistungsplanung (*B. Halbe/U. Orlowski*, Kompetenzrechtliche Fragen, S. 35) ausgeführt: „Die Tatsache, dass Krankenhausplanung in den Ländern in ihrer Art und Tiefe unterschiedlich gestaltet wird, hat nicht dazu geführt, dass sich die Lebensverhältnisse in den Ländern in erheblicher, das bundesstaatliche Sozialgefüge beeinträchtigender Weise auseinanderentwickelt haben oder dass eine derartige Entwicklung sich konkret abzeichnet. Die bundesrechtliche Regelung ist auch nicht erforderlich[,] weil die unterschiedlichen Krankenhausgesetze der Länder ausrei-

aa) Konkretisierung des Inhalts der Krankenhausplanung

Die Beurteilung der Frage, ob ein hinreichender Spielraum der Länder für die Krankenhausplanung gewahrt ist, setzt zunächst eine Entfaltung des Inhalts der Krankenhausplanung voraus. Ausgangspunkt ist der Inhalt des Krankenhausplans, mit dem – in den Worten des Bundesverwaltungsgerichts –

> „der landesweite Versorgungsbedarf in räumlicher, fachlicher und struktureller Gliederung beschrieben wird (Bedarfsanalyse), die zur Bedarfsdeckung geeigneten Krankenhäuser verzeichnet werden (Krankenhausanalyse) und festgelegt wird, mit welchen dieser Krankenhäuser der beschriebene Bedarf gedeckt werden soll (Versorgungsentscheidung)."[143]

Regelungs- und Gestaltungsspielräume kommen damit in erster Linie bei der Bedarfsanalyse und bei der Versorgungsentscheidung zum Tragen. Hierbei sind zwei Ebenen zu unterscheiden, nämlich zum einen die abstrakt-generelle Festlegung von Kriterien für die Bedarfsbestimmung bzw. die Versorgungsentscheidung und zum anderen die administrative Konkretisierung in Gestalt der Feststellung eines bestimmten Bedarfs bzw. der Entscheidung über die Aufnahme eines Krankenhauses in den Krankenhausplan.

Die Strukturierung des Bedarfs impliziert in fachlicher Hinsicht die Entscheidung, ob eine Orientierung an den Gebietseinteilungen der ärztlichen Weiterbildungsordnung erfolgt oder weiter bzw. anders – etwa im Sinne einer Rahmen- oder Leistungs(gruppen)planung – differenziert wird. In räumlicher Hinsicht ist zu entscheiden, ob auf Kategorien der Raumplanung zurückgegriffen wird oder auf eine anderweitige Gebietseinteilung. In versorgungsstruktureller Hinsicht stellt sich schließlich die Frage nach der Vorgabe von Versorgungsstufen, etwa von Grund-, Schwerpunkt- und Maximalversorgern, und der räumlichen Zuordnung dieser Versorgungsformen, mithin für welches Gebiet welches Versor-

---

chend sind, um gleichwertige, aber nicht gleiche Lebensverhältnisse im gebotenen Maß herzustellen." Speziell im Zusammenhang mit der Kompetenz aus Art. 74 Abs. 1 Nr. 19a GG sind nach *T. Clemens*, Rechtsfragen, S. 19 (21 f.), „Bundesregelungen dann unbedenklich, wenn sie darauf abzielen, die Finanzierung auf Krankenhäuser mit qualitativ hochwertigen Versorgungsstandards zu konzentrieren und insoweit möglichst bundesweit gleichwertige Lebensverhältnisse zu schaffen". Zum Krankenhausstrukturgesetz führt die Gesetzesbegründung aus: „Eine bundesgesetzliche Regelung ist zur Wahrung der Rechtseinheit erforderlich (Artikel 72 Absatz 2 GG). Das Vergütungssystem für die Krankenhäuser ist bundesweit einheitlich geregelt. Folglich sind Änderungen in diesem System ebenso einheitlich vorzunehmen. Die Notwendigkeit bundesgesetzlicher Regelung betrifft alle Regelungen, die für die Krankenhäuser finanzielle Wirkungen haben, um einheitliche wirtschaftliche Rahmenbedingungen für die stationäre Versorgung der Bevölkerung sicherzustellen" [Begründung zum Gesetzesentwurf der Fraktionen der CDU/CSU und SPD – Entwurf eines Gesetzes zur Reform der Strukturen der Krankenhausversorgung (Krankenhausstrukturgesetz – KHSG), BT-Drs. 18/5372, S. 39; dazu *F. Wollenschläger/A. Schmidl*, GesR 2016, S. 542 (549)].

[143] BVerwG, GesR 2022, S. 152 (153).

3. Kompetenzwidrigkeit des Reformvorschlags

gungsangebot vorhanden sein soll, etwa landesweit bzw. überregional anzubietende Schwerpunkte oder eine kreisbezogen zu garantierende Grundversorgung.

Hinsichtlich der Versorgungsentscheidung ist schließlich festzulegen, an welche Voraussetzungen die Aufnahme eines Krankenhauses in den Krankenhausplan geknüpft ist – etwa mit Blick auf Leistungsfähigkeit, Wirtschaftlichkeit oder Qualität – und nach welchen Kriterien eine etwaige Auswahlentscheidung bei Bewerberüberhang erfolgt. Gerade bei der Auswahlentscheidung kommt der Zielplanung (aktuell: der Länder) eine besondere Bedeutung zu, die das Bundesverwaltungsgericht in seinem Urteil vom 14. April 2011 folgendermaßen umschreibt:

„Allerdings ist richtig, dass das Krankenhausfinanzierungsgesetz die Landesbehörden dazu ermächtigt, mit ihrer Krankenhausplanung zugleich gestaltende Planungsziele zu verfolgen. Hierzu dürfen und sollen sie Versorgungskonzepte entwickeln, namentlich die Anbieter der verschiedenen Versorgungsstufen in ihr Raumordnungssystem der zentralen Orte einpassen, eher Allgemeinversorger oder eher Fachkliniken bevorzugen, Versorgungsschwerpunkte bilden, Kooperationen benachbarter Kliniken fördern, auch besondere Strategien zur Steigerung der Trägervielfalt verfolgen, und anderes mehr. Die Versorgungskonzepte steuern die Auswahl unter mehreren Krankenhäusern gemäß § 8 Abs. 2 Satz 2 KHG, wenn eine solche notwendig wird."[144]

Eingedenk des verfassungsrechtlich gebotenen Planungsspielraums für die Länder ist diese Passage nicht dahin missverstehen, dass die Befugnis zur Zielplanung auf einer Ermächtigung durch den Bund konstitutiv beruht, vielmehr ist der Bund mit Blick auf die grundgesetzliche Kompetenzverteilung verpflichtet, den Ländern entsprechende Planungsspielräume bei der Rahmensetzung durch das Krankenhausfinanzierungsgesetz zu belassen.

Anhand dieser Vorgaben für die Planaufnahme ist auf administrativer Ebene sodann die Aufnahmeentscheidung zu treffen, wobei gerade bei Notwendigkeit einer Auswahl zwischen konkurrierenden Versorgungsangeboten Entscheidungsspielräume bestehen.

Diese Entfaltung des Inhalts der Krankenhausplanung verdeutlicht, dass deren Kern entgegen der Ausarbeitung der Wissenschaftlichen Dienste des Deutschen

---

[144] BVerwGE 139, 309 (315, Rn. 20); ferner 321 (Rn. 35): Bindung der über die Aufnahme entscheidenden Behörde „hinsichtlich der Planungsziele und Planungsgrundsätze, welche die zu treffende Auswahlentscheidung leiten und steuern". Siehe auch *K. Rennert*, Auswahl, S. 75 (78 f.); OVG Münster, BeckRS 2000, 166996, Rn. 8: Krankenhauszielplanung ist die „Festlegung der Rahmenvorgaben und Schwerpunkte"; ferner BVerwGE 62, 86 (97): „Darüber hinaus muß der Krankenhausbedarfsplan eine ,Versorgungsplanung' enthalten. Diese Versorgungsplanung ist die zusammenfassende Benennung derjenigen Krankenhäuser, mit welchen der Versorgungsbedarf befriedigt werden soll. Allein diesem Teil des Krankenhausbedarfsplans kann ein planerischer Einschlag beigemessen werden, weil in ihm eine bestimmte Zielvorstellung manifestiert wird und damit zugleich mögliche andere Zielvorstellungen verworfen werden."

Bundestags vom 27. März 2023 nicht lediglich in der Festschreibung des Bedarfs für entsprechende Leistungen besteht.[145]

bb) Bewertung des Status quo

(1) Krankenhausplanerische Vorgaben

Das aktuell geltende Krankenhausfinanzierungsgesetz gibt lediglich einen grobmaschigen Rahmen für die Krankenhausplanung vor. § 6 Abs. 1 1. HS KHG verpflichtet die Länder, Krankenhauspläne aufzustellen, um die in § 1 KHG normierten Planungsziele zu verwirklichen, nämlich „eine qualitativ hochwertige, patienten- und bedarfsgerechte Versorgung der Bevölkerung mit leistungsfähigen digital ausgestatteten, qualitativ hochwertig und eigenverantwortlich wirtschaftenden Krankenhäusern zu gewährleisten und zu sozial tragbaren Pflegesätzen beizutragen." Nach § 1 Abs. 2 KHG ist überdies die Trägervielfalt zu beachten. „Das Nähere wird", wie § 6 Abs. 4 KHG betont, „durch Landesrecht bestimmt." Dementsprechend finden sich keine Vorgaben für die Bedarfsanalyse im Krankenhausfinanzierungsgesetz, sondern lediglich im Landesrecht (siehe exemplarisch Art. 4 Abs. 2 BayKrG für die Festlegung von Versorgungsstufen). Bundesrechtlich besteht lediglich die – vom Bundesverwaltungsgericht im Kontext der Zulässigkeit der Rahmenplanung herausgearbeitete – Vorgabe, dass die Planung der Länder „zur Verwirklichung der in § 1 KHG genannten Ziele geeignet sein" muss und „eine nach § 8 Abs. 2 Satz 2 KHG erforderliche Auswahlentscheidung nicht unmöglich machen" darf.[146] Die erwähnten Zielvorgaben sind überdies für die zu treffende Versorgungsentscheidung relevant, indem sie die relevanten Kriterien determinieren;[147] dementsprechend sind für die Planaufnahme primär die Bedarfsgerechtigkeit, Leistungsfähigkeit, Wirtschaftlichkeit und Qualität des Krankenhauses maßgeblich.[148] Bei Bewerberüberhang erfolgt eine Auswahlentscheidung gemäß § 8 Abs. 2 KHG, die die auf Landesebene erfolgende, bereits erwähnte Zielplanung steuert.[149]

Dieses Regelungskonzept, mithin die Aufstellung von Rahmenvorgaben vor allem für die Planaufnahme erweist sich als kompetenzkonform:[150] Zum einen

---

[145] So aber BT-WD, Reform, S. 36.

[146] BVerwG, GesR 2021, S. 152 (153). Vgl. für die Leistungsplanung *F. Stollmann*, MedR 2023, S. 451 (458 f.).

[147] BVerfGE 82, 209 (225); *F. Wollenschläger*, VSSAR 2020, S. 87 (89 f.). Siehe ferner zum Grundsatz der Trägervielfalt § 8 Abs. 2 KHG und dazu *F. Wollenschläger*, VSSAR 2020, S. 87 (100 ff.).

[148] Im Überblick hierzu *F. Wollenschläger*, VSSAR 2020, S. 87 (88 ff.).

[149] Ausführlich zu dieser *F. Wollenschläger*, VSSAR 2020, S. 87 (93 ff.); *ders.*, Verteilungsverfahren, S. 512 ff.

[150] Siehe auch *F. Wollenschläger/A. Schmidl*, GesR 2016, S. 542 (547 f.). Vgl. ferner *T. Cle-*

besteht ein enger Zusammenhang der Planaufnahmekriterien mit der wirtschaftlichen Sicherung der Krankenhäuser, da die Investitionskostenförderung (und auch die Abrechnungsbefugnis) vor dem Hintergrund der notwendigen Mittelkonzentration an die Planaufnahme und damit die Erfüllung der Aufnahmekriterien gekoppelt ist (§ 8 Abs. 1 Satz 1 KHG) und, was zusätzlich erforderlich ist, die Kriterien die Wirtschaftlichkeit der Versorgung sicherstellen [dazu noch im Detail unten, II.3.b)cc)(3)]. Zum anderen verbleiben hinreichende Planungsspielräume der Länder. So erfolgt namentlich keine Strukturierung des Bedarfs als Bezugspunkt der Beurteilung der Bedarfsgerechtigkeit und bleiben weite Spielräume für die Zielplanung. Auch darf die Leistungsfähigkeit nach der Rechtsprechung des Bundesverfassungsgerichts nicht als Einfallstor für die Formulierung gesundheitspolitischer Fernziele verwendet werden: Denn „[g]esundheitspolitische Fernziele, die den allgemeinen Standard der Krankenhausversorgung weit übersteigen, können – so sinnvoll sie sein mögen – nicht mit Hilfe zwingender Mindestvoraussetzungen für die Aufnahme in den Krankenhausplan nach dem Krankenhausfinanzierungsgesetz durchgesetzt werden. Für ihre Regelung fehlt es schon an der Gesetzgebungskompetenz des Bundes (Art. 74 Nr. 19a GG)."[151] Sehr weit geht die Detailsteuerung der Qualitätsanforderungen an Krankenhäuser durch die Konkretisierungsbefugnis des Gemeinsamen Bundesausschusses (§ 136c SGB V); Gestaltungsspielräume der Länder wahrt freilich die Regelung, dass diese über die Geltung der Qualitätskriterien im Rahmen der Krankenhausplanung disponieren können (§ 6 Abs. 1a Satz 2 KHG) – eine Konstruktion, deren Kompetenzkonformität kontrovers beurteilt wird [dazu noch unten, II.4.f)].[152] Vereinzelt Zweifel angemeldet werden schließlich daran, dass der Bundesgesetzgeber die Trägervielfalt vorgeben darf, da dies für die wirtschaftliche Sicherung nicht erforderlich sei.[153]

---

mens, Rechtsfragen, S. 19 (22 ff. m. Fn. 12); *M. Quaas*, in: Quaas/Zuck/Clemens, Medizinrecht, § 26, Rn. 552; *M. Rehborn*, in: BerlK-GG, Art. 74 Abs. 1 Nr. 19a, Rn. 28 ff. (Stand: 30. EL Juli 2010) – mit Ausnahme der Vorgabe der Trägervielfalt; *J. Lafontaine/F. Stollmann*, NZS 2014, S. 406 (407); *F. Stollmann*, NZS 2016, S. 201 (202 f.).

[151] BVerfGE 82, 209 (232). Ebenso BSG, BeckRS 2018, 22328, Rn. 18; *M. Kment*, in: Jarass/Pieroth, GG, Art. 74, Rn. 54a.

[152] Ausführlich dazu *F. Wollenschläger/A. Schmidl*, GesR 2016, S. 542 (547 f.). Die Kompetenzkonformität bejahend *D. Roters*, in: Kasseler Kommentar, § 136c SGB V, Rn. 12 f. (Stand: 1.12.2019); *R. Ternick*, NZS 2017, S. 770 (774); ferner, eine Annexkompetenz für „nicht ohne Plausibilität" erachtend, aber auch Zweifel betonend *S. Oeter*, in: v. Mangoldt/Klein/Starck, GG, Art. 74, Rn. 141; a.A. (kompetenzwidrig) *L. Neumann*, Qualitätssicherung, S. 112 ff.; *R. Pitschas*, GuP 2016, S. 161 (164 f.); *M. Quaas*, GesR 2018, S. 626 (630 f.); zweifelnd auch *T. Bohle*, GesR 2016, S. 605 (607 f.).

[153] *M. Rehborn*, in: BerlK-GG, Art. 74 Abs. 1 Nr. 19a, Rn. 31 (Stand: 30. EL Juli 2010). Zweifelnd auch *P. Axer*, in: BK-GG, Art. 74 Abs. 1 Nr. 19a, Rn. 22 (Stand: 151. AL April 2011).

(2) Entgeltrecht

Anders als die Krankenhausplanung steht die Regelung der Krankenhausentgelte weniger im Fokus der kompetentiellen Betrachtung. Gleichwohl erachtete eine Stimme im Schrifttum bereits die Einführung des DRG-Systems als kompetenzwidrig, da dieses wegen seiner lenkenden Wirkung übermäßig in die Planungshoheit der Länder eingreife,[154] ein indes zurückzuweisender Einwand [ausführlich dazu unten, II.3.b)cc)(4)].

Das Primat der Krankenhausplanung gegenüber Entgeltregelungen und das Verbot strukturrelevanter Vergütungsvorgaben stellen im Übrigen auch Regelungen des aktuellen Entgeltrechts auf den Prüfstand. Strukturrelevante Wirkung entfalten etwa die Zentrums-Regelungen gemäß § 136c Abs. 5 SGB V, die – als Voraussetzung für Vergütungszuschläge (§ 17b Abs. 1a Nr. 2 KHG, § 5 Abs. 3 KHEntgG) – den Gemeinsamen Bundesausschuss nicht nur dazu ermächtigen, besondere Aufgaben von Zentren und Schwerpunkten zu definieren, sondern auch Qualitätsanforderungen zu normieren. Die überschießende Tendenz kommt auf der Homepage des Gemeinsamen Bundesausschusses deutlich zum Ausdruck, heißt es dort doch: „Die Krankenhausplanungsbehörde weist auf Grundlage der G-BA-Regelungen Zentren aus, beispielsweise Zentren für Seltene Erkrankungen und Onkologische Zentren. Zudem teilt sie den Zentren die konkreten besonderen Aufgaben zu."[155] Diese influenzierende Wirkung vernachlässigt das Urteil des Bundesverwaltungsgerichts vom 8. September 2016 [siehe oben, II.1.b)bb)(1)(b)].[156] Dessen ungeachtet lässt sich angesichts des selektiven Anwendungsbereichs und des Zuschlagcharakters der Regelung argumentieren, dass gegenwärtig noch kein strukturrelevanter Eingriff in die Planungshoheit vorliegt.[157] Nichts anderes gilt im Übrigen für weitere Tatbestände, so die Regelung zu Notfallstrukturen in Krankenhäusern (§ 136c Abs. 4 SGB V, § 17b Abs. 1a Nr. 1 KHG, § 9 Abs. 1a Nr. 5 KHEntgG) oder zu Qualitätszuschlägen (§ 136 Abs. 1 Satz 1 Nr. 2 SGB V, § 17b Abs. 1a Nr. 4 und 5 KHG, § 5 Abs. 3c KHEntgG). Zu konstatieren ist freilich eine Addition sektorieller Vorgaben aufgrund der bestehenden bundesgesetzlichen Regelungen.

Noch nicht hinreichend bewältigt ist schließlich die Frage, inwieweit entgeltrechtliche Tatbestände, mithin die Leistungsbeschreibung, Strukturen durch die Formulierung von Strukturanforderungen steuern dürfen. Trotz Betonung der Planungshoheit der Länder reflektiert das Urteil des Bundessozialgerichts vom 19. Juni 2018 den Kompetenzrahmen nicht näher:

---

[154] *R. Pitschas*, NZS 2003, S. 341 (345).
[155] https://www.g-ba.de/themen/bedarfsplanung/zentrums-regelungen/ (21.6.2023).
[156] BVerwGE 156, 124 (135, Rn. 30).
[157] Vgl. auch *K. Raupach*, Übergang, S. 132 ff.

3. Kompetenzwidrigkeit des Reformvorschlags

„Weder das auf der Grundlage des § 17b KHG und des KHEntgG beruhende DRG-Vergütungssystem als Ganzes noch die [in] dieses [...] inkorporierten Klassifikationssysteme ICD-10-GM und OPS haben den Ländern vorbehaltene krankenhausplanungsrechtliche Regelungen zum Gegenstand. Soweit der OPS in den Komplexziffern auch strukturelle Anforderungen definiert, regelt er lediglich Vergütungsvoraussetzungen, über die sich die Vertragspartner auf Bundesebene verständigt haben. Diese Voraussetzungen beschreiben vorgefundene medizinische Erfordernisse und bilden zugleich die sich daraus ergebenden erforderlichen Ressourcen ab, um die vergütungsrechtliche Gleichbehandlung der Krankenhäuser zu gewährleisten. Hingegen steht der OPS den Ländern nicht im Wege, infrastrukturelle Planungs- und Investitionsentscheidungen über die von ihnen für erforderlich gehaltene Versorgung mit auf die Schlaganfallbehandlung spezialisierten Einheiten (Stroke Units) zu treffen (dies verkennend Becker, KrV 2018, 96, 99)."[158]

Bereits in seinem Urteil vom 18. Juli 2013 hatte das Bundessozialgericht pauschal die Zulässigkeit der Normierung „auch strukturelle[r] Abrechnungsvoraussetzungen für die jeweilige Prozedur" bejaht.[159] Demgegenüber wendet das Schrifttum ein:

„Neurologische Einheiten zur Schlaganfallbehandlung (Stroke Units) werden in den meisten, wenn nicht in allen Bundesländern planerisch ausgewiesen. Das trifft auch auf Nordrhein-Westfalen zu. Zur Ausweisung einer Stroke Unit wird im Krankenhausplan NRW 201520 (Anhang F) ausgeführt: ‚Die im Folgenden beschriebenen fachlichen Kriterien werden auch unter Berücksichtigung der OPS-Ziffer 8-981 für die ‚Komplexbehandlung des akuten Schlaganfalls' für eine Anerkennung als Stroke Unit vorausgesetzt. Sollten insbesondere in strukturschwachen Gebieten diese Anforderungen von keiner vorhandenen Einrichtung umsetzbar sein, sind Abweichungen von diesen Vorgaben möglich.' Von dieser Abweichungsbefugnis haben die nordrhein-westfälischen Planungsbehörden in mehreren Regionen Gebrauch gemacht.

Die Entscheidung, welche Krankenhausleistungen an welchen Standorten vorzuhalten sind, ist eine Kernaufgabe der Krankenhausplanung, die nach den Kompetenztiteln des Grundgesetzes gemäß Art. 70 ff. GG ausschließlich den Ländern zugewiesen ist. Mit der Erteilung eines Versorgungsauftrags wird die Standortentscheidung der Krankenhausplanung mit einer Behandlungspflicht des Krankenhausträgers und einer damit korrespondierenden Abrechnungsberechtigung verknüpft. Die Verknüpfung dieser drei Bestandteile des Versorgungsauftrags ist gesetzlich in § 109 Abs. 4 SGB V und § 8 Abs. 1 Satz 4 KHEntgG verankert. Indem der OPS 8-981 ausgewiesene Stroke Units jenseits einer halbstündigen Transportentfernung bis zur nächstgelegenen Neurochirurgie von einer Vergütung für die neurologische Komplexbehandlung des akuten Schlaganfalls ausschließt, wird die Abrechnungsberechtigung von der Behandlungspflicht und der Standortentscheidung abgetrennt. Damit verstößt das Mindestmerkmal gegen § 109 Abs. 4 SGB V und § 8 Abs. 1 Satz 4 KHEntgG (und erklärt den Untertitel des Beitrags: ‚Das scharfe Schwert des DIMDI'). Zugleich schränkt der OPS-Kode das Recht der Länder ein, Standortentscheidungen für die Versorgung von Schlaganfallpatienten zu treffen und verstößt damit gegen die Art. 70 ff. GG."[160]

---

[158] BSG, BeckRS 2018, 22032, Rn. 13.
[159] BSG, BeckRS 2013, 73666, Rn. 20.
[160] *F. Becker*, KrV 2018, S. 96 (99).

Die Beurteilung der – hier in casu nicht vertieft zu diskutierenden – Kompetenzkonformität erfolgt anhand der aufgezeigten Grundsätze für die Bestimmung der Reichweite von Vergütungs- und GKV-Sachkompetenz [zu diesen II.1.b)bb)(c) und II.2.b)]; dass lediglich punktuelle Vorgaben für komplexe Leistungen durch den GKV-Sachgesetzgeber aufgestellt werden, an die der Vergütungsgesetzgeber anknüpft, lässt sich für eine Bundeskompetenz ins Feld führen, zumal wenn alternative Abrechnungsmöglichkeiten bestehen. Unbeschadet dessen unterstreicht jedenfalls die Versorgungs- und damit Planungsrelevanz der fraglichen Regelung, dass sie infolge des Urteils des Bundessozialgerichts in inhaltlicher Hinsicht auf Initiative von Bundesrat und Bundesregierung entschärft wurde, um eine flächendeckende Versorgung von Schlaganfallpatienten außerhalb derart qualifizierter Zentren nicht zu gefährden.[161]

cc) Bewertung des Reformvorschlags

Der Reformvorschlag würde, setzte man ihn bundesgesetzlich um, zu einer im Vergleich zum Status quo stärkeren Steuerung des Versorgungsgeschehens durch den Bund führen, jedenfalls indirekt durch Vergütungsvorgaben. Mag auch eine konkrete Beurteilung erst anhand einer gesetzlichen Konkretisierung möglich sein, so ergibt eine Analyse der Eckpunkte, dass eine bundesgesetzliche Umsetzung des Reformvorschlags nicht mit der grundgesetzlichen Kompetenzordnung in Einklang steht. Auf Art. 74 Abs. 1 Nr. 19a GG gestützte Regelungen müssen, wie oben entwickelt, erstens einen hinreichenden Bezug zur wirtschaftlichen Sicherung bzw. der Vergütung aufweisen und zweitens den Ländern eigenständige

---

[161] Vgl. m.w.N. SG München, S 15 KR 2343/18, juris, Rn. 67 f.: „Die Schlaganfallversorgung, die aufgrund der Rechtsprechung des Bundessozialgerichts nach der Befürchtung von Bundesregierung und Bundesrat gefährdet sein könnte, ist nach Auffassung der erkennenden Kammer ein solch überwiegender, zwingender Grund des Gemeinwohls, welcher auch eine echte rückwirkende Regelung rechtfertigt, zumal die grundrechtliche Bedeutung der Krankenhausstreitigkeiten (im Sinne von Finanzierungsstreitigkeiten) nach der Rechtsprechung des Bundesverfassungsgerichts gering ist, die Schlaganfallversorgung der Bürger aber unmittelbar die Grundrechte jedes einzelnen (potentiell) betroffenen Bürgers nach Art. 2 Abs. 2 GG betrifft. Die Erlaubnis der Klarstellung der Bedeutung des Norminhalts ist insoweit auch eine geeignete und notwendige, zudem verhältnismäßige Maßnahme, um das Ziel – Sicherstellung der Schlaganfallversorgung – zu erreichen. Der Gesetzgeber befürchtete, dass als Folge der neuen Rechtsprechung des Bundessozialgerichts die bisherige Finanzierung der Schlaganfallversorgung gefährdet wäre und daher viele Kliniken gezwungen sein könnten, niederschwellige Schlaganfall-Versorgungsangebote aufzugeben. Dies ist nicht im Sinne einer möglichst flächendeckenden Versorgungssituation auch im ländlichen Raum, in dem Kliniken (wie das Krankenhaus D-Stadt) nicht alle notwendigen Versorgungsstrukturen wirtschaftlich bereitstellen können, durch Kooperation mit einem Maximalversorger aber zur bestmöglichen Versorgung auch in der Fläche beitragen" (Zitat Rn. 68).

und umfangmäßig erhebliche Ausgestaltungsspielräume belassen. Angesichts der Formulierung von Strukturvorgaben für das Leistungsgeschehen ist bereits zweifelhaft, ob im Schwerpunkt eine Vergütungsregelung vorliegt [(2)]; eine Regelung mit hinreichendem Bezug zur wirtschaftlichen Sicherung lässt sich indes grundsätzlich bejahen [(3)]. Keinesfalls wahrt der Reformvorschlag aufgrund der mit ihm einhergehenden erheblichen Beschneidung der Planungshoheit der Länder das Erfordernis der Wahrung eigenständiger und umfangmäßig erheblicher Planungsspielräume der Länder [(4)]. Weitergehende Regelungsbefugnisse des Bundes lassen sich angesichts dieses Befunds auch nicht über einen Rekurs auf eine ungeschriebene Annexkompetenz bzw. Kompetenz kraft Sachzusammenhangs herleiten [(dazu oben, II.1.b)aa)]. Einleitend sei ein Blick auf Einschätzungen in Rechtsprechung und Schrifttum geworfen [(1)].

(1) Einschätzungen in Rechtsprechung und Schrifttum

Im Schrifttum finden sich Einschätzungen primär zu einer stärkeren direkten Steuerung der Krankenhausplanung der Länder. Während eine Stimme im Schrifttum eine weitgehende Steuerung (wiewohl ohne vertiefte Auseinandersetzung mit der kompetentiellen Problematik, auf Basis der Sozialversicherungskompetenz und beschränkt auf die GKV) pauschal für möglich erachtet,[162] sehen andere die aktuellen planerischen (Rahmen-)Regelungen im KHG als „an der Grenze" des Zulässigen liegend[163].[164] Konkretisierend wird die Aufstellung von Zielvorgaben, die Maßstäbe bilden (wie eine bedarfsgerechte Versorgung), für zulässig erachtet, nicht aber eine Bestimmung des Inhalts der Krankenhausplanung.[165] Dies spiegelt sich in der Bewertung von Versorgungsvorgaben wider: Beschränkt sich der Bund, wie aktuell in § 1 KHG, hinsichtlich Qualitätskriterien auf eine Zielvorgabe für die Planung, wird die Kompetenzkonformität bejaht;[166] eine Vorgabe konkreter Maßnahmen zur Qualitätssicherung wird indes für kompetenzwidrig erachtet.[167]

---

[162] So pauschal *I. Ebsen*, G+S 2011, S. 46 (50f.).
[163] *P. Axer*, in: BK-GG, Art. 74 Abs. 1 Nr. 19a, Rn. 22 (Stand: 151. AL April 2011).
[164] Unbestimmt *R. Pitschas*, Versorgungsstrukturen, S. 79 (98, 100f.).
[165] *M. Rehborn*, in: BerlK-GG, Art. 74 Abs. 1 Nr. 19a, Rn. 29 (Stand: 30. EL Juli 2010).
[166] *L. Neumann*, Qualitätssicherung, S. 116; *M. Quaas*, in: Quaas/Zuck/Clemens, Medizinrecht, § 26, Rn. 552; *ders.*, GesR 2018, S. 626 (630); *R. Ternick*, NZS 2017, S. 770 (774).
[167] *L. Neumann*, Qualitätssicherung, S. 106; *F. Wollenschläger/A. Schmidl*, VSSR 2014, S. 117 (126). (Zumindest) punktuelle Detailregelungen für zulässig erachtend *T. Clemens*, Rechtsfragen, S. 19 (38f., 41) – ohne die zuvor betonte Grenze hinreichender Ausgestaltungsspielräume zu thematisieren, die bei punktueller Regelung gewahrt sei (24f.).

Hinsichtlich der Möglichkeit, Versorgungsstufen vorzusehen, lässt sich dem Urteil des Bundessozialgerichts vom 9. April 2019 eine restriktive Linie entnehmen:

„Das Bundesrecht enthält keine Vorgaben für die Krankenhausplanung, die der Einteilung in Versorgungsstufen entgegenstehen würden. Die grundgesetzliche Kompetenzordnung steht bundesgesetzlichen Regelungen zur Landeskrankenhausplanung entgegen. Das nicht von der konkurrierenden Gesetzgebungszuständigkeit nach Art. 74 Abs. 1 Nr. 19a GG erfasste Krankenhausplanungsrecht fällt vielmehr in die Gesetzgebungszuständigkeit der Länder (Art. 70 Abs. 1 GG), die – wie hier der Freistaat Bayern – jeweils Landesgesetze zur Landeskrankenhausplanung erlassen haben (vgl hierzu ausführlich BSG Urteil vom 19.6.2018 – B 1 KR 32/17 R – Juris RdNr. 17 ff mwN, zur Veröffentlichung in BSGE und SozR 4-2500 § 108 Nr. 5 vorgesehen)."[168]

Und weiter heißt es hinsichtlich der Festlegung von Strukturanforderungen zu einzelnen Versorgungsstufen:

„Für einen Eingriff notwendige Infrastruktur und Qualifikation stellen sachliche und einleuchtende Anknüpfungspunkte für die Zuordnung von medizinischen Eingriffen zu unterschiedlichen Versorgungsstufen innerhalb der Krankenhausplanung dar."[169]

Auch die Entscheidung hinsichtlich der fachlichen Strukturierung des Bedarfs hat das Bundessozialgericht in seinem Urteil vom 19. Juni 2018 der ausschließlichen Zuständigkeit der Länder für die Krankenhausplanung zugeordnet:

„Eine bundesrechtliche Vorgabe, ob die Inbezugnahme der WBO durch den Landeskrankenhausplan dynamischer oder statischer Natur sein muss, existiert nicht. Gegenteiliges wäre auch mit Verfassungsrecht nicht zu vereinbaren. Denn die grundgesetzliche Kompetenzordnung steht bundesgesetzlichen Regelungen zur Landeskrankenhausplanung entgegen. Der Bundesgesetzgeber hat keine Gesetzgebungskompetenz für eine Regelung der Frage, ob eine Inbezugnahme einer WBO durch den Landeskrankenhausplan stattzufinden hat und sie ggf statischer oder dynamischer Natur sein muss. Das nicht von der konkurrierenden Gesetzgebungszuständigkeit nach Art. 74 Abs. 1 Nr. 19a GG erfasste Krankenhausplanungsrecht fällt in die Gesetzgebungszuständigkeit der Länder (vgl Art. 70 Abs. 1 GG), die jeweils Landesgesetze zur Landeskrankenhausplanung erlassen haben.

Das GG verleiht den Ländern das Recht der Gesetzgebung, soweit das GG nicht dem Bund Gesetzgebungsbefugnisse verleiht (Art. 70 Abs. 1 GG). Im Bereich der konkurrierenden Gesetzgebung haben die Länder die Befugnis zur Gesetzgebung, solange und soweit der Bund von seiner Gesetzgebungszuständigkeit nicht durch Gesetz Gebrauch gemacht hat (Art. 72 Abs. 1 GG). Die konkurrierende Gesetzgebung des Bundes erstreckt sich auf das Gebiet der wirtschaftlichen Sicherung der Krankenhäuser und der Regelung der Krankenhauspflegesätze (Art. 74 Abs. 1 Nr. 19a GG). Dies beinhaltet nur die Kompetenz zur Regelung der Finanzierung der Krankenhäuser (vgl BVerfGE 114, 196, 222 = SozR 4-2500 § 266 Nr. 9 RdNr. 51), nicht aber zur Regelung der Krankenhausplanung (vgl BVerfGE 83, 363, 379 f). Auch gesundheitspolitische Fernziele, die den allgemeinen Standard der Krankenhausversorgung weit überstei-

---

[168] BSG, BeckRS 2019, 10857, Rn. 16.
[169] BSG, BeckRS 2019, 10857, Rn. 23.

gen, können mangels Gesetzgebungskompetenz des Bundes aus Art. 74 Abs. 1 Nr. 19a GG nicht mithilfe zwingender Mindestvoraussetzungen für die Aufnahme in den Krankenhausplan nach dem KHG durchgesetzt werden (vgl BVerfGE 82, 209, 232). Der Bundesgesetzgeber hat auf Grundlage des Kompetenztitels des Art. 74 Abs. 1 Nr. 19a GG insbesondere das KHG […] und das KHEntgG erlassen […]. Aus den Gesetzgebungsmaterialien zu Art. 74 Abs. 1 Nr. 19a GG geht hervor, dass der verfassungsändernde Gesetzgeber dem Bundesgesetzgeber für das Recht der Krankenhausplanung im Hinblick auf den Regionalbezug dieses Regelungsgegenstandes keine Gesetzgebungskompetenz einräumen wollte (vgl BR-Ausschuss für Arbeit und Sozialpolitik, 270. Sitzung am 26.6.1968, S. 4 ff; BR-Gesundheitsausschuss, Sitzung des Unterausschusses am 18.6.1968, Niederschrift S. 11 ff; 34. Sitzung am 27.6.1968, Niederschrift S. 16 ff; BR-Drucks 332/1/68 S. 9 f).‟[170]

Auch im Schrifttum wird vor dem Hintergrund der verfassungsrechtlichen Vorgaben die (bundesgesetzliche) Realisierung der Anliegen des Koalitionsvertrags, eine „auf (medizinischen) Leistungsgruppen und Versorgungsstufen basierende Krankenhausplanung, die an den Kriterien der Erreichbarkeit und der Demografie ausgerichtet ist", zu schaffen, teils für kompetentiell nicht möglich erachtet. Zum einen ginge damit eine erhebliche Beschneidung der Planungskompetenz einher, zum anderen sei ein „Bezug derartiger Planvorgaben zur wirtschaftlichen Sicherung der Krankenhäuser […] weder offensichtlich noch naheliegend und dürfte zumindest hinsichtlich einer auf Leistungsgruppen bezogenen Planung zweifelhaft sein. So ist die bisher praktizierte bettenbezogene Planung auf Abteilungs- oder auf Hausebene zumindest genauso naheliegend wenn nicht sogar viel naheliegender." Schließlich läge eine kompetentiell unzulässige Verfolgung gesundheitspolitischer Fernziele vor, da nicht ersichtlich sei, „dass allein eine auf Leistungsgruppen bezogene Krankenhausplanung differenziert nach Versorgungsstufen und ausgerichtet an Erreichbarkeit und demografischen Wandel dem medizinischen Stand der Wissenschaft entsprechen würde".[171]

(2) Vergütungsregelung

Der Reformvorschlag der Regierungskommission ersetzt die rein leistungs- und mengenorientierte Vergütung des DRG-Systems durch eine Kombination aus leistungsabhängiger Vergütung und an Versorgungslevel und Leistungsgruppen geknüpfter Vorhaltefinanzierung, beschränkt die Abrechnungsfähigkeit von Leistungen auf solche, die dem zugewiesenen Level des Krankenhauses entsprechen, und statuiert Mindeststrukturvorgaben als Vergütungsvoraussetzung. Damit liegt prima facie eine Vergütungsregelung vor. Dieser wohnt freilich insbesondere deshalb ein überschießender Gehalt inne, als sie nicht nur Leistungen bepreist, sondern die Planung erheblich steuert, insbesondere die Vergütung an

---

[170] BSG, BeckRS 2018, 22328, Rn. 17 f.
[171] *B. Halbe/U. Orlowski*, Kompetenzrechtliche Fragen, S. 32.

die Zuordnung zu einem Level und Qualitätsanforderungen knüpft [im Detail unten, II.3.b)cc)(4)]. Hinzu kommt, dass entgegen dem Primat der Krankenhausplanung gegenüber Entgeltregelungen nicht an das existente Versorgungsgeschehen angeknüpft wird, sondern dieses grundlegend reformiert werden soll. Ob der Reformvorschlag daher überhaupt noch einen Schwerpunkt auf der Vergütung aufweist, was Voraussetzung für eine Qualifikation als Regelung der Krankenhauspflegesätze i. S. d. Art. 74 Abs. 1 Nr. 19a GG ist, erscheint fraglich, da in der Sache Strukturvorgaben für eine zu reformierende Krankenhausversorgung aufgestellt werden, die über das Vehikel der Abrechnungsrelevanz durchgesetzt werden sollen:

„Das Vorhaltebudget wird den Krankenhäusern vom BAS zugewiesen. Hierfür müssen sie nachweisen, dass ihnen das Bundesland die jeweilige Leistungsgruppe und Level nach MD-Prüfung zugeteilt hat, d. h., dass sie die vorgegebenen Strukturvoraussetzungen für Level und Leistungsgruppe erfüllen. In einer Region wird es im Ausgangsjahr in einer Leistungsgruppe typischerweise mehrere Krankenhäuser geben, die Fälle dieser Leistungsgruppe behandeln. Künftig sollen jedoch nur diejenigen Krankenhäuser ein Vorhaltebudget für diese Leistungsgruppe erhalten, die die hierfür definierten Kriterien erfüllen (Strukturqualität)."[172]

„Dazu nehmen die Bundesländer eine Einteilung der Krankenhäuser nach Leveln vor und vergeben Leistungsgruppen und damit Versorgungsaufträge. Nach vollständiger Umsetzung der Reform ist die Auszahlung des vollen Vorhaltebudgets daran geknüpft, dass die Strukturvoraussetzungen für das Level des Krankenhauses und für die Leistungsgruppe eingehalten werden."[173]

Im Ergebnis kann die Frage eines Schwerpunkts auf der Vergütung offen bleiben, da die Vergütungskompetenz jedenfalls eine damit im Ergebnis gleichlaufende Grenze im Verbot strukturrelevanter Vergütungsvorgaben findet [zu dieser Grenze sogleich, II.3.b)cc)(4)].

(3) Regelung der wirtschaftlichen Sicherung

Zu erörtern bleibt, ob die Strukturvorgaben (Leistungsgruppen, Level und Qualitätsanforderungen) als Regelung der wirtschaftlichen Sicherung i. S. d. Art. 74 Abs. 1 Nr. 19a GG aufgrund eines hinreichenden Bezugs zu dieser verstanden werden können. Hierbei ist zwischen einer Strukturierung des Bedarfs durch Level und Leistungsgruppen [(a)] und der Statuierung von Mindeststrukturvoraussetzungen [(b)] zu differenzieren.

(a) Strukturierung des Bedarfs

Der Reformvorschlag sieht, planerisch gewendet, mit der Einführung von Leveln und Leistungsgruppen zunächst eine Strukturierung des Bedarfs in fachlicher

---

[172] Regierungskommission, Grundlegende Reform der Krankenhausvergütung, S. 24.
[173] Regierungskommission, Grundlegende Reform der Krankenhausvergütung, S. 23.

und versorgungsstruktureller Hinsicht vor. Bereits die mit diesen Festlegungen einhergehende Beschneidung von Planungskompetenzen wird teils für unzulässig erachtet. Neben der im vorausgehenden Abschnitt dargelegten, generell ablehnenden Position des Bundessozialgerichts haben namentlich *Bernd Halbe* und *Ulrich Orlowski* hinsichtlich der Frage eines hinreichenden Bezugs zur wirtschaftlichen Sicherung geltend gemacht, dass der erforderliche Bezug der Vorgabe einer auf Leistungsgruppen und Versorgungsstufen fußenden Krankenhausplanung „zur wirtschaftlichen Sicherung der Krankenhäuser [...] weder offensichtlich noch naheliegend" ist „und [...] zumindest hinsichtlich einer auf Leistungsgruppen bezogenen Planung zweifelhaft sein [dürfte]. So ist die bisher praktizierte bettenbezogene Planung auf Abteilungs- oder auf Hausebene zumindest genauso naheliegend wenn nicht sogar viel naheliegender."[174]

Richtig ist, dass die Vorgaben zur Strukturierung des Bedarfs zunächst einen hinreichenden Bezug zur wirtschaftlichen Sicherung aufweisen müssen. Die Normierung als Plankriterium allein genügt hierfür nicht. Vielmehr muss die Vorgabe gleichzeitig zur Erhöhung der Wirtschaftlichkeit durch eine Konzentration der Finanzierung auf Krankenhäuser beitragen, die Wirtschaftlichkeitskriterien entsprechen. Insoweit gilt das vom Bundesverfassungsgericht zur (materiellen) Rechtfertigung der ursprünglichen Planaufnahmekriterien Ausgeführte entsprechend. Die entscheidende Passage aus dem Beschluss vom 12. Juni 1990 lautet:

„Es liegt auf der Hand, daß die staatliche Förderung und wirtschaftliche Planung des Krankenhauswesens erheblich erleichtert wird, wenn unnötige und leistungsschwache Krankenhäuser möglichst früh aus dem Wettbewerb ausscheiden. Während dies normalerweise durch die Marktgesetze bewirkt wird, bedarf es staatlicher Lenkungsmaßnahmen, wenn die Preise durch staatliche Fördermittel beeinflußt sind. Der Sinn dieser Förderung würde verfehlt, käme sie auch allen unnötigen und leistungsschwachen Anbietern zugute. Darüber hinaus müßte das (staatlich geförderte) Überangebot an Betten zu einer Steigerung der laufenden Betriebskosten führen. Selbst bedarfsgerechte und leistungsstarke Kliniken wären davon betroffen, weil sie weniger in Anspruch genommen würden und deshalb nicht voll ausgelastet wären. Eine Auswahl nach den Merkmalen des § 1 Abs. 1 KHG ist danach erforderlich."[175]

In diesem Lichte ist auch die Vorgabe einer Leistungsgruppen, Level und Mindeststrukturvorgaben kombinierenden Planung zu beurteilen. Hierbei darf nicht isoliert auf einzelne Elemente abgestellt werden.

Die Vorgabe einer an den Kriterien des § 1 KHG orientierten Bedarfsplanung stellt sich als Regelung der wirtschaftlichen Sicherung i.S.d. Art. 74 Abs. 1 Nr. 19a GG dar, weil sie eine Mittelkonzentration auf bedarfsgerechte und leistungsfähige Anbieter bewirkt und damit eine wirtschaftliche Krankenhausver-

---

[174] B. Halbe/U. Orlowski, Kompetenzrechtliche Fragen, S. 32.
[175] BVerfGE 82, 209 (230 f.); ferner Beschl. (K) v. 26.6.1997, 1 BvR 1190/93, juris, Rn. 4.

sorgung gewährleistet, zumal Finanzmittel nur begrenzt zur Verfügung stehen und eine Finanzierung nicht hinreichend leistungsfähiger und bedarfsgerechter Krankenhäuser die Kosten der Versorgung insgesamt erhöhen und sich negativ auf die (Markt-)Position diesen Vorgaben entsprechender Krankenhäuser auswirken würde, deren Auslastung sinkt. Dies gilt auch für das mit dem Krankenhausstrukturgesetz in § 1 KHG aufgenommene Qualitätskriterium. Mit der von der Reformkommission angestrebten Zuweisung von Versorgungsaufträgen an verschiedene, sich in ihrem (Leistungs-)Profil unterscheidende Krankenhäuser und Ebenen geht eine weitere, an den Gesichtspunkten von Leistungsfähigkeit, Bedarfsgerechtigkeit und Qualität orientierte Ausdifferenzierung der Versorgung einher. Damit lässt sich argumentieren, dass auch die Vorgabe einer Leistungsgruppen, Level und Mindeststrukturvorgaben kombinierenden Planung einen Bezug zur wirtschaftlichen Sicherung der Krankenhäuser aufweist. Überdies kann die angestrebte Leistungskonzentration durch Zentralisierung und Schwerpunktsetzung unter Wirtschaftlichkeitsgesichtspunkten Effizienzvorteile versprechen. Es obliegt freilich dem Reformgesetzgeber, diesen Zusammenhang mit Blick auf jede einzelne Vorgabe darzutun.

(b) Mindeststrukturvoraussetzungen

Mit Blick auf den Reformvorschlag der Regierungskommission stellt sich die – bereits im Kontext des Krankenhausstrukturgesetzes kontrovers diskutierte – Frage, inwieweit Qualitätsvorgaben zum Gegenstand der Krankenhausplanung gemacht werden können.[176] Ein wesentlicher Bestandteil des Reformvorschlags ist, dass nicht nur Level festgelegt und definiert werden, sondern dass auch „Mindestvoraussetzungen im Sinne einer mindestens erforderlichen Strukturqualität, um eine qualitativ hochwertige stationäre und verzahnte ambulant/stationäre Versorgung zu ermöglichen", vorgegeben werden.[177] Hier ist zunächst die Bedeutung des Beschlusses des Bundesverfassungsgerichts vom 12. Juni 1990 zu reflektieren [(aa)], bevor der Frage nach der Qualität als Aspekt der wirtschaftlichen Sicherung nachgegangen wird [(bb)].

(aa) Bedeutung des Beschlusses des Bundesverfassungsgerichts vom 12. Juni 1990

Hinsichtlich der Frage, ob über die Mindestanforderungen der krankenhausplanerischen Leistungsfähigkeit hinausgehende Qualitätsanforderungen formu-

---

[176] Zur Entwicklung der Qualitätssicherung *F. Wollenschläger/A. Schmidl*, VSSR 2014, S. 117 (118 ff.); *dies.*, GesR 2016, S. 542 (542 f.).
[177] Regierungskommission, Grundlegende Reform der Krankenhausvergütung, S. 11.

3. Kompetenzwidrigkeit des Reformvorschlags

liert werden können, ist auf den Beschluss des Bundesverfassungsgerichts vom 12. Juni 1990 zu verweisen, dem eine restriktive Linie zugrunde liegt:

„Nach der Rechtsprechung des Bundesverwaltungsgerichts ist ein Krankenhaus dann leistungsfähig im Sinne des § 1 KHG, wenn es dem aktuellen Stand der medizinischen Wissenschaft genügt. Das entspricht dem Zweck des Gesetzes. Für die wirtschaftliche Sicherung der Krankenhäuser sind weitergehende Anforderungen an die Leistungsfähigkeit weder geeignet noch erforderlich. Sie würden deshalb dem Grundsatz der Verhältnismäßigkeit widersprechen. Gesundheitspolitische Fernziele, die den allgemeinen Standard der Krankenhausversorgung weit übersteigen, können – so sinnvoll sie sein mögen – nicht mit Hilfe zwingender Mindestvoraussetzungen für die Aufnahme in den Krankenhausplan nach dem Krankenhausfinanzierungsgesetz durchgesetzt werden. Für ihre Regelung fehlte es schon an der Gesetzgebungskompetenz des Bundes (Art. 74 Nr. 19a GG)."[178]

In Anwendung dieser Grundsätze auf die streitgegenständliche Vorgabe zur Personalausstattung hat das Bundesverfassungsgericht weiter ausgeführt:

„Die angegriffenen Entscheidungen verneinen die Leistungsfähigkeit der Klinik des Beschwerdeführers ohne weitere tatrichterliche Feststellungen mit dem Hinweis auf den Bericht über die Lage der Psychiatrie in der Bundesrepublik Deutschland (BTDrucks. 7/4200). Aus dessen Kapitel B.4 Nr. 2.4.2.2.2 sei zu entnehmen, daß auch bei kleineren psychotherapeutisch/psychosomatischen Kliniken neben einem entsprechend ausgebildeten Facharzt als Leiter noch ein weiterer Facharzt erforderlich sei. Diese Voraussetzung sei in der Klinik des Beschwerdeführers nicht erfüllt. – Ob sich an der zitierten Stelle wirklich eine so eindeutige Forderung findet, die auch die Klinik des Beschwerdeführer[s] betrifft, kann dahingestellt bleiben. Entscheidend ist, daß der Psychiatrie-Bericht nicht als Maßstab für die Leistungsfähigkeit herangezogen werden kann. Er enthält an der Stelle, auf die sich die angegriffenen Entscheidungen stützen, nicht die aktuellen Anforderungen an leistungsfähige Krankenhäuser, sondern eine langfristige Zukunftsperspektive mit dem Ziel der Optimierung. Das ergibt sich aus dem Hinweis, der den Überlegungen zum Stellenplan in psychiatrischen Kliniken vorangestellt ist (Kapitel B.4 Nr. 2.4.1, S. 303):

Es ist klar, daß die Verwirklichung der im folgenden gegebenen speziellen Empfehlungen für stationäre psychotherapeutisch/psychosomatische Versorgungseinrichtungen wegen ihres außerordentlichen Umfanges und der zur Zeit äußerst begrenzten personellen und finanziellen Ressourcen nur langfristig zu erfüllen ist. Wenn bei einzelnen Einrichtungen das erforderliche Personal angegeben wird, dann nicht deswegen, um den Leser zu verleiten, kurzschlüssige Hochrechnungen vorzunehmen, sondern um eine Vorstellung darüber zu vermitteln, in welcher Weise derartige Einrichtungen, die es in dieser Form noch kaum gibt, optimal auszustatten wären.

Wenn der Bericht dennoch ohne Abstriche als Maßstab für die Aufnahme in den Krankenhausplan herangezogen wird, führt das zu übermäßig strengen Anforderungen, die mit dem Grundsatz der Verhältnismäßigkeit unvereinbar sind. Schon aus diesem Grunde muß das Urteil des Bundesverwaltungsgerichts aufgehoben werden."[179]

---

[178] BVerfGE 82, 209 (232).
[179] BVerfGE 82, 209 (232 f.).

Aufgrund dieser Rechtsprechung werden über einen Mindeststandard hinausgehende Vorgaben für kompetenzwidrig erachtet.[180] Fraglich ist freilich, ob dieser Befund lediglich für eine extensive Auslegung des Leistungsfähigkeitskriteriums gilt oder ob damit weitergehenden Strukturvorgaben eine kompetentielle Grenze – als nicht der wirtschaftlichen Sicherung dienend – gezogen werden soll. Die zweite Auffassung klingt im Schrifttum – indes ohne definitive Beantwortung – an:

„Auch in der Rechtsprechung des Bundesverwaltungsgerichts wird angenommen, dass der Begriff der Leistungsfähigkeit mit einschließt, dass die nach dem Stand der Wissenschaft an ein Krankenhaus dieser Art zu stellenden Anforderungen erfüllt werden. Somit ist auch im Krankenhausplanungsrecht der Stand der medizinischen Wissenschaft – ähnlich wie bei § 2 Abs. 1 Satz 3 SGB V – maßgeblich. Einzuräumen ist zwar, dass diese Rechtsprechung des BVerfG aus der Zeit stammt, als die ‚Qualität' noch nicht Zielkriterium im KHG war. Allerdings gehen wir davon aus, dass allein aufgrund des inhaltlich beschränkten Kompetenztitels des Art. 74 Nr. 19a GG sowie der Schranken durch die 3-Stufen-Theorie bei dem Eingriff in die Berufsfreiheit (Art. 12 Abs. 1 GG) ein sehr hoher Rechtfertigungsdruck besteht, wenn Qualitätsanforderungen, die den Stand der medizinischen Wissenschaft weit übersteigen, durch die Krankenhausplanung durchgesetzt werden sollen. Da Leistungsfähigkeit und strukturelle Qualität in der Krankenhausplanung nahe beieinander liegen, sehen wir die Rechtsprechung als beachtlich an."[181]

Entscheidend muss freilich sein, ob die Qualitätsvorgabe den Anforderungen an eine Regelung der wirtschaftlichen Sicherung i. S. d. Art. 74 Abs. 1 Nr. 19a GG genügt [dazu sogleich, II.3.b)cc)(3)(b)(bb)].

Unbeschadet dessen verfügen die Länder über die Kompetenz für die Normierung von Qualitätsvorgaben jenseits dieses Rahmens (Art. 70 Abs. 1 GG),[182] deren Aktualisierung freilich unter dem Vorbehalt einer bundesgesetzlichen Sperrwirkung namentlich aufgrund der Vorgaben des SGB V steht (siehe namentlich die Öffnungsklausel des § 136b Abs. 2 Satz 4 SGB V), wobei § 6 Abs. 1a KHG eine Öffnung bewirkt hat.[183]

(bb) Qualität als Aspekt der wirtschaftlichen Sicherung

Qualitätsvorgaben weisen einen Bezug zur wirtschaftlichen Sicherung i. S. d. Art. 74 Abs. 1 Nr. 19a GG auf. Nachdem Qualität als Kriterium für die Planaufnahme die knappen Mittel der Krankenhausfinanzierung auf Krankenhäuser

---

[180] *B. Schmidt am Busch*, Gesundheitssicherung, S. 242.
[181] *T. Vollmöller/A. Starzer*, Stellungnahme, S. 19.
[182] *R. Pitschas*, GuP 2016, S. 161 (164); *B. Schmidt am Busch*, Gesundheitssicherung, S. 242.
[183] Dazu *F. Wollenschläger/A. Schmidl*, VSSR 2014, S. 117 (129 ff.); *dies.*, GesR 2016, S. 542 (542 f.); ferner *O. Bachof/D. H. Scheuing*, Krankenhausfinanzierung, S. 82 f.; *W. Kuhla*, NZS 2014, S. 361 (364 f.).

konzentriert, die sich als besonders leistungsstark erweisen, liegt analog zu den Ausführungen hinsichtlich der ursprünglichen Planaufnahmekriterien ein Bezug zur wirtschaftlichen Sicherung vor, der bei erkennbarem Qualitätsvorteil auch nahe liegend und offensichtlich ist.[184]

Dies betont auch die Begründung zum Krankenhausstrukturgesetz, die zusätzlich auf den Kostenvorteil qualitativ hochwertig arbeitender Krankenhäuser verweist:

„Danach kann die wirtschaftliche Sicherung der Krankenhäuser durch Bundesgesetz geregelt werden. Angesichts des Rückgangs der Investitionskostenfinanzierung der Krankenhäuser durch die Länder ist es erforderlich, die gesetzlichen Rahmenbedingungen für die wirtschaftliche Sicherung der Krankenhäuser zielgenauer auszugestalten, damit die für die wirtschaftliche Sicherung der Krankenhäuser erforderlichen Mittel effizienter als bisher eingesetzt werden können.

Nach geltendem Recht ist Voraussetzung für eine Förderung von Krankenhäusern, dass diese den Zielen des KHG, nämlich der Gewährleistung einer bedarfsgerechten Versorgung der Bevölkerung mit leistungsfähigen und wirtschaftlich arbeitenden Krankenhäusern gerecht werden. Entsprechend können Krankenhäuser von der Förderung ausgeschlossen werden, wenn sie diesen Zielen widersprechen. Anträge auf Aufnahme eines Krankenhauses in den Krankenhausplan sind daher danach zu beurteilen, ob die entsprechende Klinik dem Bedarf entspricht, leistungsfähig ist und kostengünstig arbeitet (vgl. BVerfG vom 12.6.1990, 1 BvR 355/86). Auf Artikel 74 Absatz 1 Nummer 19a GG gestützte bundesrechtliche Regelungen zur wirtschaftlichen Sicherung der Krankenhäuser müssen daher nicht zwangsläufig eine Förderung für alle Krankenhäuser vorsehen, d.h. auch für solche, die den Zielen des KHG widersprechen. Vielmehr kann der Gesetzgeber hinsichtlich der Förderungswürdigkeit von Krankenhäusern differenzierende Regelungen vorsehen.

Durch die vorgesehenen Regelungen wird diese bisher schon mögliche Differenzierung um eine qualitätsorientierte Komponente angereichert. Auf Grund der Erweiterung der Zielsetzung des KHG um das Ziel einer patientengerechten und qualitativ hochwertigen stationären Versorgung ist die Qualität als weiteres Kriterium bei Entscheidungen im Rahmen der Krankenhausplanung zu berücksichtigen. Anträge auf Aufnahme in den Krankenhausplan sind daher künftig auch danach zu beurteilen, ob ein Krankenhaus die planungsrelevanten Qualitätsindikatoren erfüllt. Entsprechend ist der Feststellungsbescheid über die Aufnahme eines Krankenhauses in den Krankenhausplan ganz oder teilweise aufzuheben, wenn diese Voraussetzungen dauerhaft und in einem erheblichen Umfang nicht mehr erfüllt sind. Hierdurch wird die rechtliche Grundlage dafür geschaffen, dass die Länder ihre begrenzten Investitionsmittel auf die Krankenhäuser konzentrieren können, die den vom G-BA entwickelten Qualitätsstandards gerecht werden. Krankenhäuser, die einen hohen Qualitätsstandard erreichen, arbeiten zudem kostengünstiger als Krankenhäuser mit niedrigem Qualitätsstandard, da Folgekosten in u.U. erheblicher Höhe durch Infektionen, Komplikationen und Folgeoperationen nicht oder nur in geringerem Um-

---

[184] So bereits *F. Wollenschläger/A. Schmidl*, VSSR 2014, S. 117 (126); *dies.*, GesR 2016, S. 542 (548); ebenso *T. Clemens*, Rechtsfragen, S. 19 (21 f., 38 f.) – obgleich (unnötige) Annexkompetenz; *M. Quaas*, in: Quaas/Zuck/Clemens, Medizinrecht, § 26, Rn. 552; *ders.*, GesR 2018, S. 626 (630); *F. Stollmann*, NZS 2016, S. 201 (202) – ebenfalls Annexkompetenz; *R. Ternick*, NZS 2017, S. 770 (774); ferner *U. Waßer*, GesR 2015, S. 587 (591). Allgemein auf Grenzen verweisend *C. Degenhart*, in: Sachs, GG, Art. 74, Rn. 88 f.

fang anfallen. Sie verwirklichen damit schon in besonderem Maß die bisherige Zielsetzung des KHG, eine stationäre Versorgung zu sozial tragbaren Pflegesätzen sicherzustellen, d. h. eine wirtschaftliche Krankenhausversorgung. Das dem KHG derzeit schon zu Grunde liegende Ziel einer wirtschaftlichen Krankenhausversorgung kann daher umfassender erreicht werden als bisher."[185]

Die im vorausgehenden Abschnitt zitierte Passage aus dem Beschluss des Bundesverfassungsgerichts vom 12. Juni 1990 verdeutlicht freilich, dass die Möglichkeit, Qualitäts- (wie im Übrigen auch sonstige) Vorgaben unter Verweis auf ihre Notwendigkeit zur wirtschaftlichen Sicherung der Krankenhäuser i. S. d. Art. 74 Abs. 1 Nr. 19a GG zu statuieren, begrenzt und bei der Verfolgung „[g]esundheitspolitische[r] Fernziele, die den allgemeinen Standard der Krankenhausversorgung weit übersteigen, [...] – so sinnvoll sie sein mögen",[186] überschritten ist.

(4) Keine Wahrung eigenständiger und umfangmäßig erheblicher Planungsspielräume der Länder

(a) Übermäßige Beschneidung der Planungshoheit der Länder durch den Reformvorschlag

Als weitere Voraussetzung für eine kompetenzkonforme Regelung müssen den Ländern eigenständige und umfangmäßig erhebliche Ausgestaltungsspielräume bleiben.[187] Dem genügt der Reformvorschlag der Regierungskommission nicht. Mit ihm geht nämlich nicht nur eine erhebliche Beschneidung von Planungsspielräumen der Länder im Vergleich zum Status quo einher; vielmehr wird die Planungsbefugnis der Länder in einem Ausmaß beschnitten, dass keine eigenständigen und umfangmäßig erheblichen Ausgestaltungsspielräume mehr verbleiben. Damit ist die in Art. 74 Abs. 1 Nr. 19a GG normierte konkurrierende Gesetzgebungsbefugnis des Bundes für die wirtschaftliche Sicherung der Krankenhäuser und die Regelung der Krankenhauspflegesätze überschritten.

Unschädlich für dieses Ergebnis ist, wie ausgeführt, dass der Bundesgesetzgeber nicht unmittelbar Vorgaben für die Krankenhausplanung formuliert, sondern lediglich Voraussetzungen für die Abrechenbarkeit von Leistungen normiert.

---

[185] Begründung zum Gesetzesentwurf der Fraktionen der CDU/CSU und SPD – Entwurf eines Gesetzes zur Reform der Strukturen der Krankenhausversorgung (Krankenhausstrukturgesetz – KHSG), BT-Drs. 18/5372, S. 38 f.

[186] BVerfGE 82, 209 (232).

[187] Siehe auch *R. Broemel*, in: v. Münch/Kunig, GG, Art. 74, Rn. 74; *M. Kaltenborn*, in: Huster/Kaltenborn, Krankenhausrecht, § 2, Rn. 4: „Zahlreiche der soeben genannten Regelungsspielräume, die das KHG dem Landesgesetzgeber auf dem Gebiet der Krankenhausfinanzierung lässt, dürften damit sogar verfassungsrechtlich gefordert sein"; *F. Stollmann*, NZS 2016, S. 201 (203).

3. Kompetenzwidrigkeit des Reformvorschlags

Denn letzteren kommt erhebliche Planungsrelevanz zu, da – jenseits eines erheblichen faktischen Anpassungsdrucks – der im Rahmen der Krankenhausplanung zugewiesene Versorgungsauftrag (adäquat vergütet) nur nach Maßgabe – detaillierter und planerische Kategorien in erheblichem Ausmaß betreffender – Strukturvorgaben des Vergütungsregimes erfüllt werden kann. Mag zwar noch diskutabel erscheinen, ob die allgemeine Vorgabe einer Planung nach Leistungsgruppen und Leveln[188] trotz der damit einhergehenden Reduktion von Planungsspielräumen bei der Bedarfsanalyse schon kompetenzwidrig wäre, so ist vorliegend zu berücksichtigen, dass der Reformvorschlag der Regierungskommission weit darüber hinausgeht, indem er Leistungsgruppen und Level inhaltlich detailliert definiert, mit Mindeststrukturvorgaben hinsichtlich Qualifikationen, Kompetenzen, Erfahrungen und technischer Ausstattung sowohl auf Ebene der Leistungsgruppen als auch der Level verknüpft und die Leistungsgruppen bestimmten Leveln zuweist. Gerade mit der Einführung von Leveln und der Zuordnung von Leistungsgruppen zu Leveln ist ein erheblicher Struktureingriff verbunden, der über die leistungsbezogene Formulierung von Qualitätsanforderungen hinausgeht. Nur in diesem Rahmen ist eine (adäquat vergütete) Erfüllung des krankenhausplanerischen Versorgungsauftrags möglich. Unverblümt formuliert der Reformvorschlag: Zur Verteilung des Vorhaltebudgets auf die einzelnen Krankenhäuser „nehmen die Bundesländer eine Einteilung der Krankenhäuser nach Leveln vor und vergeben Leistungsgruppen und damit Versorgungsaufträge."[189] Damit ist der Kern der Versorgungsplanung betroffen, nämlich zu bestimmen, wo welche Leistungen vorgehalten werden. Insgesamt werden die für die Krankenhausplanung zentrale Bedarfsanalyse und Versorgungsentscheidung erheblich beschnitten. Überdies werden aus der Nichterfüllung von Versorgungsaufträgen, die aufgrund der mangelnden Vergütung zwangsläufig zu erwarten sind, krankenhausplanerische Konsequenzen zu ziehen sein.

Bei der kompetentiellen Wertung ist zu berücksichtigen, dass die Zuordnung der Krankenhausplanung zur Gesetzgebungszuständigkeit der Länder impliziert, dass die Länder nicht nur innerhalb eines bundesgesetzlichen Rahmens administrativ-planerisch gestalten können müssen, sondern dass die Länder bereits über diesen Rahmen legislativ entscheiden können müssen. Die legislative Steuerung dieses Prozesses und damit der Kern der Krankenhausplanungsgesetzgebungskompetenz der Länder besteht damit in erster Linie darin, abstrakt-generelle Grundsätze für die Bedarfsbestimmung und die Aufnahmeentscheidung einschließlich der Zielplanung aufzustellen.

---

[188] Zur Möglichkeit einer Verteilung auf verschiedene Versorgungsstufen BVerwG, Urt. vom 14.11.1985, 3 C 41/84, juris, Rn. 61. Siehe im Detail zu den Vorgaben Regierungskommission, Grundlegende Reform der Krankenhausvergütung, S. 15 f.
[189] Regierungskommission, Grundlegende Reform der Krankenhausvergütung, S. 23.

Hinsichtlich der legislativen Steuerung gilt: Die Bedarfsbestimmung ist aufgrund der Vorgabe von Leistungsplanung und Leveln nunmehr in fachlicher und versorgungsstruktureller Hinsicht bundesseits vorgegeben, und zwar nicht nur als Grundsatzvorgabe, sondern auch in Form einer detaillierten Definition von Leistungsgruppen und Leveln;[190] die angestrebte Vereinheitlichung der Planungsebenen[191] determiniert überdies die Bedarfsbestimmung in räumlicher Hinsicht. Verschärfend wirkt, dass nicht nur Level festgelegt und definiert werden, sondern dass auch „Mindestvoraussetzungen im Sinne einer mindestens erforderlichen Strukturqualität, um eine qualitativ hochwertige stationäre und verzahnte ambulant/stationäre Versorgung zu ermöglichen", vorgegeben werden.[192] Aufgrund dieser detaillierten Mindeststrukturvorgaben greift des Weiteren ein striktes bundeseinheitlich vorgegebenes Qualitätsregime, was den Raum für entsprechende Landesvorgaben begrenzt. Erheblich beschnitten wird auch die Möglichkeit einer Landeszielplanung, da Kernelemente nunmehr bundesrechtlich determiniert sind, so in Gestalt der Absage an selbstständige Fachkliniken,[193] der forcierten Schwerpunktbildung oder der Beschränkung von Kooperationsmöglichkeiten aufgrund der Standortfixierung.

Die detaillierten Vorgaben bedingen zugleich, dass Gestaltungsmöglichkeiten auf der administrativen Planungsebene beschnitten werden, nimmt doch der Entscheidungsspielraum auf Landesebene mit einer zunehmenden Detailsteuerung

---

[190] Siehe auch Regierungskommission, Grundlegende Reform der Krankenhausvergütung, S. 11: „Der Versorgungsauftrag kann auf Ebene der Leistungsgruppen (s. 4.2) – im Gegensatz zu den bisherigen Fachabteilungen – sehr detailliert regional von den Bundesländern auch unabhängig von einem ganzen Krankenhausstandort zugeordnet werden."

[191] Regierungskommission, Grundlegende Reform der Krankenhausvergütung, S. 14: „Eine sektorenübergreifende Planung durch ein erweitertes Gremium setzt die Harmonisierung der Planungsebenen der ambulanten Bedarfsplanungsrichtlinie mit den Krankenhausplanungen der Länder voraus. Dies sollte durch einheitliche Planungsebenen erfolgen, die den Definitionen des Bundesinstituts für Bau-, Stadt- und Raumforschung entsprechen (also insbesondere Kreise oder Raumordnungsregionen), damit die ambulante Planung der allgemeinen und spezialisierten fachärztlichen Versorgung systematisch berücksichtigt werden kann. Insgesamt bedarf es einer sektorenübergreifenden Harmonisierung der Planungs- und Vergütungsinstrumente, die einen Rahmen für regional flexible Versorgungsmodelle bilden."

[192] Regierungskommission, Grundlegende Reform der Krankenhausvergütung, S. 11.

[193] Regierungskommission, Grundlegende Reform der Krankenhausvergütung, S. 12: „Aufgrund der Besonderheit der deutschen Krankenhauslandschaft bedarf es zusätzlich zu den drei Leveln einer gesonderten Berücksichtigung der Fachkliniken mit einer häufig hohen Expertise und hohen Fallzahlen in ihren spezifischen und begrenzten Fachgebieten. Sie müssen gesondert betrachtet werden, weil sie typischerweise keine Notaufnahmen haben, aber teilweise für die Versorgung der Bevölkerung trotzdem elementar sind. Ihr Leistungsspektrum entspricht grundsätzlich dem Level II, zum Teil Level III. Die Regierungskommission regt trotzdem an, dass diese hochqualifizierten Kliniken zukünftig baulich und inhaltlich in Kliniken der Stufe II und III integriert werden."

auf Bundesebene ab und führen die Vorgaben dazu, dass bislang qualifizierte Krankenhäuser für eine Versorgung nicht mehr in Betracht kommen. Damit ist zugleich die räumliche Dimension der Versorgungsentscheidung betroffen, was ein zentrales Element der Krankenhausplanung darstellt.[194] Der in großem Umfang prognostizierte Verlust bestehender abrechnungsfähiger Versorgungsaufträge [siehe II.3.a)] illustriert das Ausmaß des Eingriffs in die Landeskrankenhausplanung eindrücklich. Ebenfalls in Rechnung zu stellen ist eine Beeinträchtigung des Sicherstellungsauftrags dadurch, dass eine Gefährdung der Weiterbildung im ärztlichen Bereich und der Ausbildung an Pflegeschulen zu befürchten ist.

Jenseits der auch für die konkurrierende Gesetzgebungsbefugnis für die Regelung der Pflegesätze relevanten und mit dem Reformvorschlag der Regierungskommission überschrittenen Grenze einer übermäßigen Beschneidung krankenhausplanerischer Spielräume sind vorliegend auch die spezifischen Anforderungen an eine kompetenzkonforme Vergütungsregelung verletzt. Denn die Steuerung des Versorgungsgeschehens durch das Vergütungsregime widerspricht zugleich dem Primat der Krankenhausplanung gegenüber Entgeltregelungen. Das Vergütungsregime knüpft nämlich nicht an planerisch definierte Strukturen und Anforderungen an, sondern stellt in erheblichem Umfang eigenständige Struktur- bzw. Qualitätsvorgaben auf.

Schließlich spiegelt sich die konstatierte erhebliche Planungsrelevanz des Reformvorschlags darin, dass dieser selbst den Anspruch erhebt, nicht lediglich auf eine Vergütungsreform zu zielen, sondern auf eine Strukturreform, was auch sein Kontext erhärtet [ausführlich dazu oben, II.3.a)].

(b) Keine Widerlegung durch Ausarbeitung der Wissenschaftlichen Dienste des Deutschen Bundestages vom 27. März 2023

Die gegenteilige Einschätzung der Ausarbeitung der Wissenschaftlichen Dienste des Deutschen Bundestages vom 27. März 2023 beruht wesentlich darauf, dass diese erhebliche Flexibilität in die Empfehlungen der Regierungskommission hineinliest,[195] die der Verfasser in diesem Ausmaß etwa hinsichtlich der Berücksichtigung örtlicher und regionaler Besonderheiten,[196] der Levelzuordnung[197]

---

[194] Zur Bedeutung dieses Aspekts der Landeskrankenhausplanung *F. Wollenschläger/ A. Schmidl*, GesR 2016, S. 542 (546).

[195] Siehe BT-WD, Reform, S. 30 f.

[196] Die Ausführungen der Regierungskommission hinsichtlich der angemessenen Berücksichtigung regionaler Gegebenheiten beziehen sich „gerade" auf Level I*i* (Regierungskommission, Grundlegende Reform der Krankenhausvergütung, S. 13).

[197] Hier heißt es lediglich (Regierungskommission, Grundlegende Reform der Krankenhausvergütung, S. 14 f.): „Sollten die Mindestvoraussetzungen vorübergehend oder dauerhaft unterschritten werden, empfiehlt die Regierungskommission relevante Abschläge im Vorhalte-

oder der Rolle von Fachkliniken[198] nicht zu erkennen vermag, ebenso wenig hinsichtlich der Mindeststrukturanforderungen[199]. Auch der Verweis auf die Auffassung der Regierungskommission, dass „eine sektorenübergreifende Harmonisierung der Planungs- und Vergütungsinstrumente erforderlich [ist], die einen Rahmen für regional flexible Versorgungsmodelle bildet",[200] steht, wie ausgeführt, nicht für eine Flexibilisierung, sondern eine Beschneidung von Planungsspielräumen der Länder. Überdies vernachlässigt die Ausarbeitung den gerade mit der Einführung von Leveln verbundenen Struktureingriff. Der faktische Anpassungsdruck wird nicht in den Blick genommen, ebenso wenig das der dualen Finanzierung widersprechende Auseinanderlaufen von Investitionskostenförderung und Vergütung. Zu pauschal gerät auch die Freizeichnung verbleibender (und nicht näher bezeichneter) Struktureingriffe, wenn es schlicht heißt:

„Soweit einzelne bisher vorgeschlagene Regelungen zur Krankenhausfinanzierung mittelbar in die länderstaatliche Planungskompetenz eingreifen, ist aber davon auszugehen, dass der Bundesgesetzgeber diese mittelbaren Fragen der Krankenhausplanung als Annex zu der wirtschaftlichen Sicherung der Krankenhäuser und der Sicherstellung einer stabilen Finanzierung mitregeln könnte."[201]

Widersprüchlich erscheint schließlich, einerseits einen unzulässigen Eingriff in die Planungshoheit der Länder mit folgender Argumentation zu verneinen:

---

budget, die an das Bundesamt für Soziale Sicherung zurückgeführt und von ihm anteilsmäßig auf alle anderen Leistungserbringer der entsprechenden Leistungsgruppe verteilt werden."

[198] Wenn die Regierungskommission trotz der hohen Qualität von Fachkliniken „an[regt], dass diese hochqualifizierten Kliniken zukünftig baulich und inhaltlich in Kliniken der Stufe II und III integriert werden" (Regierungskommission, Grundlegende Reform der Krankenhausvergütung, S. 12), vermag der Verfasser nicht zu erkennen, wie daraus zu schließen ist, es werde „zwar vorgeschlagen, diese Kliniken an Standorten des Levels II oder III anzusiedeln, dies sei aber nicht verpflichtend" (so aber BT-WD, Reform, S. 31).

[199] Hier heißt es bei BT-WD, Reform, S. 32: „Die Regelungsgehalte wirken sich unmittelbar auf die Finanzierung der vorhandenen Krankenhausstrukturen und mittelbar auf die Krankenhausplanung der Länder aus. Soweit Mindeststrukturvoraussetzungen als Grundlage für eine (höhere) Finanzierung definiert werden sollen, handelt es sich hierbei um Regelungskomplexe, die für eine differenzierte Ausgestaltung der Krankenhausfinanzierung systematisch mitgeregelt werden. Aufgrund ihrer weitreichenden mittelbaren Auswirkungen auf die Krankenhausplanung der Länder kann eine solche Kompetenz des Bundes zwar lediglich in engen Grenzen zulässig sein. Die Vorschläge zur Krankenhausreform sehen aber eine Einbeziehung der Länder sowie Ausnahme- und Gestaltungsspielräume entsprechend § 6 Abs. 4 KHG vor. Die Regierungskommission hat dieses Harmonisierungsbedürfnis offenbar gesehen: Sie empfiehlt den Bundesländern, ihre Krankenhausplanung mit den Versorgungslevels und Leistungsgruppen zu harmonisieren und mit der Zuweisung von Leistungsgruppen einen Versorgungsauftrag zu verbinden." Siehe ferner BT-WD, Reform, S. 35 f.

[200] Siehe BT-WD, Reform, S. 31.
[201] BT-WD, Reform, S. 31.

„Eine auf Krankenhauslevels mit vordefinierten Leistungsgruppen und Mindeststrukturvorgaben aufbauende Finanzierungssystematik des Bundes würde der Planungshoheit der Länder allerdings erst dann entgegenstehen, wenn der Bund gleichzeitig Festlegungen im Hinblick auf die personelle oder technische Ausstattung der einzelnen Krankenhausstandorte treffen würde. Solche Vorgaben sind aber in der Empfehlung nicht enthalten."[202]

Andererseits wird dann im Folgenden ausgeführt:

„Die von der Regierungskommission vorgeschlagenen Mindeststrukturvoraussetzungen für jeden Standort beinhalten Vorgaben zur Qualitätssicherung, die auf Ebene der Level und Leistungsgruppen erfüllt sein sollen."[203]

Unabhängig von der Widersprüchlichkeit ist die zweite Passage in der Sache zutreffend, da abstrakte Strukturvorgaben immer auch für konkrete Standorte relevant sind. An diesen müssen erstere nämlich erfüllt sein. Damit ist aufgrund der Feststellung in der ersten Passage zugleich gesagt, dass die Planungshoheit der Länder derartigen Vorgaben entgegensteht.

Hochgradig unbestimmt und missverständlich liest sich überdies das Fazit:

„Die vorliegende dritte Stellungnahme der Regierungskommission bringt erhebliche Veränderungen in der Versorgungsstruktur der Krankenhäuser mit sich. Die Zielsetzung soll im Rahmen der bestehenden Bund-Länder-Kompetenzen verfolgt werden. Dabei betont die Kommission, dass eine Harmonisierung mit den Ländern angestrebt werde.
Es bestehen keine durchgreifenden verfassungsrechtlichen Bedenken an der Gesetzgebungskompetenz des Bundes zur Regelung einer neuen Krankenhausfinanzierung auf der Grundlage von Krankenhaus-Levels, Leistungsgruppen und einer Vorhaltefinanzierung zur wirtschaftlichen Sicherung der Krankenhäuser sowie einer Qualitätssicherung. Die vorgeschlagenen Maßnahmen wären von den Bundesgesetzgebungskompetenzen aus Art. 74 Abs. 1 Nr. 12, 2. Alt GG und aus Art. 74 Abs. 1 Nr. 19a GG gedeckt und (in Bezug auf Letztere) auch erforderlich im Sinne des Art. 72 Abs. 2 GG, wenn die Länder ausreichend Gestaltungsräume erhalten, wie sie aktuell in § 6 Abs. 4 KHG bestimmt sind, und wenn ihnen Abweichungs- und Normsetzungsbefugnisse im Hinblick auf die regionalen und lokalen Besonderheiten eingeräumt werden, wie sie beispielsweise bei den Qualitätsanforderungen der §§ 136b und 136c SGB V geregelt sind."[204]

Wenn einerseits „erhebliche Veränderungen in der Versorgungsstruktur der Krankenhäuser" konstatiert, andererseits Regelungsspielräume, „wie sie aktuell in § 6 Abs. 4 KHG bestimmt sind", für erforderlich erachtet werden, passt dies nicht zusammen, da sich § 6 Abs. 4 KHG auf den Status quo bezieht und den Ländern die weitergehende Regelung überantwortet. Auch die Parallelisierung von § 136b und § 136c SGB V passt nicht zusammen, da letzterer eine unkoditionierte Abweichungsbefugnis umfasst, ersterer dagegen auf eine Gefährdung der flächendeckenden Versorgung abstellt.

---

[202] BT-WD, Reform, S. 30.
[203] BT-WD, Reform, S. 34.
[204] BT-WD, Reform, S. 36.

(c) Gegenteilige Bewertung des DRG-Regimes

Keine dem Vorschlag der Regierungskommission vergleichbare Steuerungswirkung und Strukturrelevanz kam demgegenüber dem Übergang zum DRG-System zu, weshalb dieses im Schrifttum nicht als Übergriff in die Planungskompetenz der Länder bewertet wird (wobei sich bereits hierzu Gegenstimmen finden[205]):

„Das DRG-basierte Vergütungssystem beseitigt nicht das Erfordernis der Krankenhausplanung. Als System zur Klassifizierung von Patienten sowie der Bewertung und Abrechnung des einzelnen stationären Behandlungsfalles ist das Fallpauschalensystem nicht in der Lage, die Aufgabe der Krankenhausplanung zu übernehmen. Das Fallpauschalengesetz ist ausschließlich eine Vergütungsregelung, die strikt von der Steuerung der Kapazitäten zu trennen ist. Es bedarf daher nach wie vor einer, der Finanzierung der Betriebs- und Behandlungskosten vorgelagerten Entscheidung darüber, welche Krankenhäuser die materiellen Planungskriterien erfüllen und in den Krankenhausplan aufzunehmen sind. Diese Entscheidung obliegt den zuständigen Landesbehörden – daran hat der Systemwechsel nichts geändert. Die bundesgesetzlichen Bestimmungen über die Krankenhausplanung der Länder, also die §§ 6 ff. KHG und §§ 108 ff. SGB V, sind bei der Einführung und Weiterentwicklung des DRG-Vergütungssystems, anders als in früher erörterten Reformmodellen, unberührt geblieben."[206]

Dass das Fallpauschalensystem – wie jedes andere Vergütungssystem auch – aufgrund seiner Charakteristika und Anreizwirkung das Marktverhalten der Krankenhäuser steuert und dadurch u. U. krankenhausplanerische Reaktionen erfordert, begründet angesichts der nur reflexartigen Auswirkung noch keinen Übergriff in die Planungshoheit der Länder:

„Die Krankenhausplanung der Länder wird freilich auf die neue Finanzierungsstruktur reagieren und die bisherigen Krankenhauspläne einer sachgerechten Überprüfung unterziehen müssen. So wird es Aufgabe der Krankenhausplanung sein, eine Gefährdung des Sicherstellungsauftrags infolge fallpauschalenbedingter Fehlentwicklungen im Versorgungsangebot zu verhindern. Es ist nicht fernliegend, dass die Konzentration bestimmter Leistungen unter Fall-

---

[205] Siehe R. Pitschas, NZS 2003, S. 341 (345): „Mittelbar wird nämlich in die länderstaatliche Planungskompetenz durch den bundesrechtlich herbeigeführten Strukturwandel des Entgeltsystems eingegriffen. Formell-verfassungsrechtlich stellt dies einen Verstoß gegen Art. 74 Nr. 19a GG dar. Denn die Kostengünstigkeit eines Krankenhauses als von der Rechtsprechung entwickelte Voraussetzung für die landeseinheitliche Aufnahme in den Krankenhausplan wird nunmehr durch eine bundesstaatliche Preislenkungsmaßnahme mit Folgewirkung für die Existenz von Krankenhäusern in den Ländern und Kommunen unterlaufen. Die Kompetenz der Länder, unnötige und leistungsschwache Krankenhäuser durch ihre Planung zu vermeiden (und spezifische Spezialisierungen herbeizuführen) bzw. in strukturschwachen Gebieten zu erhalten, wird auf diese Weise ausgehöhlt. Das ist verfassungsrechtlich nicht erträglich. Zugleich steht versorgungspolitisch mit allen regionalwirtschaftlichen und anderen Konsequenzen das duale System der Krankenhausplanung und Finanzierung in Deutschland zugunsten einer Monistik auf dem Prüfstand."

[206] K. Rübsamen, DRG-Vergütungssystem, S. 84 f.

pauschalen zunehmen und die Spezialisierung auf einzelne Fachbereiche voranschreiten wird. Dies könnte zur Folge haben, dass einzelne Krankenhäuser bestimmte Abteilungen aufgeben oder Kapazitäten verschieben, weil sie infolge der pauschalierten Vergütung nicht mehr lukrativ zu erbringen sind. Daneben könnte die Kalkulation der DRG-Preise auf der Basis von Durchschnittskosten dazu führen, dass Krankenhäuser mit einem relativ breiten Leistungsspektrum bei niedrigen Fallzahlen einzelne Leistungen nicht mehr kostendeckend anbieten und Kapazitäten auslagern müssten. Auch insoweit dürften Anpassungsmaßnahmen der Länder gefragt sein. Wenngleich sich die Planung der Länder auf die Fallpauschalenvergütung einstellen muss, handelt es sich hierbei nur um *mittelbare* bzw. *reflexartige* Auswirkungen der bundesgesetzlichen Vergütungsregelung. Diese Auswirkungen ändern nichts an der kompetenzrechtlichen Zuordnung der Gesetze. Da die Krankenhausplanung nicht den unmittelbaren Gegenstand und Schwerpunkt der gesetzlichen Neuregelung bildet, sind eventuelle mittelbare bzw. reflexartige Auswirkungen verfassungsrechtlich unerheblich."[207]

dd) Sozialversicherungskompetenz

Nachdem die Empfehlung der Regierungskommission eine Regelung außerhalb des GKV-Regimes vorschlägt, scheidet die in Art. 74 Abs. 1 Nr. 12 GG normierte konkurrierende Gesetzgebungskompetenz des Bundes für die Sozialversicherung als Grundlage aus. Dies entspricht auch der bisherigen Zuordnung des DRG-Vergütungssystems[208] und der krankenhausplanungsbezogenen Qualitätssicherung (§ 136c SGB V, § 6 Abs. 1a KHG)[209] zu Art. 74 Abs. 1 Nr. 19a GG.[210] Mit dem Urteil des Bundessozialgerichts vom 9. April 2019 sind planungsbezogene und sozialversicherungsrechtliche Qualitätsvorgaben zu trennen.[211]

Im Übrigen sei festgehalten, dass auch auf die Sozialversicherungskompetenz des Art. 74 Abs. 1 Nr. 12 GG gestützte Regelungen die Planungshoheit der Länder nicht übermäßig beschneiden dürfen, strukturrelevante, im Schwerpunkt die Krankenhausversorgung allgemein betreffende Regelungen sind dem Bund versperrt [näher zu den maßgeblichen Grundsätzen oben, II.2.b)]. Richtig ist zwar, dass Art. 74 Abs. 1 Nr. 12 GG mit seiner generellen Einbeziehung des Leistungserbringungsrechts eine tatbestandlich weitergehende Sachregelungskompetenz

---

[207] *K. Rübsamen*, DRG-Vergütungssystem, S. 85.
[208] Siehe *K. Rübsamen*, DRG-Vergütungssystem, S. 82 f.
[209] *F. Wollenschläger/A. Schmidl*, GesR 2016, S. 542 (547).
[210] Vgl. auch *P. Lerche/C. Degenhart*, Verfassungsfragen, S. 11 (81).
[211] BSG, BeckRS 2019, 10857, Rn. 17: „Soweit die – auf den vorliegenden Fall nicht anwendbare, inzwischen in Kraft getretene – Richtlinie des Gemeinsamen Bundesausschusses über Maßnahmen zur Qualitätssicherung bei der Durchführung von minimalinvasiven Herzklappeninterventionen gemäß § 136 Abs. 1 S. 1 Nr. 2 SGB V für nach § 108 SGB V zugelassene Krankenhäuser vom 22.1.2015 (BAnz AT 24.07.2015 B6, in Kraft getreten am 25.7.2015, im Folgenden: MHI-RL) Qualitätsanforderungen regelt, handelt es sich hierbei nicht um Vorgaben für die Landeskrankenhausplanung, sondern um eine Maßnahme zur Qualitätssicherung auf Grundlage von § 136 Abs. 1 S. 1 Nr. 2 SGB V (vgl auch § 1 Abs. 1 MHI-RL), die einen Versorgungsauftrag zur Erbringung der TAVI voraussetzt (vgl § 1 Abs. 2 MHI-RL)."

für das Versorgungsgeschehen umfasst als Art. 74 Abs. 1 Nr. 19a GG, etwa mit Blick auf Qualitätsvorgaben. Richtig ist auch, dass die auf Grundlage der Sozialversicherungskompetenz bereits jetzt erlassenen Regelungen namentlich zur Qualitätssicherung gemäß § 136 Abs. 1 Satz 1 Nr. 2 SGB V (Mindestanforderung für bestimmte Leistungen), gemäß § 136b Abs. 1 Satz 1 Nr. 2 SGB V (Mindestmengen) oder gemäß § 136c Abs. 4 SGB V (Notfallversorgung) auf die Planungshoheit einwirken. Mit der umfassenden Regulierung von Versorgungsstrukturen, wie sie der Reformvorschlag vorsieht (Strukturierung der Krankenhausversorgung nach detailliert definierten Leistungsgruppen und Leveln mit entsprechenden Mindeststrukturvorgaben, Zuweisung von Versorgungsaufträgen an Level, weitere Vorgaben für die Versorgungsstruktur, etwa zur Rolle der Fachkrankenhäuser), wäre indes die Grenze des über die Sozialversicherungskompetenz Regelbaren überschritten.

Dass das Sozialversicherungsrecht bereits jetzt relativ weit reichende versorgungs- und planungsrelevante Anforderungen der Qualitätssicherung formuliert, ist kein Gegenargument; vielmehr ist auch der Status quo kompetentiell nicht über jedweden Zweifel erhaben [auch dazu bereits oben, II.2.b)] und stellt sich umgekehrt die schwieriger greifbare Frage, wann für sich betrachtet kompetentiell noch rechtfertigungsfähige Einzelregelungen aufgrund ihrer Addition in einen übermäßigen Eingriff in die Planungshoheit der Länder umschlagen. Blickt man etwa auf § 136 Abs. 1 Satz 1 Nr. 2 SGB V (Mindestanforderungen), so ist zu konstatieren, dass dieser aufgrund des regelbeispielhaften Bezugs auf aufwändige medizintechnische Leistungen immerhin noch ein (wenn auch dem Wortlaut nach nicht abschließendes, wiewohl einen Anknüpfungspunkt für eine restriktive Auslegung bietendes) tatbestandliches Korrektiv aufweist, und auch in der Praxis nicht umfassend auf das gesamte Leistungsspektrum bezogen aktualisiert wurde. Im Schrifttum werden diese Zweifel verbalisiert:

„Fraglich ist indes, ob die auf den Gesichtspunkt der ‚Sozialversicherung' gestützte Inanspruchnahme der Regelungskompetenz die Übertragung einer weitreichenden Richtlinienzuständigkeit zur Qualitätsvorsorge auf den G-BA durch das KHSG (§§ 136 ff. SGB V) rechtfertigt. Denn es geht insoweit nicht mehr nur um Fragen sozialer Strukturgebung bzw. systemkonformer Weiterentwicklung der Krankenversicherung als ‚Sozialversicherung'. Art. 74 Abs. 1 Nr. 12 GG vermittelt dem Bundesgesetzgeber eben keine unbegrenzte Kompetenz, das Krankenhauswesen allseitig auf der Folie der Sozialversicherung, also nach den Prinzipien des Sozialausgleichs, der Umlagefinanzierung der Krankenversicherung und der Gemeinsamen Selbstverwaltung auszugestalten. Mit den überschüssigen Regelungen bewegt sich der Bundesgesetzgeber jedenfalls nicht mehr innerhalb des Bildes der ‚Sozialversicherung'.

Fehlt aber dem Bund insofern die Zuständigkeit, kann er sie sich nicht unter Kombination mit Art. 74 Abs. 1 Nr. 19a GG bzw. in ergänzender Berufung darauf beschaffen. Vielmehr hat er die Grenzen der Konvergenz beider grundgesetzlichen Kompetenzvorschriften dahingehend zu beachten, dass Art. 74 Abs. 1 Nr. 19a GG einen eigenständigen und geschlossenen Kompetenzraum zu Gunsten der Länder begründet. Allenfalls vermag in dieser Kombination das petitum der ‚wirtschaftlichen Sicherung der Krankenhäuser' allfällige Rahmenmaßgaben des Bundesgesetzgebers zu Gunsten ‚guter Qualität' der sozialversicherungsrechtlich begründeten Krankenhausbehandlung zu rechtfertigen. Demgegenüber stellt das Vorgehen, die Kompetenz nach Art. 74 Abs. 1 Nr. 12 GG für die umfassende Qualitätsvorsorge im Krankenhaussektor unter dem Signum der ‚Qualitätssicherung' zu nutzen, die ‚Entleerung' der Kompetenz aus Art. 74 Abs. 1 Nr. 19a GG dar. Ein entsprechender Kompetenzraum steht dem Bundesgesetzgeber gerade nicht zu."[212]

c) Wirtschaftlichkeitserwägungen in der Krankenhausplanung

Dass der Bund die Krankenhausplanung nicht im Sinne des Reformvorschlags steuern kann, bedeutet nicht, dass Wirtschaftlichkeitserwägungen keine Rolle für die Krankenhausplanung spielen. Vielmehr ermächtigt Art. 74 Abs. 1 Nr. 19a GG den Bund, Regelungen zur wirtschaftlichen Sicherung der Krankenhäuser zu treffen. Dementsprechend hat der Bund in Einklang mit der grundgesetzlichen Kompetenzordnung die Krankenhausplanung der Länder nicht nur auf das Ziel einer wirtschaftlichen Sicherung der Krankenhäuser festgelegt, „um eine qualitativ hochwertige, patienten- und bedarfsgerechte Versorgung der Bevölkerung mit leistungsfähigen digital ausgestatteten, qualitativ hochwertig und eigenverantwortlich wirtschaftenden Krankenhäusern zu gewährleisten und zu sozial tragbaren Pflegesätzen beizutragen." Vielmehr sieht er auch das Erfordernis einer Planaufnahme als Voraussetzung für die Teilhabe an der dualen Finanzierung vor (§ 108 Nr. 2 SGB V und § 4 Nr. 1, § 8 Abs. 1 KHG), knüpft diese an einen entsprechenden Bedarf und erklärt namentlich die Kriterien der Bedarfsgerechtigkeit, Leistungsfähigkeit, Wirtschaftlichkeit und Qualität des Krankenhauses für maßgeblich [siehe oben, II.3.b)bb)(1)]. Lediglich eine Feinsteuerung ist dem Bund aufgrund der Planungshoheit der Länder versagt (vgl. § 6 Abs. 4 KHG). Überdies bestimmt § 17 Abs. 1 Satz 3 KHG, dass „[b]ei der Ermittlung der Pflegesätze […] der Grundsatz der Beitragssatzstabilität (§ 71 Abs. 1 des Fünften Buches Sozialgesetzbuch) nach Maßgabe dieses Gesetzes und des Krankenhausentgeltgesetzes zu beachten" ist. Schließlich greift auch im GKV-Regime ein Wirtschaftlichkeitsgebot (§ 2 Abs. 1, § 12 Abs. 1 SGB V).

4. Lösungsmöglichkeiten

Die von der grundgesetzlichen Kompetenzordnung vorgezeichnete Planungshoheit der Länder steht, wie im vorausgehenden Abschnitt im Detail dargelegt, nicht nur einer direkten Steuerung der Krankenhausplanung durch den Bund ent-

---

[212] *R. Pitschas*, GuP 2016, S. 161 (164 f.).

gegen, die den Ländern keine eigenständigen und umfangmäßig erheblichen Planungsspielräume belässt, sondern auch einer diese Konsequenz zeitigenden indirekten Steuerung über das Vergütungs- bzw. Sozialversicherungsrecht. Vergütungsregelungen sind daher nur unter Verzicht auf planungsrelevante Strukturvorgaben möglich [a)]. Im Übrigen sollte der (Um-)Weg einer Steuerung der Versorgungsstruktur über das Vergütungsregime zugunsten einer Lösung im Rahmen der Krankenhausplanung aufgegeben werden [b)]. Angesichts beschränkter Bundeskompetenzen bestehen für eine vollumfängliche Realisierung der Reformvorschläge zunächst zwei verfassungskonform realisierbare Möglichkeiten, nämlich eine Verfassungsänderung [c)] und eine entsprechende Umsetzung im Landeskrankenhausrecht [d)]. Um das Anliegen zu realisieren, die Landeskrankenhausplanung stärker bundesgesetzlich zu steuern, ließe sich erwägen, dass der Bund Rahmenvorgaben aufstellt [e)] oder zwar Detailvorgaben normiert, diese aber mit Öffnungs- bzw. Abweichungsbefugnissen zugunsten der Länder versieht [f)]; beide Wege stoßen aber auf erhebliche kompetentielle Bedenken und gerade der letzte erscheint in besonderem Maße verfassungsrechtlich und gesundheitspolitisch fragwürdig. Die verfassungsrechtlichen Bedenken wiegen auch wegen des hohen Prozessrisikos schwer [g)].

a) Vergütungsregelung unter Verzicht auf planungsrelevante Strukturvorgaben

aa) Ausgestaltungsoptionen

Der vergütungsrechtliche Kern des Reformvorschlags besteht darin, die rein leistungs- und mengenorientierte Vergütung des DRG-Systems durch eine Kombination aus leistungsabhängiger Vergütung und v. a. an Leistungsgruppen geknüpfter Vorhaltefinanzierung zu ersetzen. So formuliert die Regierungskommission:

„Es ist inzwischen gut belegt, dass der starke Leistungsbezug des DRG-Systems und die Sektorentrennung eine unangemessene Ausweitung von stationären Behandlungen und Übertherapie begünstigen, mithin von Behandlungen, deren Indikation fraglich ist oder die zum Teil auch ambulant erbracht werden könnten. Im internationalen Vergleich weist Deutschland daher hohe stationäre Fallzahlen und hohe Kosten der stationären Versorgung auf. Zudem wird der Prävention, einem Schlüssel zur Reduktion der stationären Fallzahlen, zu wenig Bedeutung beigemessen."[213]

„Die Vergütung von Krankenhausleistungen soll neben der fallabhängigen Vergütung nach DRG-Fallpauschalen eine zweite Säule bekommen – nämlich eine Vergütung von Vorhalteleistungen. Während bislang weitgehend nur die Zahl der Krankenhausfälle und ihre DRG-Gewichte nach Diagnosen, Schweregraden und Prozeduren die Erlöse eines Krankenhauses bestimmen, soll künftig auch die nötige Vorhaltung einer Leistungsgruppe vergütet werden."[214]

---

[213] Regierungskommission, Grundlegende Reform der Krankenhausvergütung, S. 6.
[214] Regierungskommission, Grundlegende Reform der Krankenhausvergütung, S. 20.

Dabei soll die Bestimmung des Vorhalteanteils nach Leistungsgruppe „differenziert erfolgen, um der hohen Daseinsvorsorge z. B. der Intensiv- und Notfallmedizin Rechnung zu tragen und den ökonomischen Druck der Übertherapie insbesondere am Lebensende zu reduzieren (in einem ersten Schritt: in der Regel 40 %, aber 60 % für Intensiv-, Notfallmedizin, Geburtshilfe und Neonatologie; vgl. folgendes Kapitel)."[215] Ziel ist mithin, den Mengenanreiz zu reduzieren und die Vorhaltung entsprechend ausgestatteter Krankenhäuser zu sichern.[216]

Dieses Anliegen einer nach Leistungsgruppen differenzierten Vorhaltevergütung lässt sich unter Berufung auf die Vergütungskompetenz realisieren, indem das Vergütungsregime – wie auch im aktuellen DRG-System der Fall – Leistungstatbestände (Leistungsgruppen) normiert, die als Rechtsfolge eine Vorhaltevergütung auslösen. Mit Blick auf die Planungshoheit der Länder erforderlich ist, dass das Vergütungsregime die krankenhausplanerisch zugewiesenen Versorgungsaufträge abbildet. Idealerweise bewirkt eine Abstimmung zwischen Bund und Ländern, dass fachliche Gliederung der krankenhausplanerischen Bedarfsbestimmung und Vergütungssystematik harmonieren. Entscheiden sich Bund und Länder mithin für eine Planung nach näher definierten Leistungsgruppen, sollte gemeinsam eine einheitliche Systematik entwickelt werden und sollten die Länder diese auch ihrer Krankenhausplanung durch eine entsprechende Festlegung der fachlichen Bedarfsbestimmung zugrunde legen. Dieser Weg erscheint auch weniger bürokratisch und effizienter, als wenn die Länder in einem weiteren, der Planung nachgelagerten Schritt die planerischen Festlegungen in die Vergütungssystematik übersetzen müssen.

Eine differenzierte Bemessung des Vorhaltebudgets je nach vorgehaltener Infrastruktur ist grundsätzlich möglich, solange das Primat der Krankenhausplanung beachtet wird. Denkbar erscheinen zumal selektive Zuschläge, unzulässig ist eine faktische Struktursteuerung.

Kompetenzwidrig ist demgegenüber, Strukturvorgaben im Gewande von Vergütungsregelungen aufzustellen und damit das Primat der Krankenhausplanung gegenüber Entgeltregelungen zu verletzen [zu den maßgeblichen Grundsätzen oben, II.1.b)bb)(1)(c)]. Voraussetzung für die Kompetenzkonformität ist daher, dass die Vergütungsregelung – wie aktuell im DRG-System – an den krankenhausplanerischen Versorgungsauftrag anknüpft, nicht aber eigenständige, die Planungshoheit übermäßig beschneidende Strukturanforderungen an diesen formuliert, etwa in Gestalt von flächendeckenden abrechnungsrelevanten Mindeststrukturvorgaben oder der vergütungsausschließenden Zuordnung bestimmter Leistungsgruppen zu bestimmten Leveln. Struktur- und Qualitätsvorgaben, an

---
[215] Regierungskommission, Grundlegende Reform der Krankenhausvergütung, S. 18.
[216] Regierungskommission, Grundlegende Reform der Krankenhausvergütung, S. 20.

die eine Vergütungskompetenz anknüpfen darf, können auch als Element des Leistungserbringungsrechts über die Sozialversicherungskompetenz (Art. 74 Abs. 1 Nr. 12 GG) statuiert werden; auch dies unterliegt, wie aufgezeigt, Grenzen [zu diesen oben, II.2.b)]. Kein Schwerpunkt im Leistungserbringungsrecht liegt bei einer allgemeinen Regelung der Krankenhausversorgung vor, mithin wenn von konkreten Leistungen abstrahiert Versorgungsstrukturen reguliert würden, etwa Versorgungsstufen (Level) eingeführt und Qualitätsanforderungen oder die Berechtigung zur Erbringung von Leistungen an diese Level geknüpft würden bzw. die Rolle von Fachkrankenhäusern definiert würde, mag dies auch durch Qualitätsanliegen motiviert sein. Mit Blick auf leistungsbezogene Qualitätsvorgaben ist vor allem das Verbot einer flächendeckenden Regulierung zu beachten, die krankenhausplanerischen Anliegen der Länder, namentlich eine flächendeckende, erreichbare und ortsnahe Versorgung zu ermöglichen, nicht über Ausnahmetatbestände hinreichend Rechnung trägt. Entsprechende Ausnahmen erachtet im Übrigen auch die Ausarbeitung der Wissenschaftlichen Dienste des Deutschen Bundestags vom 27. März 2023 für erforderlich.[217]

Unter der Voraussetzung eines Verzichts auf Strukturvorgaben ist nach der Regierungskommission auch eine Bemessung des Vorhaltebudgets nach Bevölkerungsbezug, Prozess- und Ergebnisqualität sowie Fallmenge nicht ausgeschlossen:

„Zu Beginn soll das Vorhaltebudget nach der bisherigen Leistungsmenge des Krankenhauses in der jeweiligen Leistungsgruppe ausgeschüttet werden. Bemessungsgrundlage sind die Kalenderjahre 2022 und 2023. Für den Zielzustand nach Ende der Konvergenzphase hingegen empfiehlt die Regierungskommission, die Zuteilung des Vorhaltebudgets von drei Komponenten abhängig zu machen [Bevölkerungsbezug; Prozess- und Ergebnisqualität; Fallmenge]. Die Gewichtung der drei Komponenten ist von einer unabhängigen Institution festzulegen. Grundvoraussetzung, um das volle Vorhaltebudget nach den drei Komponenten zugeteilt zu bekommen, ist das Erfüllen der o.g. Kriterien (Level- und Leistungsgruppenzuteilung, Strukturvoraussetzungen)."[218]

Die Ausgestaltung der Vorhaltevergütung bedarf freilich einer eigenständigen verfassungsrechtlichen Prüfung, insbesondere hinsichtlich der Verfassungskonformität der Verteilungsparameter [Anspruch der Krankenhäuser auf gleichheitskonforme Teilhabe an der Vergütung, Art. 12 Abs. 1 i.V.m. Art. 3 Abs. 1 GG – dazu unten, III.2.a)] und der Auswirkung auf die Planungshoheit der Länder. Letztere darf nicht unangemessen beschnitten werden; auch insoweit gelten das Primat der Krankenhausplanung gegenüber Entgeltregelungen und das Verbot strukturrelevanter Vergütungsvorgaben.

---

[217] BT-WD, Reform, S. 35 f.

[218] Regierungskommission, Grundlegende Reform der Krankenhausvergütung, S. 24 – Streichung durch Verfasser; zur Konkretisierung S. 25 ff.

bb) Bewertung

Der Weg über eine Vergütungsregelung unter Verzicht auf planungsrelevante Strukturvorgaben ermöglicht eine partielle, wiewohl nicht vollständige Realisierung der Anliegen des Reformvorschlags. Nachteil einer isolierten Vergütungsregelung unter Verzicht auf planungsrelevante Strukturvorgaben ist, dass Steuerungsansätze des Reformvorschlags nicht realisiert werden können; das resultiert freilich aus der begrenzten Bundeskompetenz, die keine umfassende Befugnis zur Regelung der Krankenhausversorgung umfasst.

cc) Lösung über Ausnahmen?

Erwägen ließe sich, die kompetenzschädliche steuernde Wirkung durch entsprechende Öffnungs- bzw. Abweichungsklauseln zugunsten der Länder zu beseitigen. Insoweit gilt das zur Parallelproblematik bei der Krankenhausplanung Ausgeführte, namentlich hinsichtlich der notwendigen (weiten) Reichweite etwaiger Ausnahmen sowie der erheblichen verfassungsrechtlichen und regulatorischen Einwände [dazu unten, II.4.f)cc)]. Wegen des erheblichen Struktureingriffs wäre jedenfalls die Vorgabe – auch Ausnahmen unterliegender – detailliert definierter Level und die Zuordnung von Leistungsgruppen zu Leveln nicht möglich.

Überdies begründet die Notwendigkeit einer Abstimmung von Planungs- und Vergütungsregime bürokratischen Aufwand.

b) Aufgabe einer Steuerung der Versorgungsstruktur über das Vergütungsregime

Der Reformvorschlag der Regierungskommission beruht systematisch auf dem Ansatz, durch die Normierung von Voraussetzungen für die Vergütung die Krankenhausversorgung zu steuern. Angesichts der daraus resultierenden erheblichen Determinierung der Krankenhausplanung der Länder lässt sich dieser Ansatz, wie aufgezeigt, nicht im Rahmen der grundgesetzlichen Kompetenzordnung realisieren. Damit korreliert seine Unvereinbarkeit mit dem ebenfalls kompetentiell fundierten Primat der Krankenhausplanung gegenüber Entgeltregelungen. Im Übrigen fügt er sich auch nicht in das bundesrechtlich vorgezeichnete System der Krankenhausfinanzierung ein, was eine – auch rechtsstaatlich relevante – Widersprüchlichkeit begründet. Ist die krankenhausplanerische Versorgungsentscheidung nämlich Grundlage für die Krankenhausfinanzierung und damit für die wirtschaftliche Sicherung der Krankenhäuser, wie dies § 8 Abs. 1 Satz 1 KHG (Investitionskostenförderung) und § 108 Nr. 2 SGB V (Vergütung) konkretisieren, dürfen bundesgesetzliche Abrechnungsregelungen dieses bundesgesetzlich festgelegte System nicht gleichzeitig durch (strukturrelevante) Abrechnungsausschlüsse konterkarieren; auch der Zweck des KHG, „eine qualitativ hochwertige, patienten- und bedarfsgerechte Versorgung der Bevölkerung mit leistungsfähigen digital ausgestatteten, qualitativ hochwertig und eigenverantwortlich wirtschaftenden Krankenhäusern zu gewährleisten und zu sozial tragbaren Pflegesätzen beizutragen" (§ 1 KHG), lässt sich nicht mit Krankenhäusern erreichen, die über keine (adäquate) Abrechnungsbefugnis verfügen. Hinzu kommt, dass erste und zweite Säule der Krankenhausfinanzierung nicht mehr synchronisiert wären, mithin Krankenhäuser in die Investitionskostenförderung einzubeziehen wären, obgleich ihnen kein (adäquater) Vergütungsanspruch zukommt. Anderes würde nur bei einer (kompetentiell nicht möglichen) Außerkraftsetzung der Landeskrankenhausplanung gelten. Vor diesem Hintergrund muss das Vergütungssystem an die Krankenhausplanung anknüpfen, zumal die Normierung von Vergütungsregelungen mit Blick auf existente Versorgungsstrukturen auch regelungssystematisch stimmiger und praktikabler als der gegenläufige Ansatz erscheint. Schließlich gelten auch keine grundsätzlich anderen kompetentiellen Anforderungen. Daher sind die vom Reformvorschlag der Regierungskommission ins Auge gefassten Strukturänderungen im Rahmen der Krankenhausplanung zu realisieren und nicht im Rahmen der Krankenhausvergütung. Auf diese Weise ist das Reformziel zu erreichen: „Die bessere Verzahnung von Krankenhausplanung und -vergütung ist daher ein Schlüssel für eine bedarfsgerechte und effiziente Krankenhausversorgung."[219]

c) Verfassungsänderung

Nachdem die bestehenden Bundeskompetenzen namentlich für die wirtschaftliche Sicherung der Krankenhäuser und die Regelung der Krankenhauspflegesätze (Art. 74 Abs. 1 Nr. 19a GG) keine Realisierung des Reformvorschlags der Regierungskommission durch den Bundesgesetzgeber ermöglichen, setzt eine entsprechende Stärkung bundesgesetzlicher Regelungsbefugnisse im Krankenhauswesen eine Verfassungsänderung voraus. Eine solche stellt damit eine weitere Lösungsmöglichkeit dar. Sie entspricht einer schon länger und auch aktuell erwogenen Option,[220] ermöglicht bundeseinheitliche Vorgaben und auch eine

---

[219] Regierungskommission, Grundlegende Reform der Krankenhausvergütung, S. 5.
[220] *P. Axer*, in: BK-GG, Art. 74 Abs. 1 Nr. 19a, Rn. 23 (Stand: 151. AL April 2011); *M. Burgi/M. Nischwitz*, KrV 2023, S. 45 (50); *J. Isensee*, Rahmenbedingungen, S. 97 (151, 186). Für eine Rückübertragung der dem Bund in Art. 74 Abs. 1 Nr. 19a GG eingeräumten Gesetzgebungskompetenz auf die Länder v. a. die Haltung Bayerns in dem Bericht der Enquete-Kommission des Bayerischen Landtags, „Reform des Föderalismus – Stärkung der Landesparlamente" vom 24.1.2002, LT-Drs. 14/8660, S. 20. Zu dieser Diskussion auch *B. Schmidt am Busch*, Gesundheitssicherung, S. 243.

rechtssichere Lösung, würde aber eine – auch für die Daseinsvorsorge – bedeutsame Zuständigkeit der Länder beseitigen. Überdies wäre eine Zwei-Drittel-Mehrheit in Bundestag und Bundesrat erforderlich (Art. 79 Abs. 2 GG). Eine Reform der Gesetzgebungskompetenzen ist freilich nicht nur vor dem Hintergrund einer Erweiterung bestehender Bundeskompetenzen zu sehen; vielmehr ist zu erörtern, welche Frage auf welcher Ebene geregelt werden soll.

d) (Koordiniertes) Landesrecht

Eine weitere, mit der Kompetenzordnung in Einklang stehende und damit rechtssichere Gestaltungsoption besteht darin, dass die Länder die Reformvorschläge autonom in ihrem Landeskrankenhausrecht umsetzen. Dabei kann eine landesübergreifende Abstimmung im Wege eines Staatsvertrags oder von Musterentwürfen erfolgen. Auch eine Abstimmung mit dem Bund ist – entsprechend den Ausführungen zur Vergütungsregelung unter Verzicht auf planungsrelevante Strukturvorgaben – möglich.

e) Rahmenvorgaben

Eine erste Möglichkeit, die Landeskrankenhausplanung im Vergleich zum Status quo stärker bundesgesetzlich zu steuern, besteht darin, die Planung der Länder durch Rahmenvorgaben in einem gewissen Ausmaß zu vereinheitlichen. Dieser Ansatz hat einen – nur kurz in den 1980er Jahren in Kraft befindlichen Vorläufer – im Krankenhaus-Kostendämpfungsgesetz [aa]. Nach einem Blick auf Ausgestaltungsoptionen [bb] sei dieser Ansatz bewertet [cc].

aa) Vorläufer: Die (vorübergehende) Regelung im Krankenhaus-Kostendämpfungsgesetz

Über den Status quo hinausgehende Vorgaben für die Bedarfsplanung haben einen – wenn auch keine drei Jahre geltenden, im Zugriff zudem moderaten – historischen Vorläufer. Parameter für die Bedarfssteuerung hat nämlich das am 1. Juli 1982 in Kraft getretene Krankenhaus-Kostendämpfungsgesetz aufgestellt.[221] § 6 Abs. 2 KHG i. d. F. lautete:

„[1]Die Krankenhausbedarfspläne haben den Stand und die vorgesehene Entwicklung der für eine bedarfsgerechte, leistungsfähige und wirtschaftliche Versorgung der Bevölkerung erforderlichen Krankenhäuser insbesondere nach Standort, Bettenzahl, Fachrichtungen und Versorgungsstufe auszuweisen. [...] [3]Die Ziele und Erfordernisse der Raumordnung und Landesplanung sind zu beachten. [4]Zur Sicherung einer bedarfsgerechten, leistungsfähigen und wirtschaft-

---
[221] BGBl. I 1981, S. 1568.

lichen Versorgung können einzelnen Krankenhäusern besondere Aufgaben zugeordnet werden. ⁵Krankenhäuser sollen für die Benutzer in zumutbarer Entfernung erreichbar sein. ⁶Die Bedarfspläne sollen ferner die Voraussetzung dafür schaffen, daß die Krankenhäuser, auch durch Zusammenarbeit und Aufgabenteilung untereinander, zum Beispiel über die Vorhaltung medizinisch-technischer Großgeräte, die Versorgung in wirtschaftlichen Betriebseinheiten sicherstellen können."

Mit diesen „Rahmenbestimmungen" bezweckte der Gesetzgeber,

„zu Aufgaben und Inhalt der Bedarfspläne bestimmte Mindestanforderungen fest[zulegen], die zu einer planvollen Steuerung der Krankenhausentwicklung notwendig sind. Zugleich wird damit eine stärkere Ausrichtung auf vergleichbare Planungsziele, -methoden und -kriterien angestrebt. [...] Absatz 2 Satz 4 stellt klar, daß besondere Aufgaben schon im Bedarfsplan einzelnen Krankenhäusern zugeordnet werden können, um eine wirksame und kostengünstige Erfüllung dieser Aufgabe zu sichern. Dies kommt z.B. für den Einsatz teurer medizinisch-technischer Geräte in der Computertomografie, Dialyse, Nuklearmedizin usw. in Betracht; ebenso für zentrale Einrichtungen zur Versorgung mehrerer Krankenhäuser, z.B. in der Arzneimittelversorgung und Wäschereinigung, oder auch für Einrichtung von Ausbildungsstätten. [...] Bei der Bedarfsplanung muß auch für größere Krankenhäuser in jedem Einzelfall geprüft werden, ob sie zur Versorgung der Bevölkerung auf Dauer erforderlich sind und auf welche Weise, insbesondere auch unter Berücksichtigung von Möglichkeiten der Zusammenarbeit und Aufgabenteilung mit anderen Krankenhäusern, sie ihren Versorgungsauftrag am besten erfüllen können."[222]

Das am 1. Januar 1985 in Kraft getretene Krankenhaus-Neuordnungsgesetz[223] hat § 6 KHG sodann entschlackt und insbesondere die detaillierten Regelungen des § 6 Abs. 2 KHG aufgehoben, die Regelung im Detail vielmehr den Ländern überantwortet. Anliegen des Bundesgesetzgebers war es, „den Freiraum der Länder bei der Krankenhausplanung zu erweitern. Auf bundeseinheitlich geltende Planungsvorgaben wird verzichtet."[224] Und weiter: „Die Regelungen des bisherigen Absatzes 2 sind als bundesrechtliche Vorgaben entbehrlich; entsprechende Regelungen, insbesondere zur näheren Ausgestaltung der Krankenhauspläne, zur Berücksichtigung der Belange der Hochschulkliniken sowie der Ziele und Erfordernisse der Raumordnung und Landesplanung, bleiben in der Sache notwendig und sind künftig im Landesrecht zu treffen."[225]

---

[222] Begründung zum Entwurf der Bundesregierung eines Gesetzes zur Änderung des Gesetzes zur wirtschaftlichen Sicherung der Krankenhäuser und zur Regelung der Krankenhauspflegesätze (Krankenhaus-Kostendämpfungsgesetz), BT-Drs. 9/570, S. 23.
[223] BGBl. I 1984, S. 1716.
[224] Begründung zum Entwurf der Bundesregierung eines Gesetzes zur Neuordnung der Krankenhausfinanzierung, BT-Drs. 10/2095, S. 21.
[225] Begründung zum Entwurf der Bundesregierung eines Gesetzes zur Neuordnung der Krankenhausfinanzierung, BT-Drs. 10/2095, S. 21. Siehe dazu auch BVerwGE 144, 109 (113, Rn. 20).

bb) Ausgestaltung

Planerisches Kernstück des Reformvorschlags ist die fachliche Strukturierung des Bedarfs nach Versorgungsstufen (Level) und Leistungsgruppen [Leistungsplanung; zu beidem (1)] sowie die Formulierung von Mindeststrukturvorgaben [(2)]. Daher wären entsprechende Rahmenvorgaben für die Krankenhausplanung zu formulieren.

(1) Level und Leistungsgruppen

Analog zur Regelung des § 6 Abs. 2 Satz 1 KHG i.d.F. des Krankenhaus-Kostendämpfungsgesetzes ließe sich als Rahmenvorgabe festlegen, dass die Länder die Krankenhäuser nach Leveln und Leistungsgruppen ausweisen.

(a) Weitere Konkretisierung der Level

Akzeptiert man die Möglichkeit einer Strukturierung in Level als Grundsatzvorgabe, legt dies nahe, die einzelnen Level zu definieren, da andernfalls eine Strukturierung folgenlos ist. Als Rahmenvorgabe muss sich die Definition auf eine abstrakte Aufgabenbeschreibung beschränken. Dem entspräche eine – ggf. moderat präzisierte – Regelung wie in Art. 4 Abs. 2 BayKrG:

„¹Der Krankenhausplan legt Allgemeinkrankenhäuser mit drei Versorgungsstufen und Fachkrankenhäuser fest. ²Krankenhäuser der I. Versorgungsstufe dienen der Grundversorgung. ³Krankenhäuser der II. Versorgungsstufe erfüllen in Diagnose und Therapie auch überörtliche Schwerpunktaufgaben. ⁴Krankenhäuser der III. Versorgungsstufe halten im Rahmen des Bedarfs ein umfassendes und differenziertes Leistungsangebot sowie entsprechende medizinisch-technische Einrichtungen vor. ⁵Der Krankenhausplan kann allgemeine Grundsätze dazu enthalten, welche Fachrichtungen Krankenhäuser der einzelnen Versorgungsstufen in der Regel vorhalten."

Diese Rahmenvorgaben müssen durch die Länder konkretisiert werden können, um die auch verfassungsrechtlich vorgezeichnete Grenze einer Rahmenplanung zu wahren. Zur Erleichterung und faktischen Vereinheitlichung der Landeskrankenhausplanung kann ein diese nicht bindender Katalog an Regelvorgaben – idealerweise im Zusammenwirken von Bund und Ländern – formuliert werden.

(b) Weitere Konkretisierung der Leistungsgruppen

Nachdem Leistungsgruppen als Anknüpfungspunkt für die Vergütung und Mindeststrukturvorgaben fungieren, liegt nahe, auch diese weiter zu konkretisieren. Hier kann zunächst, wie dies etwa § 12 Abs. 3 KHGG NRW vorsieht,[226] mit abstrakten Vorgaben operiert werden:

---

[226] Siehe hierzu *F. Stollmann*, MedR 2023, S. 451 (452 ff.).

„¹Die Aufstellung und Fortschreibung des Krankenhausplans erfolgt auf der Grundlage von Leistungsbereichen und Leistungsgruppen. ²Jedem Leistungsbereich werden eine oder mehrere Leistungsgruppen zugeordnet. ³Die Leistungsbereiche orientieren sich an den Weiterbildungsordnungen für Ärztinnen und Ärzte der Ärztekammern Nordrhein und Westfalen-Lippe. ⁴Leistungsgruppen bilden konkrete medizinische Leistungen ab. ⁵Die Leistungsgruppen der ‚Allgemeinen Inneren Medizin', der ‚Allgemeinen Chirurgie' und der anderen allgemeinen Leistungsgruppen richten sich nach den Weiterbildungsordnungen für Ärztinnen und Ärzte der Ärztekammern. ⁶Spezifische Leistungsgruppen richten sich nach den Operationen- und Prozedurenschlüsseln nach § 301 des Fünften Buches Sozialgesetzbuch, der International Statistical Classification of Diseases and Related Health Problems der Weltgesundheitsorganisation oder anderen geeigneten Merkmalen. ⁷Grundsätzlich wird eine Leistungsgruppe nur einem Leistungsbereich zugeordnet. ⁸Einzelne Leistungsgruppen können mehreren Leistungsbereichen zugeordnet werden. ⁹Einzelne Leistungen können mehreren Leistungsgruppen beziehungsweise Leistungsbereichen zugeordnet werden. ¹⁰Den Leistungsgruppen werden qualitative Anforderungen zugeordnet. ¹¹Die Versorgungskapazitäten werden durch quantitative oder qualitative Parameter bestimmt. ¹²Dies können auch Planbettenzahlen oder Behandlungsplatzzahlen sein. ¹³Die weitere Systematik der Leistungsbereiche und Leistungsgruppen wird in den Rahmenvorgaben nach den § 12 Absatz 2 Satz 2 Nummer 1 und § 13 geregelt."

Zur Erleichterung und faktischen Vereinheitlichung der Landeskrankenhausplanung kann – idealerweise im Zusammenwirken von Bund und Ländern – auch hinsichtlich der Leistungsgruppen ein Katalog entwickelt werden; dieser muss freilich unverbindlich bleiben, da sonst das Konzept der Rahmenplanung verlassen und eine kompetenzwidrige Regelung geschaffen würde.

(2) Mindeststrukturvoraussetzungen

Der Reformvorschlag der Regierungskommission sieht vor, Mindeststrukturvorgaben für Level und Leistungsgruppen vorzusehen. Analog zur oben zitierten Regelung in § 12 Abs. 3 Satz 10 KHGG NRW kann festgelegt werden, dass den Leveln und Leistungsgruppen qualitative Anforderungen zugeordnet werden können, so erforderlich. Auch insoweit kommt eine weitere Konkretisierung in Betracht, die als verbindliche Vorgabe wiederum den Rahmencharakter wahren muss (etwa Vorgabe einer Zuordnung qualitativer Anforderungen hinsichtlich Personalausstattung und -qualifikation) und im Übrigen als (und aus kompetentiellen Gründen nur als) unverbindlicher Katalog – idealerweise im Zusammenwirken von Bund und Ländern – entwickelt werden kann.

cc) Bewertung

Eine einheitliche Strukturierung der Planung nach Leveln und Leistungsgruppen sowie das grundsätzliche Erfordernis, Mindeststrukturvoraussetzungen festzulegen, ermöglicht eine Anknüpfung an diese Struktur im Rahmen der Vergütungsreform und entfaltet auch eine Steuerungswirkung hinsichtlich der Versorgungsstruktur. Rahmenvorgaben können indes nur grob steuern, was die Umsetzung des Reformvorschlags der Regierungskommission begrenzt. Der Grad der Zielerreichung korreliert mit dem Grad an Detailschärfe der Vorgaben; mit zunehmender Detailschärfe steigt freilich auch die Beeinträchtigung der Planungshoheit der Länder und damit auch die kompetentielle Problematik. Zu berücksichtigen ist, dass sich mittels der Entwicklung unverbindlicher, über Rahmenvorgaben hinausgehender Standards nicht nur die Planungsarbeit der Länder erleichtern lässt, sondern auch faktisch eine vereinheitlichende Wirkung erzielt werden kann.

In kompetentieller Hinsicht ist festzuhalten, dass die Rahmenplanung den Spielraum der Länder im Vergleich zum Status quo weiter einschränkt. Die Bedarfsbestimmung ist mit der Vorgabe einer Planung nach Leveln und Leistungsgruppen hinsichtlich ihrer fachlichen und strukturellen Gliederung festgelegt, wiewohl nur der Art nach. Überdies kann die Möglichkeit der Festlegung von Mindeststrukturvoraussetzungen für Level und Leistungsgruppen vorgesehen werden, wobei eine grundsätzliche Qualitätsorientierung bereits durch § 1 KHG vorgezeichnet ist und die Länder autonom über Umfang, Art und Inhalt der Qualitätsanforderungen bestimmen können. Eine Beschneidung der Landeszielplanung erfolgt nicht. Vor diesem Hintergrund bleiben auch Gestaltungsmöglichkeiten auf der administrativen Planungsebene in weitem Umfang erhalten und wird namentlich die Entscheidung darüber, wo welches Versorgungsangebot vorzuhalten ist, nicht nennenswert beschnitten.

Unter Berücksichtigung des Anliegens, die Planung zur Realisierung einer nach Leveln und Leistungsgruppen differenzierten Vorhaltevergütung zu strukturieren, ist denkbar, die bei einer Rahmenplanung im oben skizzierten Sinne verbleibenden Planungsspielräume der Länder als eigenständig und umfangmäßig erheblich zu qualifizieren und die Kompetenzkonformität – unter der Voraussetzung, dass auch ein hinreichender wirtschaftlicher Bezug dargetan werden kann [dazu oben, II.3.b)cc)(3)] – zu bejahen.[227] Vergegenwärtigt man sich freilich, dass Stimmen im Schrifttum den Status quo als verfassungsrechtlich gerade noch zulässig ansehen und auch das Bundessozialgericht bereits die Festlegung auf eine Planung nach Versorgungsstufen und auf eine bestimmte Art der fachlichen Gliederung des Bedarfs für kompetentiell problematisch erachtet, wird deutlich, dass bereits dieser Lösungsweg mit erheblichen verfassungsrechtlichen Risiken behaftet ist. Überdies wirft die verminderte Steuerungswirkung von Rahmenvorgaben die Frage nach dem Beitrag und damit Bezug zur wirtschaftlichen Sicherung i. S. d. Art. 74 Abs. 1 Nr. 19a GG auf.

---

[227] Vgl. *W. Kluth*, Krankenhausplanung, S. 78 ff.; *P. Lerche/C. Degenhart*, Verfassungsfragen, S. 11 (91 f.) – anders *J. Isensee*, Rahmenbedingungen, S. 97 (186).

f) Detailvorgaben bei Einräumung von Öffnungs- bzw. Abweichungsbefugnissen zugunsten der Länder

Eine stärkere Steuerung der Landeskrankenhausplanung im Vergleich zum Status quo lässt sich auch dadurch erreichen, dass der Bund über Rahmenvorgaben hinausgehende Vorgaben für die Krankenhausplanung formuliert, diese aber zur Wahrung von Planungsspielräumen der Länder mit Abweichungsbefugnissen bzw. Öffnungsklauseln versieht. Auch dieser Ansatz hat einen – in Kraft befindlichen – Vorläufer in Gestalt der Entwicklung von Qualitätsindikatoren für die Krankenhausplanung gemäß § 136c SGB V, § 6 Abs. 1a KHG [aa)]. Hierbei sind rechtstechnisch unterschiedliche Ausgestaltungsoptionen denkbar [bb)] und stellt sich die Frage nach den notwendig den Ländern zu belassenden Planungsspielräumen [cc)]. Indes begegnet dieser Lösungsvorschlag beträchtlichen kompetentiellen (und auch regulatorischen) Einwänden [dd)].

aa) Vorläufer: Qualitätsindikatoren für die Krankenhausplanung

Das Modell einer (sektoriellen) Detailsteuerung der Krankenhausplanung auf Bundesebene, die unter dem Vorbehalt abweichender Regelungen durch die Länder steht, findet sich aktuell hinsichtlich der Formulierung von Qualitätsindikatoren für die Krankenhausplanung gemäß § 136c SGB V, § 6 Abs. 1a KHG.[228] Das Erfordernis einer qualitativ hochwertigen Versorgung der Bevölkerung stellt nicht nur eine Zielvorgabe für die Krankenhausplanung dar (§ 1 Abs. 1 KHG). Vielmehr ermächtigt § 136c Abs. 1 Satz 1 SGB V den Gemeinsamen Bundesausschuss, „Qualitätsindikatoren zur Struktur-, Prozess- und Ergebnisqualität [zu beschließen], die als Grundlage für qualitätsorientierte Entscheidungen der Krankenhausplanung geeignet sind und nach § 6 Absatz 1a des Krankenhausfinanzierungsgesetzes Bestandteil des Krankenhausplans werden." § 6 Abs. 1a Satz 1 KHG bestimmt sodann, dass diese Qualitätsindikatoren „Bestandteil des Krankenhausplans" sind. Zur Wahrung krankenhausplanerischer Spielräume der Länder sieht Satz 2 dieser Vorschrift indes vor, dass „[d]urch Landesrecht […] die Geltung der planungsrelevanten Qualitätsindikatoren ganz oder teilweise ausgeschlossen oder eingeschränkt werden" kann „und […] weitere Qualitätsanforderungen zum Gegenstand der Krankenhausplanung gemacht werden" können.

bb) Rechtstechnische Ausgestaltungsmöglichkeiten

Analog zum soeben skizzierten Modell der Formulierung von Qualitätsindikatoren für die Krankenhausplanung ließen sich Level, Leistungsgruppen, die Zuord-

---

[228] Dazu nur F. Wollenschläger/A. Schmidl, GesR 2016, S. 542 ff.

nung von Leveln zu Leistungsgruppen sowie Mindeststrukturvorgaben und weitere Regulierungsanliegen bundesgesetzlich normieren, ggf. unter Einräumung von Konkretisierungsbefugnissen zugunsten der Exekutive oder des Gemeinsamen Bundesausschusses, und dann Abweichungsbefugnisse oder Öffnungsklauseln zugunsten der Länder vorsehen. Diese können normtechnisch, wie bei § 6 Abs. 1a Satz 2 KHG, unkonditioniert gestaltet werden, oder aber, wie bei den Ausnahmen von der Mindestmengenregelung, an qualifizierte Voraussetzungen geknüpft werden, dort gilt das Erfordernis einer Gefährdung der „Sicherstellung einer flächendeckenden Versorgung der Bevölkerung" (§ 136b Abs. 5a Satz 1 SGB V). Überdies knüpft § 136b Abs. 5a Satz 2 SGB V die Ausnahmeentscheidung der Landeskrankenhausplanungsbehörde an das Einvernehmen der Landesverbände der Krankenkassen und der Ersatzkassen.

cc) Konkretisierung notwendiger Planungsspielräume

Akzeptierte man die grundsätzliche Zulässigkeit von Detailvorgaben bei Einräumung von Öffnungs- bzw. Abweichungsbefugnissen zugunsten der Länder, stellt sich die Frage, in welchem Umfang den Ländern Planungsspielräume zu gewährleisten sind.

Das verfassungsrechtlich notwendige – unter Umständen aber nicht hinreichende – Minimum an eigenständigen und umfangmäßig erheblichen Planungsspielräumen der Länder besteht, auch im Lichte ihres Sicherstellungsauftrags, zunächst darin, entscheiden zu können, wo welches stationäre Versorgungsangebot vorzuhalten ist. Krankenhausplanerischen Anliegen der Länder, namentlich eine flächendeckende, erreichbare und ortsnahe Versorgung zu ermöglichen, muss über Ausnahmetatbestände Rechnung getragen werden können. Dies betrifft zum einen Mindeststrukturvoraussetzungen und zum anderen den Ausschluss der Leistungserbringung aufgrund höheren Leveln vorbehaltener Leistungsgruppen. Ebenfalls muss den Ländern die Möglichkeit erhalten bleiben, Fachkrankenhäuser im Rahmen ihrer Krankenhausplanung vorzusehen. Im Lichte des durch die Krankenhausplanung realisierten Sicherstellungsauftrags ist auch das Anliegen zu berücksichtigen, die Weiterbildung im ärztlichen Bereich und die Ausbildung an Pflegeschulen zu sichern. Hierbei verbietet sich, die Planungshoheit der Länder durch restriktive Tatbestandsvoraussetzungen übermäßig zu beschränken, etwa an die Schwelle einer Gefährdung der Sicherstellung einer flächendeckenden Versorgung der Bevölkerung als Voraussetzung für eine Abweichung (vgl. § 136b Abs. 5a Satz 1 SGB V) zu knüpfen. Ebenso wenig kann die Abweichungsbefugnis an eine Zustimmung Dritter gebunden werden, etwa das Einvernehmen der Krankenkassen (vgl. wiederum § 136b Abs. 5a Satz 2 SGB V).

Eine partielle Öffnungsklausel sieht im Übrigen auch der Reformvorschlag im Kontext der Vorhaltekosten hinsichtlich des Gebots einer Orientierung an den Fallzahlen vor:

„Zunächst muss für jede Leistungsgruppe, für die ein Vorhaltebudget zugeteilt werden soll, eine Mindestanzahl an Menschen versorgt bzw. die daraus abgeleitete Mindestfallzahl erbracht werden. Damit wird gewährleistet, dass das auf die Region begrenzte Vorhaltebudget für die in der Region ansässigen Häuser nicht zu klein und die Leistungserbringung damit für sie unwirtschaftlich wird. Eine Ausnahme hiervon gilt für Krankenhäuser, die für die Sicherstellung der Versorgung notwendig sind, weil es in einer akzeptablen Distanz kein alternatives Krankenhaus gibt."[229]

dd) Bewertung

Die Statuierung von Detailvorgaben im Sinne des Reformvorschlags der Regierungskommission ist kompetentiell nicht möglich, fraglich ist jedoch, ob durch die Einräumung von Öffnungs- bzw. Abweichungsbefugnissen zugunsten der Länder die Kompetenzkonformität gesichert werden kann.[230] Insoweit stellen sich strukturell vergleichbare Fragen wie bei den mit dem Krankenhausstrukturgesetz eingeführten Qualitätsvorgaben,[231] obgleich in größerer Schärfe. Der Lösungsweg stößt auf zwei grundsätzliche verfassungsrechtliche und auch rechtspolitische Einwände.

Diesem Lösungsweg lässt sich verfassungsrechtlich erstens entgegenhalten, dass die Kompetenzwidrigkeit eines Bundesgesetzes durch die Statuierung von Abweichungs- und Öffnungsklauseln angesichts der zwingenden Kompetenzordnung nicht beseitigt werden kann, vielmehr ist dem Bund eine Regelung versagt.[232] Dies ist für sich betrachtet zutreffend, vorliegend stellt sich indes die Frage, ob diese Argumentation auch für die vorliegende Konstellation gilt, die eine Überschneidung der Kompetenzbereiche von Bund und Ländern kennzeichnet und in der eine Schonung der Planungshoheit der Länder durch Öffnungs- und Abweichungsklauseln gerade die Einhaltung kompetentieller Grenzen in Einklang mit der grundgesetzlichen Kompetenzverteilung sichert, steht doch ein

---

[229] Regierungskommission, Grundlegende Reform der Krankenhausvergütung, S. 25. Die DKG fordert zu ermöglichen, „dass jede Leistungsgruppe an mindestens einem Standort innerhalb der für die Leistungsgruppe passenden Region vorhanden ist", und auf einzelne Elemente auf Leistungsebenen („Erreichen von Level 2, auch ohne Stroke Unit und ohne Geburtshilfe") zu verzichten, siehe Pressemitteilung der DKG zur Auswirkungsanalyse der Vorschläge der Reformkommission vom 13.2.2022, abrufbar unter https://www.dkgev.de/dkg/presse/details/dkg-plaediert-fuer-augenmass-und-bringt-eigenen-vorschlag-in-die-reformdiskussion-ein/ (21.6.2023).
[230] Ambivalent *F. Stollmann*, NZS 2016, S. 201 (203).
[231] Umfassend dazu *F. Wollenschläger/A. Schmidl*, GesR 2016, S. 542 (547 f.).
[232] Siehe *F. Wollenschläger/A. Schmidl*, GesR 2016, S. 542 (548).

auf Art. 74 Abs. 1 Nr. 19a GG gestütztes Hineinwirken von Bundesgesetzen in die Planungshoheit der Länder unter dem Vorbehalt der Wahrung hinreichender Planungsspielräume.[233] Sieht man hierin eine kompetentielle Besonderheit gegenüber der Konstellation, dass der Bund Regelungsmacht in Bereichen beansprucht, die ihm von vornherein nicht zugänglich sind, ließe sich erwägen, die Kompetenzkonformität durch (hinreichend weite) Abweichungs- bzw. Öffnungsklauseln sicherzustellen. Andererseits ließe sich, wie im Schrifttum ebenfalls vertreten, bereits bei Einräumung einer überschießenden Regelungsmacht auf Bundesebene die Kompetenzwidrigkeit bejahen.[234] Das Gewicht dieses Arguments steigt in dem Ausmaß, in dem überschießende Regelungsmacht eingeräumt wird, und schlägt durch, wenn in erheblichem Ausmaß in die Planungshoheit der Länder eingegriffen wird. Bei der – auch über die aktuelle Regelung des § 136c SGB V, § 6 Abs. 1a KHG deutlich hinausgehenden – Einführung detailliert definierter Level und der Zuordnung von Leistungsgruppen zu Leveln ist dies wegen des erheblichen Struktureingriffs der Fall.

Öffnungs- und Abweichungsklauseln werfen zweitens die Frage auf, ob diese die Erforderlichkeit einer bundeseinheitlichen Regelung i. S. d. Art. 72 Abs. 2 GG widerlegen. Nachdem der Bundesgesetzgeber gemäß Art. 72 Abs. 1 GG über die Reichweite der Sperrwirkung disponieren kann, ist ihm die Statuierung derartiger Klauseln nicht prinzipiell versagt.[235] Eine Grenze mit Blick auf die Erforderlichkeit könnte bei besonders weit reichenden Öffnungsklauseln erreicht sein, wie es im Urteil des Bundesverfassungsgerichts zum Ladenschlussgesetz anklingt, wobei die Konsequenzen einer zu weit reichenden Öffnung uneindeutig blieben:

„Eine bundesrechtliche Regelung des Ladenschlusses ist für die Herstellung gleichwertiger Lebensverhältnisse im Bundesgebiet oder für die Wahrung der Rechts- oder Wirtschaftseinheit im gesamtstaatlichen Interesse nicht erforderlich. […] Es ist auch nicht ersichtlich, dass insbesondere die Erhaltung der Funktionsfähigkeit des deutschen Wirtschaftsraums oder die Vermeidung der Rechtszersplitterung eine bundesstaatliche Rechtsetzung über die Ladenöffnungszeiten erfordert. Der Gesetzgeber hat durch weit reichende Ermächtigungen an die Bundesländer zur Schaffung von Ausnahmen selbst zum Ausdruck gebracht, dass er einheitliche rechtliche Regelungen für das gesamte Bundesgebiet nicht für geboten erachtet. Ein Erfordernis bundeseinheitlicher Regelung hat sich auch nach der Novellierung im Jahre 1996 nicht gezeigt. Viel-

---

[233] Siehe insoweit *F. Wollenschläger/A. Schmidl*, GesR 2016, S. 542 (548). So auch *R. Ternick*, NZS 2017, S. 770 (774).

[234] *M. Quaas*, in: Quaas/Zuck/Clemens, Medizinrecht, § 26, Rn. 553 f.; ferner *M. Quaas*, GesR 2018, S. 626 (630 f.). Zweifelnd *T. Bohle*, GesR 2016, S. 605 (607 f.); *F. Stollmann*, NZS 2016, S. 201 (203).

[235] *F. Wollenschläger*, in: BK-GG, Art. 72, Rn. 182 ff. (Stand: 192. AL August 2018) m. w. N., auch zur Gegenauffassung. Siehe im Kontext des Krankenhausstrukturgesetzes *ders./A. Schmidl*, GesR 2016, S. 542 (549).

mehr sind die Ausnahmemöglichkeiten mit der erneuten Novellierung im Jahre 2003 noch erweitert worden."[236]

Entscheidend ist das Ausmaß der Öffnung,[237] womit ein umfassendes Abweichungsrecht, wie in § 6 Abs. 1a Satz 2 KHG vorgesehen, problematisch ist[238]. Demgegenüber ist – wie hinsichtlich des Kompetenztitels (dazu soeben) – zu berücksichtigen, dass die Öffnungs- und Abweichungsklauseln auf die Wahrung von Planungsspielräumen der Länder in Einklang mit den Vorgaben der grundgesetzlichen Kompetenzordnung zielen, so dass sie – jedenfalls in begrenztem Umfang – kompetentiell gerechtfertigt sind und im Übrigen dem von Art. 72 Abs. 2 GG geschützten Gesetzgebungsrecht der Länder zielen.[239] Einen Beitrag zur Rechtseinheit leistet überdies die damit ermöglichte Rahmenregelung durch den Bund.[240]

Rechtspolitisch ist überdies zu berücksichtigen, dass die Aufspaltung von Regelungsbefugnissen auf verschiedene Ebenen dem Anliegen einer klaren Verteilung von Verantwortlichkeiten widerspricht.[241] Hinzu kommt, dass die Formulierung von Standards bei gleichzeitiger Einräumung von Abweichungsbefugnissen auch konzeptionell fragwürdig erscheint.

g) Prozessrisiko

Einzelne Lösungswege, namentlich die Statuierung von Rahmenvorgaben sowie von Detailvorgaben bei Einräumung von Öffnungs- bzw. Abweichungsbefugnissen zugunsten der Länder sind mit erheblichen verfassungsrechtlichen Risiken behaftet. Selbst bei einem Bund-Länder-Konsens, einen dieser Wege zu beschreiten, verbleibt ein erhebliches Prozessrisiko: Auch wenn einzelne Krankenhausträger aus Gründen der Subsidiarität nicht unmittelbar Verfassungsrechtsbehelfe gegen eine gesetzliche Neuregelung erheben können, kann der Einwand

---

[236] BVerfGE 111, 10 (28 f.). Im Überblick zur Thematik m.w.N. *F. Wollenschläger*, in: BK-GG, Art. 72, Rn. 331 f. (Stand: 192. AL August 2018). Ablehnend etwa *O. Depenheuer*, ZG 2005, S. 83 (88 f.); grundsätzlich befürwortend dagegen *M. Kment*, in: Jarass/Pieroth, GG, Art. 72 Rn. 20.

[237] *F. Wollenschläger*, in: BK-GG, Art. 72, Rn. 331 (Stand: 192. AL August 2018); ferner *H. Grziwotz*, AöR 116 (1991), S. 588 (600 f.).

[238] Näher *F. Wollenschläger/A. Schmidl*, GesR 2016, S. 542 (548 f.). Für eine Widerlegung der Erforderlichkeit *M. Quaas*, in: Quaas/Zuck/Clemens, Medizinrecht, § 26, Rn. 556; *ders.*, GesR 2018, S. 626 (632). Zweifel anmeldend *F. Stollmann*, NZS 2016, S. 201 (203). Anders *R. Ternick*, NZS 2017, S. 770 (775).

[239] *F. Wollenschläger/A. Schmidl*, GesR 2016, S. 542 (549); ebenso *R. Ternick*, NZS 2017, S. 770 (775).

[240] *F. Wollenschläger/A. Schmidl*, GesR 2016, S. 542 (549).

[241] *F. Wollenschläger/A. Schmidl*, GesR 2016, S. 542 (550).

einer mangelnden Kompetenzkonformität bei dem (zu erwartenden) verwaltungsgerichtlichen Angriff einer Planungsentscheidung oder im Kontext von Entgeltstreitigkeiten geltend gemacht werden, was in diesem Rahmen auch einer verfassungsgerichtlichen Kontrolle unterworfen werden kann, sei es im Wege einer konkreten Normenkontrolle (Art. 100 Abs. 1 GG) oder einer Urteilsverfassungsbeschwerde (Art. 93 Abs. 1 Nr. 4a GG).[242]

---

[242] *F. Wollenschläger/A. Schmidl*, GesR 2016, S. 542 (550).

III.
Grundrechtliche Aspekte

„Die rechtliche Implementierung des Reformvorschlags birgt", wie die Regierungskommission zu Recht herausstreicht, „juristische Herausforderungen. Dies gilt insbesondere in kompetenzrechtlicher Hinsicht".[1] Dies impliziert, dass mit der Kompetenzfrage zwar besondere, aber nicht die einzigen rechtlichen Hürden benannt sind. Solche bestehen auch in grundrechtlichen Anforderungen, die dieser Abschnitt thematisiert, und zwar mit Blick auf allgemeine Anforderungen an Planaufnahme- und Vergütungskriterien (2.) sowie auf die Notwendigkeit von Übergangsregelungen und Bestandsschutz (3.). Einleitend sei der auch grundrechtlich fundierte Sicherstellungsauftrag in Erinnerung gerufen (1.).

1. Sicherstellungsauftrag

Art. 2 Abs. 2 Satz 2 GG i. V. m. dem Sozialstaatsprinzip (Art. 20 Abs. 1 GG) verpflichtet den Staat, eine angemessene Kranken(haus)versorgung für die Bevölkerung sicherzustellen.[2] Dieser Schutzpflicht ist bei der Ausgestaltung des Rechtsrahmens Rechnung zu tragen. Ein Ausdruck hiervon ist etwa die Möglichkeit, eine Ausnahme von Mindestmengen vorzusehen, wenn diese Vorgabe „die Sicherstellung einer flächendeckenden Versorgung der Bevölkerung gefährden könnte" [§ 136b Abs. 5a Satz 1 SGB V; dazu bereits oben, II.2.b)]. Ebenfalls der staatlichen Schutzpflicht Rechnung tragen würden Regelungen, die Versorgungsstrukturen ermöglichen, die die Weiterbildung im ärztlichen Bereich und die Ausbildung an Pflegeschulen sichern, wobei hier zusätzlich Art. 12 Abs. 1 GG ins Spiel kommt.

---

[1] Regierungskommission, Grundlegende Reform der Krankenhausvergütung, S. 10.
[2] Siehe nur *M. Burgi*, NVwZ 2010, S. 601 (602) – unter zusätzlichem Verweis auf den „aufgabenrechtlichen Gehalt der Kompetenzvorschrift des Art. 74 I Nr. 19 a GG"; *ders./M. Nischwitz*, KrV 02.23, S. 1 (3); *F. Wollenschläger*, Verteilungsverfahren, S. 510; *ders.*, VSSAR 2020, S. 87 (104 f.); ferner BVerfGE 82, 209 (230): „Die bedarfsgerechte und leistungsfähige Krankenhauspflege ist ein unverzichtbarer Teil der Gesundheitsversorgung, die das Bundesverfassungsgericht in ständiger Rechtsprechung als besonders wichtiges Gemeinschaftsgut ansieht".

2. Allgemeine Anforderungen an Planaufnahme- und Vergütungskriterien

Der Reformvorschlag knüpft die Möglichkeit einer (vergüteten) Erbringung von Leistungen an die Zuordnung des Krankenhauses zu einem zur Leistungserbringung berechtigenden Level und die Erfüllung von Mindeststrukturvoraussetzungen. Unabhängig davon, ob die Länder aufgrund eines von der Realisierung der Reformvorschläge ausgehenden faktischen Zwangs die Krankenhausplanung an das Vergütungsregime anpassen oder die Vergütungsregelung nur die (adäquate) Abrechenbarkeit eines planerisch zugewiesenen Versorgungsauftrags determiniert, gelten angesichts der Bedeutung der (adäquaten) Abrechenbarkeit für die faktische Möglichkeit der Leistungserbringung die für die Planaufnahme entwickelten verfassungsrechtlichen Anforderungen auch für eine reine Vergütungslösung. Daher sei im Folgenden der Anspruch auf gleiche Planteilnahme entfaltet [a] und dieser mit Blick auf die Rolle von Fachkrankenhäusern [b] und Mindeststrukturvorgaben [c] konkretisiert.

a) Der Anspruch auf gleiche Plan- bzw. Vergütungsteilhabe als Maßstab für Planaufnahme- und Vergütungskriterien

Die Kriterien für die Aufnahme in den Krankenhausplan sind, wie andernorts ausgeführt,[3] namentlich[4] an Art. 12 Abs. 1 (i. V. m. Art. 3 Abs. 1) GG zu messen. Die Nichtaufnahme in den Krankenhausplan steht dem von Art. 12 Abs. 1 GG geschützten Betrieb eines Krankenhauses nicht entgegen,[5] so dass die Berufsfreiheit nicht in ihrer abwehrrechtlichen Dimension einschlägig ist.[6] Aus der Aufnahme in den Krankenhausplan erwächst indes das Recht, Behandlungen im

---

[3] Siehe *F. Wollenschläger*, VSSAR 2020, S. 87 (105 ff.), worauf dieser Abschnitt beruht.

[4] Einschlägig sind ferner, was hier nicht weiter vertieft wird, für kommunale Krankenhausträger die kommunale Selbstverwaltungsgarantie (Art. 28 Abs. 2 GG), für kirchliche Krankenhausträger das Grundrecht der freien Religionsausübung (Art. 4 Abs. 1 und 2 GG) und das kirchliche Selbstbestimmungsrecht (Art. 140 GG i. V. m. Art. 137 Abs. 3 WRV) und für Hochschulklinika die Wissenschaftsfreiheit (Art. 5 Abs. 3 GG); dazu *O. Bachof/D. H. Scheuing*, Krankenhausfinanzierung, S. 26 ff., insb. S. 57 ff.; *dies.*, Novellierung, S. 9 ff.; *O. Depenheuer*, Finanzierung, S. 104 ff.; *ders.*, in: GS für Tettinger, 2007, S. 25 (28 ff.); *J. Isensee*, Rahmenbedingungen, S. 97 (130 ff.); *P. Lerche/C. Degenhart*, Verfassungsfragen, S. 11 (38 ff.); *M. Quaas*, in: Quaas/Zuck/Clemens, Medizinrecht, § 25, Rn. 28 ff.; *F. Wollenschläger/A. Schmidl*, VSSR 2014, S. 117 (148 ff.).

[5] BVerfGE 82, 209 (223); (K), NVwZ 2004, S. 718 (719).

[6] *F. Wollenschläger*, Verteilungsverfahren, S. 510 f. Vgl. auch *U. Steiner*, NVwZ 2009, S. 486 (488). Zumindest terminologisch abweichend BVerfGE 82, 209 (223 ff.); ferner *M. Burgi*, NZS 2005, S. 169 (171); *ders.*, NVwZ 2010, S. 601 (603).

Rahmen der Gesetzlichen Krankenversicherung zu erbringen (§ 108 Nr. 2 SGB V) und an der Investitionskostenförderung des Landes teilzuhaben (§ 4 Nr. 1, § 8 Abs. 1 KHG). Damit kommt der Planaufnahme eine entscheidende Bedeutung für die Möglichkeit zu, sich als Krankenhaus erfolgreich am Markt zu betätigen. Nichts grundsätzlich anderes gilt für die Möglichkeit, Leistungen abzurechnen, da auch dies für die Betätigungsmöglichkeit als Krankenhaus entscheidend (und im Übrigen, wie soeben dargelegt, wesentliche Rechtsfolge der Planaufnahme) ist.[7]

Daher vermittelt die Berufsfreiheit – obgleich aus ihr weder ein Anspruch (i. S. e. Leistungsrechts) auf Subventionierung[8] noch auf eine Stellung als GKV-Vertragskrankenhaus noch auf Vergütung am Markt angebotener Leistungen folgt – i. V. m. Art. 3 Abs. 1 GG einen Anspruch auf Teilhabe qua Planaufnahme.[9] Im Ergebnis – obgleich in abwehrrechtlicher Terminologie – hat dies auch das Bundesverfassungsgericht in seinem Beschluss vom 12. Juni 1990 anerkannt und einen Eingriff aufgrund „staatlicher Planung und Subventionierung mit berufsregelnder Tendenz" angenommen:

„Das Krankenhausfinanzierungsgesetz, das die Krankenhäuser wirtschaftlich sichern will (§ 1 Abs. 1 KHG), hat berufsregelnde Tendenz. Im Interesse der Kostensenkung begründet es zwar einerseits Ansprüche auf staatliche Investitionskostenübernahme (§ 4 Abs. 1 Nr. 1 KHG), gleichzeitig beschränkt es jedoch den Kreis der geförderten Krankenhäuser im Rahmen einer Krankenhausbedarfsplanung. Nur Plankrankenhäuser haben Anspruch auf Förderung (§ 8 Abs. 1 Satz 1 KHG). Krankenhäuser, die nicht in den Krankenhausplan aufgenommen sind, werden dadurch einem erheblichen Konkurrenznachteil ausgesetzt. Sie dürfen zwar ihre Investitionskosten in den Pflegesatz einrechnen, müssen aber infolgedessen ihre Dienste wesentlich teurer anbieten als Plankrankenhäuser. Über bloße Konkurrenznachteile hinaus werden sie durch § 17 Abs. 5 KHG gehindert, den Investitionskostenanteil der Pflegesätze gegenüber Sozialleistungsträgern und sonstigen öffentlichrechtlichen Kostenträgern geltend zu machen. Das wirkt sich nicht nur im Verhältnis zu diesen Kostenträgern aus. Auch die Krankenhauspatienten können nicht ohne weiteres zu höheren Pflegesätzen herangezogen werden. Das ergibt sich für Kassenpatienten aus dem Sachleistungsprinzip (§§ 27, 39 SGB V). Der Wortlaut des § 17 Abs. 1 Satz 1 KHG kann darüber hinaus so verstanden werden, daß sogar Privatpatienten nur beschränkt in Anspruch genommen werden dürfen, wenn in das Krankenhaus auch Kassenpatienten aufgenommen werden."[10]

---

[7] Allgemein zum Eingriffscharakter von Entgeltregelungen im Krankenhaussektor *K. Rübsamen*, DRG-Vergütungssystem, S. 117 ff., 127 ff.

[8] BVerfGE 82, 209 (223).

[9] *F. Wollenschläger*, Verteilungsverfahren, 2010, S. 510 f. Siehe für eine Kombination von Art. 12 Abs. 1 und Art. 3 Abs. 1 GG BVerfG (K), NJW 2004, S. 1648 (1649); ferner für ein „Recht auf gleiche Teilhabe" (ohne Erwähnung des Art. 3 Abs. 1 GG) BVerwGE 132, 64 (74 f., Rn. 31). Allgemein auch *F. Wollenschläger*, in: v. Mangoldt/Klein/Starck, GG, Art. 3 Abs. 1 GG, Rn. 178 ff.

[10] BVerfGE 82, 209 (224). Vgl. auch BVerfG (K), NVwZ 2009, S. 977 (977).

90 III. Grundrechtliche Aspekte

Angesichts der Eingriffsintensität bestehen strenge Rechtfertigungsanforderungen an die Festlegung der Kriterien für die Planaufnahme. Denn dieser kommt mit dem Beschluss des Bundesverfassungsgerichts vom 12. Juni 1990 eine hohe, nämlich einer Berufswahlregelung i. S. d. Drei-Stufen-Lehre nahekommende Grundrechtsrelevanz zu:

> „Der Zugang zu dem Beruf des Krankenhausbetreibers ist kein Gegenstand der Krankenhausplanung. Diese bezieht sich nur auf die Art und den Umfang der konkreten Krankenhäuser, die gefördert werden sollen. Das zeigt besonders deutlich § 9 Abs. 2 Nr. 5 KHG, wonach Krankenhausträger auf Antrag Fördermittel erhalten können, um ihre Klinik auf andere, bedarfsgerechtere Aufgaben umstellen zu können. Für den Krankenhausträger geht es also um die Ausgestaltung des Unternehmens und nicht um eine Frage der freien Berufswahl (vgl. BVerfGE 16, 147 [163 f.]). Andererseits sind die wirtschaftlichen Folgen, die dem Krankenhausträger durch die Nichtaufnahme in den Krankenhausplan entstehen, sehr einschneidend; sie können zur Schließung einer Klinik zwingen. Außerplanmäßige Krankenhäuser werden sich gegen die Konkurrenz staatlich geförderter Kliniken nur mit speziellen Angeboten und bei besonders günstiger Kostenstruktur behaupten können. Soweit sie an der Versorgung von Kassenpatienten überhaupt beteiligt werden, sind sie außerdem durch § 17 Abs. 5 KHG in Verbindung mit dem Sachleistungsprinzip (§§ 27, 39 SGB V) und dem Grundsatz einheitlicher Pflegesätze (§ 17 Abs. 1 Satz 1 KHG) an der Realisierung kostendeckender Preise gehindert. Ob das in dieser Allgemeinheit verfassungsrechtlichen Bedenken begegnet […], kann im vorliegenden Zusammenhang offenbleiben. Jedenfalls sind die wirtschaftlichen Belastungen so schwerwiegend, daß sie einer Beschränkung der Berufswahl nahekommen."[11]

Hinsichtlich der Rechtfertigungslast bedeutet dies, „daß nicht schon vernünftige Erwägungen des Gemeinwohls ausreichen, um den Eingriff in die Freiheit der Berufsausübung zu rechtfertigen. Nur Gemeinwohlbelange von hoher Bedeutung wiegen so schwer, daß sie gegenüber dem schutzwürdigen Interesse des Krankenhausträgers an ungehinderter Betätigung den Vorrang verdienen".[12]

Freilich ist zu betonen, dass die Intensität der Grundrechtsbetroffenheit im Kontext der Krankenhausplanung nicht pauschal als besonders hoch angesetzt werden kann, sondern eine Differenzierung anhand der infrage stehenden Rechtsposition notwendig ist. So wirkt die (Nicht-)Aufnahme eines Krankenhauses mit einem umfassenden Bettenangebot grundrechtsintensiver als die Streichung we-

---

[11] BVerfGE 82, 209 (228 ff.); ferner Beschl. (K) vom 26.6.1997, 1 BvR 1190/93, juris, Rn. 4; (K), NVwZ 2004, S. 718 (719); (K), NJW 2004, S. 1648 (1648); (K), NVwZ 2009, S. 977 (978); VGH Mannheim, MedR 2008, S. 166 (167 f.). Aus der Literatur: *H. Thomae*, Krankenhausplanungsrecht, S. 129 f. Siehe allgemein auch *F. Wollenschläger*, in: Schmidt/Wollenschläger, Kompendium, § 2, Rn. 64.

[12] BVerfGE 82, 209 (230); ferner Beschl. (K) v. 26.6.1997, 1 BvR 1190/93, juris, Rn. 4; (K), NJW 2004, S. 1648 (1648); *U. Steiner*, DVBl. 1979, S. 865 (871 f.); *H. Thomae*, Krankenhausplanungsrecht, S. 131. Siehe allgemein auch *F. Wollenschläger*, in: Schmidt/Wollenschläger, Kompendium, § 2, Rn. 62 ff.

niger Betten.[13] Analog ist für die Vergütung zu argumentieren: so wiegt etwa eine generell versagte Abrechnungsmöglichkeit für Fachkrankenhäuser oder ein ganze Fachgebiete betreffender Leistungsausschluss schwerer als wenige Leistungsgruppen betreffende Abrechnungsbeschränkungen. Im vertragsärztlichen Kontext hat das Bundesverfassungsgericht herausgearbeitet, dass lediglich eine Berufsausübungsregelung vorliegt, wenn „[d]ie eigentliche Berufstätigkeit als Grundlage der Lebensführung […] unberührt" bleibt, da „[e]s weder um den Zugang zu einer bestimmten Arztgruppe noch zu einem Planungsbereich" geht, „sondern nur um die Abrechenbarkeit bestimmter Leistungen zu Lasten der gesetzlichen Krankenversicherung. Ein Arzt wird jedenfalls so lange nicht in seinem Status betroffen, wie er nicht im Kernbereich seines Fachgebietes eingeschränkt wird."[14]

Vor diesem Hintergrund hat das Bundesverfassungsgericht die Planungskriterien des § 1 Abs. 1 KHG nicht beanstandet:

„Unmittelbares Ziel des Krankenhausfinanzierungsgesetzes ist die wirtschaftliche Sicherung der Krankenhäuser. Diese ist aber ihrerseits nur Mittel zum Zweck, wie § 1 Abs. 1 KHG klar zum Ausdruck bringt. Der Gesetzgeber betrachtet ein wirtschaftlich gesundes Krankenhauswesen als Voraussetzung für die bedarfsgerechte Krankenversorgung der Bevölkerung und für sozial tragbare Krankenhauskosten. Die Bedeutung dieser Gemeinwohlbelange ist außerordentlich hoch einzuschätzen. Die bedarfsgerechte und leistungsfähige Krankenhauspflege ist ein unverzichtbarer Teil der Gesundheitsversorgung, die das Bundesverfassungsgericht in ständiger Rechtsprechung als besonders wichtiges Gemeinschaftsgut ansieht (vgl. zuletzt BVerfGE 78, 179 [192]; 80, 1 [24]). Aber auch der soziale Aspekt der Kostenbelastung im Gesundheitswesen hat erhebliches Gewicht. Er wirkt sich in erster Linie auf die gesetzliche Krankenversicherung aus, deren Stabilität nach der Rechtsprechung des Bundesverfassungsgerichts große Bedeutung für das Gemeinwohl hat (BVerfGE 70, 1 [29]).

c) Bezogen auf diese Zielsetzungen sind die gesetzgeberischen Mittel, mit denen die Krankenhausplanung angestrebt wird, insbesondere die Planzulassungsvoraussetzungen der Bedarfsgerechtigkeit, Leistungsfähigkeit und Kostengünstigkeit, nicht unverhältnismäßig. Sie sind geeignet, erforderlich und auch für die Betroffenen zumutbar.

Es liegt auf der Hand, daß die staatliche Förderung und wirtschaftliche Planung des Krankenhauswesens erheblich erleichtert wird, wenn unnötige und leistungsschwache Krankenhäuser möglichst früh aus dem Wettbewerb ausscheiden. Während dies normalerweise durch die Marktgesetze bewirkt wird, bedarf es staatlicher Lenkungsmaßnahmen, wenn die Preise durch staatliche Fördermittel beeinflußt sind. Der Sinn dieser Förderung würde verfehlt, käme sie auch allen unnötigen und leistungsschwachen Anbietern zugute. Darüber hinaus müßte das (staatlich geförderte) Überangebot an Betten zu einer Steigerung der laufenden Betriebskosten führen. Selbst bedarfsgerechte und leistungsstarke Kliniken wären davon betroffen, weil sie weniger in Anspruch genommen würden und deshalb nicht voll ausgelastet wären. Eine Auswahl nach den Merkmalen des § 1 Abs. 1 KHG ist danach erforderlich.

---

[13] Siehe auch *M. Burgi*, NVwZ 2010, S. 601 (606).
[14] BVerfG (K), NZS 2005, S. 91 (92); ferner (K), NZS 2011, S. 297 (299); BSG, NZS 2013, S. 224 (225 f.).

Die Beschränkung der Berufsfreiheit ist für die Betroffenen auch zumutbar. Das Gesetz ist erkennbar um die Abmilderungen denkbarer Härten bemüht. Nach § 1 Abs. 2 KHG soll die Vielfalt der Krankenhausträger beachtet werden; Auflagen sollen nicht übermäßig wirken. Im äußersten Fall stehen nach § 9 Abs. 2 Nr. 5 KHG zur Erleichterung von Schließungen und Umstellungen besondere Fördermittel zur Verfügung. Sache der Verwaltung ist es, bei der Bescheidung von Aufnahmeanträgen keine überspannten Anforderungen zu stellen, insbesondere in Grenz- und Zweifelsfällen angemessene Lösungen zu finden."[15]

An diesen Grundsätzen sind auch sonstige Beschränkungen der Betätigungsmöglichkeit von Krankenhäusern zu messen, was im Folgenden mit Blick auf die Rolle von Fachkrankenhäusern [b)] und auf Qualitätsvorgaben [c)] vertieft sei. Entsprechenden Anforderungen an die sachliche Rechtfertigung unterliegt auch die Zuweisung von Leistungsgruppen zu bestimmten Leveln.

b) Rolle von Fachkrankenhäusern

Der Reformvorschlag der Regierungskommission stellt den Selbststand von Fachkliniken infrage:

„Aufgrund der Besonderheit der deutschen Krankenhauslandschaft bedarf es zusätzlich zu den drei Leveln einer gesonderten Berücksichtigung der Fachkliniken mit einer häufig hohen Expertise und hohen Fallzahlen in ihren spezifischen und begrenzten Fachgebieten. Sie müssen gesondert betrachtet werden, weil sie typischerweise keine Notaufnahmen haben, aber teilweise für die Versorgung der Bevölkerung trotzdem elementar sind. Ihr Leistungsspektrum entspricht grundsätzlich dem Level II, zum Teil Level III. Die Regierungskommission regt trotzdem an, dass diese hochqualifizierten Kliniken zukünftig baulich und inhaltlich in Kliniken der Stufe II und III integriert werden."[16]

Ausschlusswirkung kann im Übrigen auch eine Formulierung von Leistungsgruppen bzw. Mindeststrukturanforderungen entfalten, die die Erbringung spezialisierter Leistungen verunmöglicht, indem ein über die erbrachten Spezialleistungen hinausgehendes Behandlungsportfolio bzw. für die Erbringung der Spezialleistung nicht erforderliche Strukturvorgaben gefordert werden.

Insoweit ist daran zu erinnern, dass – wie andernorts im Detail ausgeführt[17] – das in Art. 12 Abs. 1 i. V. m. Art. 3 Abs. 1 GG wurzelnde Recht auf gleiche Planteilhabe aller Krankenhäuser eine *generelle* Bevorzugung größerer Häuser mit einem umfassenden Leistungsangebot verbietet. Denn dies würde Zulassungschancen privater Krankenhäuser, die oftmals nur ein spezialisiertes Leistungsspektrum anbieten (namentlich Beleg- oder Fachkliniken), von vornherein frustrieren. Mutatis mutandis gilt dies auch für entsprechende Vergütungsregelungen.

---

[15] BVerfGE 82, 209 (230 f.); ferner Beschl. (K) v. 26.6.1997, 1 BvR 1190/93, juris, Rn. 4.

[16] Regierungskommission, Grundlegende Reform der Krankenhausvergütung, S. 12.

[17] Siehe hierzu und zum Folgenden *F. Wollenschläger*, VSSAR 2020, S. 187 (188 ff.), worauf dieser Abschnitt beruht.

Das Bundesverfassungsgericht ist einer Privilegierung von Krankenhäusern mit umfassendem Leistungsspektrum in seinem (Kammer-)Beschluss vom 4. März 2004 mit Blick auf den Grundsatz der Trägervielfalt und die damit einhergehende strukturelle Benachteiligung privater Krankenhäuser mit einem spezialisierten Angebot entgegengetreten.[18]

Hinsichtlich der Trägervielfalt hat das Bundesverfassungsgericht ausgeführt:

„Die Trägervielfalt wird auch vom BVerwG als wesentlicher Gesichtspunkt bei der Auswahl zwischen mehreren Krankenhäusern angesehen [...]. Das BVerfG hat der Berücksichtigung dieses Grundsatzes im Zusammenhang mit der Prüfung der Verhältnismäßigkeit der Beschränkung der Berufsfreiheit durch die nach dem Krankenhausplanungsrecht erforderliche Auswahlentscheidung besondere Bedeutung beigemessen [...].

In den angegriffenen Entscheidungen wird dieser Aspekt, der bei einer unausgewogenen Verteilung die Belange privater Träger und deren Berufsfreiheit zur Geltung bringen kann, vernachlässigt. In der Auslegung durch die angegriffenen Entscheidungen gewährleistet die Krankenhausbedarfsplanung letztlich die Auslastung vorhandener Einrichtungen, denen der Vorrang eingeräumt wird, auch wenn eine stärkere Berücksichtigung privater Träger möglich wäre."[19]

Des Weiteren hat das Bundesverfassungsgericht eine strukturelle Benachteiligung privater Krankenhäuser mit einem spezialisierten Angebot beanstandet:

„Die strukturelle Benachteiligung privater Krankenhäuser mit einem spezialisierten Angebot beruht vorliegend auch darauf, dass die Planungsbehörde generell Häuser bevorzugt, die eine breitbasige Allgemeinversorgung und eine flächendeckende Not- und Unfallversorgung sicherstellen. Mit diesen Merkmalen werden private Krankenhäuser im Verhältnis zu großen kommunalen oder frei gemeinnützigen Häusern benachteiligt, auch ohne ausdrückliche Erwägungen in diese Richtung. Abgesehen davon, dass die Struktur der bisher vorhandenen Plankrankenhäuser diesen Anspruch nicht unbedingt widerspiegelt, vernachlässigt dieser Ansatz, dass das Krankenhausfinanzierungsgesetz auf dem Prinzip der abgestuften Krankenhausversorgung beruht. Nicht alle Krankenhäuser müssen über den gleichen medizinischen Standard in technischer und personeller Hinsicht verfügen.

Ein genereller Rechtssatz, dass größere Häuser mit einem umfassenden Leistungsangebot zu bevorzugen seien, lässt sich dem Krankenhausfinanzierungsgesetz nicht entnehmen. Er wäre auch verfassungsrechtlich nicht zu rechtfertigen (vgl. *Steiner*, DVBl 1979, 865 [870]). Damit würde größeren Versorgungseinheiten eine Priorität eingeräumt, für die es jedenfalls in dieser Allgemeinheit keinen sachlichen Grund gibt. Private Krankenhäuser würden hiervon in besonderem Maße betroffen, weil sie, wie auch die Bf., regelmäßig nur über ein begrenztes Bettenkontingent verfügen und in Spezialgebieten tätig sind. Der Krankenhausplan 2005 trägt dem Rechnung. Im Hinblick auf die zunehmende Spezialisierung des Leistungsangebots sieht er vom Erfordernis der breitbasigen Allgemeinversorgung als maßgebendem Kriterium für die Aufnahme in den Krankenhausplan weitgehend ab."[20]

---

[18] Zu weiteren Judikaten und Stellungnahmen im Schrifttum *F. Wollenschläger*, VSSAR 2020, S. 187 (189 ff.).

[19] BVerfG (K), NJW 2004, S. 1648 (1649).

[20] BVerfG (K), NJW 2004, S. 1648 (1649).

Mag im Rahmen der Krankenhausplanung auch einem Krankenhaus mit umfassendem Leistungsangebot aus sachlich gerechtfertigten Gründen Vorrang gegenüber einem Krankenhaus mit einem nur eingeschränkten Leistungsangebot eingeräumt werden können,[21] so ist das Bundesverfassungsgericht in seiner Kammerentscheidung vom 4. März 2004 jedenfalls – nicht nur mit Blick auf das einfache Recht, sondern auch mit Blick auf die grundgesetzlich verbürgte gleiche Planteilnahme – einem generellen Nachrang spezialisierter Fachkliniken entgegengetreten. Verfassungsrechtlich beanstandet wurde ein „genereller Rechtssatz, […] größere Häuser mit einem umfassenden Leistungsangebot zu bevorzugen", da es für eine Priorisierung dieser Häuser „jedenfalls in dieser Allgemeinheit keinen sachlichen Grund gibt."

Zwar ist, was auch in der zitierten Passage aus der Kammerentscheidung des Bundesverfassungsgerichts anklingt, die Rechtfertigung einer solchen Privilegierung theoretisch möglich, sollte sie sich als zur Verfolgung hinreichend gewichtiger Gemeinwohlziele notwendig erweisen, wie etwa zur Sicherstellung einer leistungsfähigen, qualitativ hochwertigen, wirtschaftlichen sowie patienten- und bedarfsgerechten Krankenhausversorgung der Bevölkerung (vgl. § 1 Abs. 1 KHG); allerdings ist mit dem Bundesverfassungsgericht anzunehmen, dass es hierfür „jedenfalls in dieser Allgemeinheit keinen sachlichen Grund gibt". Denn auch Beleg- und Fachkrankenhäuser können planungsrelevante Vorzüge aufweisen, erwähnt seien Vorteile einer spezialisierten Versorgung (als Ausdruck einer besonderen Leistungsfähigkeit, Qualität oder Bedarfsgerechtigkeit), weitere Aspekte der Bedarfsgerechtigkeit (räumliche Lage, Belegungsgrad) und der Grundsatz der Trägervielfalt[22]. In diesem Sinne erkennt auch die Regierungskommission in der oben zitierten Passage an, dass „Fachkliniken mit einer häufig hohen Expertise und hohen Fallzahlen" punkten können und, obgleich „sie typischerweise keine Notaufnahmen haben, […] teilweise für die Versorgung der Bevölkerung trotzdem elementar sind." Daher ordnet sie der Reformvorschlag hinsichtlich ihres Leistungsspektrums „grundsätzlich dem Level II, zum Teil Level III" zu und betont, dass es sich um „hochqualifiziert[e] Kliniken" handelt.[23]

Vor diesem Hintergrund ist im Reformvorschlag der Regierungskommission keine tragfähige verfassungsrechtliche Rechtfertigung für die Empfehlung erkennbar, den Selbststand von Fachkliniken dadurch zu beseitigen, dass sie „baulich und inhaltlich in Kliniken der Stufe II und III integriert werden" – einmal ganz abgesehen von den praktischen Schwierigkeiten, die eine bauliche Integra-

---

[21] Hierzu im Detail *F. Wollenschläger*, VSSAR 2020, S. 187 (195 ff.).

[22] Zu dessen Bedeutung und verfassungsrechtlicher Grundierung im Überblick *F. Wollenschläger*, VSSAR 2020, S. 87 (100 ff.).

[23] Regierungskommission, Grundlegende Reform der Krankenhausvergütung, S. 12.

tion bestehender Fachkliniken in andere Krankenhäuser gerade bei einer gewissen räumlichen Entfernung aufwirft.

Ein weiterer für Krankenhäuser mit einem eingeschränkten Leistungsspektrum problematischer Aspekt ist, die standortbezogene Betrachtung der Leistungsfähigkeit i.w.S. und der damit einhergehende Ausschluss von Kooperationsmöglichkeiten. So heißt es im Reformvorschlag:

„Die Zuordnung zu einer Stufe erfolgt pro Standort, da räumliche Nähe der Fachabteilungen essenziell für eine qualitativ hochwertige und effiziente Patientenversorgung ist. Ein Standort kann auch Gebäude in einem Radius von 5 km Luftlinie umfassen."[24]

Demgegenüber ist bislang im Krankenhausplanungsrecht anerkannt, dass ein beschränktes Leistungsspektrum ausgleichende Kooperationen mit anderen Krankenhäusern relevant sind.[25] Es ist fraglich, ob die zitierte, doch recht pauschale Begründung einen Nachweis der Leistungsfähigkeit unter Rekurs auf eine Kooperation auszuschließen vermag.

c) Qualitätsvorgaben

Angesichts der im Reformvorschlag vorgesehenen flächendeckenden Einführung von Mindeststrukturvorgaben hinsichtlich Qualifikationen, Kompetenzen, Erfahrungen und technischer Ausstattung sei betont, dass diese rechtfertigungsbedürftige Grundrechtseingriffe darstellen. Qualitätsvorgaben sind vor der verfassungsrechtlich geschützten Organisationshoheit der Krankenhausträger und dem Anspruch auf gleiche Planteilhabe zu rechtfertigen. Diese Frage hat der Beitrag von *Ferdinand Wollenschläger* und *Annika Schmidl* (Qualitätssicherung als Ziel der Krankenhausplanung. Regelungskompetenzen der Länder und verfassungsrechtliche Grenzen für Maßnahmen der Qualitätssicherung, VSSR 2014, S. 117) eingehend untersucht. Als Fazit in dieser Hinsicht wurde festgehalten:

„Die Organisationshoheit der Krankenhausträger genießt verfassungs- und unionsrechtlichen Schutz, wobei die einschlägige Verbürgung von der Rechtsform des Krankenhausträgers abhängt […]. Qualitätsvorgaben stellen namentlich einen Eingriff in die Berufsfreiheit dar. Auch bei hoher Gewichtung der Eingriffsintensität von Qualitätsanforderungen ist zu berücksichtigen, dass die mit ihnen verfolgten Ziele, nämlich ein hohes Niveau der Gesundheitsversorgung der Bevölkerung sowie die Finanzierbarkeit der Krankenhausversorgung zu sichern, überragend wichtige Gemeinschaftsgüter darstellen, deren Schutz selbst berufswahlrelevante Berufsausübungsregelungen grundsätzlich zu rechtfertigen vermag […]. Neben der Betätigungsfreiheit der Krankenhausträger ist als zu Qualitätsvorgaben gegenläufiger Belang die aus Art. 2 Abs. 2 Satz 2 GG i.V.m. dem Sozialstaatsprinzip (Art. 20 Abs. 1 GG) folgende staatliche

---

[24] Regierungskommission, Grundlegende Reform der Krankenhausvergütung, S. 14.
[25] VG Frankfurt/Main, Urt. vom 23.8.2018, 10 K 2215.17, Umdruck, S. 19; VG Schleswig, Urt. vom 6.9.2016, 1 A 5/15, juris, Rn. 120; *M. Burgi*, NVwZ 2010, S. 601 (608).

(Schutz-)Pflicht, eine angemessene, mithin bedarfsgerechte und leistungsfähige Kranken(haus) versorgung sicherzustellen, in die Verhältnismäßigkeitsprüfung einzustellen; mithin dürfen Qualitätsstandards das verfassungsrechtlich gebotene Versorgungsniveau nicht gefährden [...].

Unbeschadet der prinzipiellen Rechtfertigungsfähigkeit von Qualitätsanforderungen ist die Wahrung der Verhältnismäßigkeit in jedem Einzelfall sicherzustellen. Im Einzelnen gilt: Um zur Qualitätssicherung geeignet zu sein, müssen Anforderungen an die Leistungserbringung auf einer fachlich hinreichend validen Basis rechtlich relevante Qualitätsvorteile erwarten lassen [...]. Überdies genießen weniger einschneidende, aber zur Zielerreichung ebenso effektive Qualitätsanforderungen Vorrang vor belastungsintensiveren Maßnahmen; insoweit ist die Möglichkeit eines Vertragsschlusses gemäß § 112 SGB V und die Festlegung verhaltensbezogener statt dem Einfluss des Krankenhausträgers entzogener Anforderungen zu prüfen [...]. Schließlich darf die Qualitätsanforderung bei einer Gesamtabwägung aller Umstände nicht außer Verhältnis zu der mit ihr einhergehenden Beeinträchtigung verfassungsrechtlich geschützter Interessen der Krankenhausträger und der Allgemeinheit, insbesondere mit Blick auf die Pflicht, eine angemessene, mithin bedarfsgerechte und leistungsfähige Krankenhausversorgung sicherzustellen, stehen [...]."[26]

Konkretisierend sei angesichts der vorgeschlagenen weit reichenden Mindestmengenregelung auf die restriktive Line verwiesen, die das Bundessozialgericht in seinem Urteil vom 12. September 2012 insoweit verfolgt hat. Zunächst hat auch das Bundessozialgericht die grundsätzliche Rechtfertigungsfähigkeit von Qualitätsvorgaben bekräftigt:

„Nicht zweifelhaft ist zunächst, dass der Gesetzgeber die Beteiligung an der GKV-Versorgung im Rahmen des Verhältnismäßigen an besondere Anforderungen zur Sicherung von Qualität und Wirtschaftlichkeit knüpfen darf. Solche Anforderungen verbleiben auf der Ebene der Berufsausübungsregelung und lassen den Status des Leistungserbringers unberührt, sofern sie nur die Abrechenbarkeit bestimmter Leistungen zu Lasten der GKV ausschließen und weder seinen Zugang zu einem Versorgungsbereich überhaupt begrenzen noch ihn im Kernbereich seines Fachgebiets einschränken (BVerfG [2. Kammer des 1. Senats] SozR 4-2500 § 135 Nr. 2 RdNr. 22). Ungeachtet der vom BVerfG offengelassenen Frage, ob grundsätzlich immer der Schutzbereich des Art. 12 Abs. 1 GG tangiert ist, sind hierdurch bewirkte Abgrenzungen zwischen Gruppen verschiedener Leistungserbringer mit unterschiedlicher Qualifikation jedenfalls dann zumutbar, wenn sie vom fachlich medizinischen Standpunkt aus sachgerecht sind und der betroffene Leistungserbringer in der auf sein Fachgebiet beschränkten Tätigkeit weiterhin eine ausreichende Lebensgrundlage finden kann (BVerfGE 106, 181, 196 = SozR 3-2500 § 95 Nr. 35 S. 175 – Gebietsbezeichnung).
Von diesem Maßstab ausgehend hat das BVerfG es z. B. nicht beanstandet, dass Fachärzten für Orthopädie oder für Kardiologie ohne zusätzliche Weiterbildung die Genehmigung zur Ausführung und Abrechnung kernspintomographischer Leistungen an gesetzlich Versicherten versagt worden ist (BVerfG [2. Kammer des 1. Senats] SozR 4-2500 § 135 Nr. 2; BVerfG [2. Kammer des 2. Senats] BVerfGK 17, 381 = SozR 4-2500 § 135 Nr. 16)."[27]

Diese Grundsätze gelten auch für Mindestmengenvorgaben. Gefordert hat das Bundessozialgericht indes einen spezifischen Qualitätsvorteil qua Leistungs-

---

[26] F. Wollenschläger/A. Schmidl, VSSR 2014, S. 117 (165).
[27] BSG, NZS 2013, S. 224 (225 f.).

menge, der durch anderweitige Qualitätsanforderungen, namentlich solcher verhaltensabhängiger Art, nicht erzielt werden kann; hiermit korreliert der Ausnahmecharakter von Mindestmengenvorgaben, die besonders bei komplexen Leistungen relevant sein können:[28]

„Demgemäß begegnen Versorgungsbeschränkungen infolge der Mindestmengenregelung – wenn sie nicht den gesamten Kernbereich eines Fachgebiets betreffen und deshalb an den strengeren Anforderungen der subjektiven Berufswahlregelung zu messen sind – ebenfalls keinen Bedenken, sofern sie entsprechend der mit der Regelung verfolgten Zielsetzung rechtlich erhebliche Qualitätsvorteile erwarten lassen und diese Vorteile durch weniger belastende Vorgaben der Qualitätssicherung nicht ebenso erreichbar erscheinen. Ob dem in der Umsetzung genügt wird, ist keine Frage der Verfassungsmäßigkeit der Norm, sondern ihrer Auslegung und Anwendung im Einzelfall; jedenfalls die Vorschrift selbst unterliegt den von der Klägerin geltend gemachten verfassungsrechtlichen Bedenken ersichtlich nicht."[29]

„Mit diesem Ansatz muss die Mindestmengenregelung im Gefüge der weiteren Vorschriften zur Qualitätssicherung schon verfassungsrechtlich auf Ausnahmelagen beschränkt bleiben, bei denen die Einflussnahme über die Leistungsmenge Versorgungsvorteile verspricht, die über weniger belastende andere Instrumente der Qualitätssicherung mutmaßlich nicht zu gewinnen sind. Zwar wirkt die Regelung nicht auf die Freiheit der Berufswahl zurück, solange nicht weite Teile der stationären Versorgung von ihr komplett erfasst werden. Auch ist von Verfassungs wegen nichts dagegen zu erinnern, dass das Fallpauschalensystem wirtschaftlich zur Spezialisierung anreizt und daher nicht jede Leistung in jeder Einrichtung in gleicher Weise auskömmlich erbracht werden kann (vgl. zu solchen Entwicklungen als mögliche Folge der Umstellung auf das Fallpauschalensystem BT-Drucks 14/6893 S. 28); Anspruch auf Finanzierung unwirtschaftlicher Leistungsstrukturen aus den Mitteln der GKV besteht nicht (vgl. zu den verfassungsrechtlichen Maßstäben für vergütungsrechtliche Vorschriften BVerfGE 101, 331, 349 ff, 351). Jenseits dieser verfassungsrechtlich unbedenklichen Anreize für eine verstärkte Konzentration des Leistungsgeschehens greift eine nur in Grenzen selbst beeinflussbare Mindestmengenvorgabe aber intensiver in die Berufsfreiheit eines Krankenhauses ein als qualitative Anforderungen an die Leistungserbringung, über deren Erfüllung jedenfalls rechtlich jeder Träger autonom selbst entscheiden kann. Solange das angestrebte Qualitätsniveau bei vertretbarem wirtschaftlichen Aufwand durch sonstige Vorgaben der Qualitätssicherung ebenso erreichbar erscheint wie über eine Mindestmengenbestimmung, ist verfassungsrechtlich der Steuerung über das mildere Mittel der verhaltensabhängigen Qualitätsanforderung der Vorzug zu geben. Raum für Mindestmengengrenzen bleibt deshalb jedenfalls aus Gründen der Qualitätssicherung nach Maßgabe von Art. 12 Abs. 1 GG nur, soweit sie Qualitätsvorteile zu gewährleisten versprechen, die mit vertretbarem Aufwand anderweitig nicht erreichbar erscheinen."[30]

Herausgestrichen hat das Bundessozialgericht dabei, dass

„die Anwendung der Mindestmengenregelung bereits im Ansatz auf solche Bereiche der stationären Versorgung beschränkt [ist], bei denen sie einen für die Versorgung substantiellen eigenständigen Beitrag zur Verwirklichung des in § 2 Abs. 1 S. 3 SGB V umschriebenen Versorgungsstandards der GKV gewährleisten kann. Das versteht der Senat [...] dahin, dass nicht alle

---

[28] Restriktiv auch *T. Vollmöller/A. Starzer*, Stellungnahme, S. 24 ff.
[29] BSG, NZS 2013, S. 224 (226).
[30] BSG, NZS 2013, S. 224 (226).

Felder der stationären Versorgung einer Qualitätssteuerung über die Leistungsmenge unterworfen sind. Vielmehr sieht er die Anwendung der Regelung auf solche Versorgungsbereiche beschränkt, bei denen vergleichsweise geringe Fallzahlen auf eine hohe medizinische Komplexität mit besonders hohen Anforderungen an die Versorgung und/oder besonders hohen medizinischen Risiken treffen. Nur in solchen Situationen kann die regelmäßige Erfahrung und Routine mit gerade dieser Leistungserbringung neben allen anderen Ansätzen der Qualitätssicherung eine so eigenständige Bedeutung für deren Qualität erlangen, dass sie im Sinne der Mindestmengenregelung als ‚in besonderem Maße' verantwortlich für die Versorgungsqualität angesehen werden kann."[31]

Demgegenüber sieht die Empfehlung der Regierungskommission eine generelle Mindestmengenregelung vor:

„Zunächst muss für jede Leistungsgruppe, für die ein Vorhaltebudget zugeteilt werden soll, eine Mindestanzahl an Menschen versorgt bzw. die daraus abgeleitete Mindestfallzahl erbracht werden. Damit wird gewährleistet, dass das auf die Region begrenzte Vorhaltebudget für die in der Region ansässigen Häuser nicht zu klein und die Leistungserbringung damit für sie unwirtschaftlich wird. Eine Ausnahme hiervon gilt für Krankenhäuser, die für die Sicherstellung der Versorgung notwendig sind, weil es in einer akzeptablen Distanz kein alternatives Krankenhaus gibt."[32]

Restriktiver formuliert ist demgegenüber die Regelung in § 13 Abs. 1 Satz 3 f. KHGG NRW. Diese bestimmt: „Das zuständige Ministerium wird ermächtigt, bei medizinischen Leistungen von hoher Komplexität Mindestfallzahlen in den Rahmenvorgaben nach § 12 Absatz 2 Satz 2 Nummer 1 und § 13 auf der Grundlage der evidenzbasierten Medizin festzulegen. Eine Festlegung soll Ausnahmetatbestände und Übergangsregelungen vorsehen, um unbillige Härten insbesondere bei nachgewiesener, hoher Qualität unterhalb der festgelegten Mindestfallzahl zu vermeiden."[33]

Den einleitend angesprochenen, auch grundrechtlich zu verarbeitenden Konflikt zwischen Qualität und flächendeckender Versorgung illustriert schließlich eine Stimme im Schrifttum hinsichtlich strukturrelevanter Vergütungsvorgaben:

„Die Forderung eines unmittelbaren Zugangs zu neurochirurgischen Notfalleingriffen in höchstens halbstündiger Transportentfernung beruht auf medizinischen Erkenntnissen, wonach die Letalität der betroffenen Patienten bei einer längeren Transportdauer als 30 Minuten signifikant ansteigt. Zweifellos ist die Vermeidung einer erhöhten Letalität von Schlaganfallpatienten ein wichtiges Ziel. [...] Ob das aber ein legitimes Ziel des OPS ist, erscheint angesichts des durch § 301 Abs. 2 Satz 2 SGB V ersichtlichen Regelungszwecks fraglich. [...]

Selbst wenn aber von einem legitimen Zweck im Sinne des OPS ausgegangen würde, wäre das Mindestmerkmal nicht geeignet. Denn es bewirkt ja für die betroffenen Schlaganfallpatien-

---

[31] BSG, NZS 2013, S. 224 (227). Siehe zu diesem restriktiven Verständnis *T. Vollmöller/ A. Starzer*, Stellungnahme, S. 24 ff.; *U. Waßer*, GesR 2015, S. 587 (589); ferner *K. Schillhorn*, ZMGR 2011, S. 352 (355 f.).

[32] Regierungskommission, Grundlegende Reform der Krankenhausvergütung, S. 25.

[33] Hierzu *F. Stollmann*, MedR 2023, S. 451 (454 f.).

ten in ländlichen Regionen keinen verbesserten, schnelleren Zugang zu neurochirurgischen Notfalleingriffen, sondern begründet im Gegenteil die Wahrscheinlichkeit einer insgesamt schlechteren Schlaganfallversorgung. Denn wenn der Aufwand einer Stroke Unit mangels einer Kodierbarkeit des OPS 8-981 nicht refinanziert wird, kann eine Schlaganfallversorgung auf dem Niveau einer Stroke Unit nicht erwartet werden."[34]

Diskutabel in diesem und anderen Fällen ist, ab wann die Schwelle des Untermaßverbotes unterschritten ist, was vor allem auch von der Angemessenheit der ohne die Erfüllung dieser Vorgabe erzielbaren Vergütung und von den zu erwartenden bzw. eingetretenen Konsequenzen für die Versorgung abhängt. Dies ändert aber nichts am Bestehen eines auch grundrechtlich fundierten Sicherstellungsauftrags, der bei der Formulierung von Strukturanforderungen zu berücksichtigen ist. In der Sache gaben die negativen Konsequenzen einer vom Bundessozialgericht postulierten strikten Handhabung des o. g. Tatbestands[35] für die flächendeckende Versorgung von Schlaganfallpatienten jedenfalls dazu Anlass, den Vergütungstatbestand entsprechend zu ändern.[36]

3. Notwendigkeit von Übergangsregelungen und Bestandsschutz

Die im Reformvorschlag vorgesehene Einführung von Leveln und darauf bezogener Leistungsgruppen sowie von auf beiden Ebenen zum Tragen kommenden Mindeststrukturvoraussetzungen führt dazu, dass zahlreiche Krankenhäuser ihr bisheriges Leistungsangebot nicht mehr (adäquat vergütet) erbringen können. Dies wirft zum einen die Frage nach Übergangsregelungen auf, damit Krankenhäuser ihr Leistungsangebot an die neuen Anforderungen anpassen können, was teils umfangreiche Umstrukturierungen und Anpassungen der technischen und personellen Infrastruktur verlangen dürfte [b]; zum anderen stellt sich die Frage nach dem Bestandsschutz für Plankrankenhäuser [c]. Für beide Aspekte seien im Folgenden Leitplanken aufgezeigt, wobei eine abschließende Beurteilung nur in Ansehung einer konkreten Ausgestaltung erfolgen kann. Als Ausgangspunkt sei zunächst die weithin restriktive Handhabung von Bestands- und Vertrauensschutz hinsichtlich des Erhalts der Planposition dargelegt [a].

---

[34] *F. Becker*, KrV 2018, S. 96 (99). Das BSG hat diesen Aspekt in seinem die Regelung bestätigenden Urteil nicht thematisiert, siehe BSG, BeckRS 2018, 22032.
[35] BSG, BeckRS 2018, 22032.
[36] Vgl. dazu SG München, S 15 KR 2343/18, juris, Rn. 67 f., Zitat oben in Teil II, Fn. 168.

a) Bestands- und Vertrauensschutz hinsichtlich des Erhalts der Planposition

Hinsichtlich der Position als Plankrankenhaus ist zu berücksichtigen, dass Bestands- und Vertrauensschutz hinsichtlich des Erhalts der Planposition weithin verneint wird. So hat das Bundesverwaltungsgericht in seinem Urteil vom 25. September 2008 betont, „dass die Krankenhausplanung ein in der Zeit dynamisches Steuerungsinstrument darstellt".[37] Auch „ist die Planposition eines Krankenhauses ohnehin kein unentziehbarer Besitzstand, sondern steht unter dem Vorbehalt fortlaufender Überprüfung".[38] Das Urteil vom 14. April 2011 führt aus:

„Zum anderen und vor allem aber führt auch die Aufnahme eines Krankenhauses in den Plan nicht dazu, dass der von ihm gedeckte Bedarf in Zukunft für dieses Krankenhaus reserviert wäre. Vielmehr muss die zuständige Behörde bei Hinzutreten eines Neubewerbers ihre bisherige Versorgungsentscheidung insgesamt überprüfen und ggf. korrigieren. Das kann auch zur Herausnahme eines bisherigen Plankrankenhauses aus dem Krankenhausplan führen. Daran ändert es nichts, wenn im Einzelfall Gründe bestehen, welche die Herausnahme des vorhandenen Plankrankenhauses erschweren. Jede andere Entscheidung käme einer Versteinerung der Krankenhauslandschaft gleich, die mit dem grundrechtlich unterfangenen Anspruch des Neubewerbers auf gleichen Marktzutritt unvereinbar wäre […]."[39]

Noch deutlicher liest sich der Beschluss des OVG Münster vom 19. Oktober 2015, der der landeskrankenhausrechtlichen Befugnis zur Planfortschreibung die Ermächtigung zur Herausnahme eines Krankenhauses aus dem Krankenhausplan entnimmt, erfüllt dieses die Aufnahmevoraussetzungen nicht mehr bzw. unterliegt es in einer Auswahlentscheidung, ohne dass die allgemeinen verwaltungsverfahrensrechtlichen Widerrufsregeln anwendbar wären:

„Auch Gründe des Bestands- bzw. Vertrauensschutzes gebieten keine andere Bewertung. Aus dem Inbegriff von Planung und Aktualisierung zur Abdeckung des Bedarfs an notwendigen Krankenhäusern, Disziplinen und Betten folgt, dass der Feststellung des Ergebnisses der Planung stets nur so lange Wirksamkeit zukommen kann bis sie – mit welchem Ergebnis auch immer – aktualisiert wird. Vgl. OVG NRW, Beschluss vom 30. Oktober 2007 – 13 A 1570/07 –, juris, Rn. 43; kritisch Steiner, Höchstrichterliche Rechtsprechung zur Krankenhausplanung, NVwZ 2009, 486 (490), Vitkas, Die (Teil-)Herausnahme aus dem Krankenhausplan, MedR 2010, 539 (541).

Deshalb führt die Aufnahme eines Krankenhauses in den Plan auch nicht dazu, dass der von ihm gedeckte Bedarf in Zukunft für dieses Krankenhaus reserviert wäre. Vgl. BVerwG, Urteil vom 14. April 2011 – 3 C 17.10 –, juris, Rn. 28.

Vielmehr muss die zuständige Behörde bei Hinzutreten eines Neubewerbers – ebenso wie im Fall, dass der bisherige Bewerber die Voraussetzungen der Planaufnahme nicht (mehr) erfüllt – ihre bisherige Versorgungsentscheidung insgesamt überprüfen und gegebenenfalls korrigieren.

---

[37] BVerwGE 132, 64 (75, Rn. 33).
[38] BVerwGE 132, 64 (70, Rn. 21).
[39] BVerwGE 139, 309 (318, Rn. 28). Siehe auch VG Potsdam, BeckRS 2019, 13478, Rn. 35.

3. Notwendigkeit von Übergangsregelungen und Bestandsschutz

Dies hat der Krankenhausträger bei seinen eigenen Planungen und Investitionen stets in Rechnung zu stellen.
Es bedarf auch keines ergänzenden Rückgriffs auf § 48 Abs. 4, § 49 Abs. 2 Satz 2 VwVfG NRW, wonach die Rücknahme bzw. der Widerruf eines begünstigenden Verwaltungsakts nur innerhalb eines Jahres seit der Kenntnisnahme der die Rücknahme bzw. den Widerruf rechtfertigenden Tatsachen zulässig ist. Angesichts häufig langwieriger Planungen unter Beteiligung betroffener Krankenhausträger (§ 14 KHGG NRW) sowie der Verpflichtung des Landes, im Interesse des Gemeinwohls stets eine bedarfsgerechte Versorgung der Bevölkerung mit Krankenhäusern sicherzustellen (§ 1 Abs. 1 KHG, § 1 Abs. 1 KHGG NRW)[,] ist ein solcher nicht angezeigt."[40]

Der in Bezug genommene Beschluss des OVG Münster vom 30. Oktober 2007 führt aus:

„Neben den genannten spezialgesetzlichen Vorschriften findet auf die Reduzierung der Planbettenzahl und auf die Beendigung der Planaufnahme einer ganzen Disziplin eines Plankrankenhauses oder des gesamten Krankenhauses die allgemein-verwaltungsverfahrensrechtliche Widerrufsregelung (§§ 48, 49 VwVfG NRW) gemäß dem Vorbehalt des § 1 Abs. 1 VwVfG NRW keine Anwendung. Zwar trägt die Feststellung einer geänderten Struktur oder Bettenzahl eines Krankenhauses Züge eines Widerrufs. Doch ist und bleibt eine Entscheidung, die eine vormals festgestellte Planbettenzahl senkt oder eine planaufgenommene Disziplin streicht oder gar ein ganzes Krankenhaus aus dem Krankenhausplan herausnimmt, ihrem Charakter nach eine planende, dem aktuellen Versorgungsbedarf Rechnung tragende Entscheidung. Aus dem Inbegriff von Planung und Aktualisierung der zur Abdeckung des Bedarfs notwendigen Krankenhäuser, Disziplinen und Betten folgt, dass der Feststellung des Ergebnisses der Planung stets nur so lange Wirksamkeit zukommen kann[,] bis sie – mit welchem Ergebnis auch immer – aktualisiert wird, dass also die Krankenhausplanung ihrer Natur nach gleichsam bis zum Aktualisierungszeitpunkt befristet ist und dem Krankenhaus keinen dauerhaften Bestand des Status eines Plankrankenhauses vermittelt. So gesehen bedarf es eines förmlichen Widerrufs der früheren Planaufnahme eines Krankenhauses nicht. Die Unanwendbarkeit von § 49 Abs. 2 Nr. 3 VwVfG NRW wird bestätigt durch folgendes mit dem Gesetzesanliegen unvereinbare denkbare Ergebnis: Hielte die über eine unzureichende Regelauslastung eines Krankenhauses informierte Behörde aus bestimmten Erwägungen eine Herabsetzung der Planbettenzahl oder eine Planherausnahme einer ganzen Disziplin oder des gesamten Krankenhauses zunächst nicht für geboten, stünde ihr bei später gegebenem Anlass für eine der mangelnden Auslastung Rechnung tragende Planfortschreibung ggf. die Frist des § 48 Abs. 4 VwVfG NRW entgegen, was mit einer ordnungsgemäßen und sachgerechten Krankenhausplanung unvereinbar wäre."[41]

Auch im Schrifttum ist die Ansicht eines fehlenden Vertrauens- bzw. Bestandsschutzes mangels hinreichend gesicherter Planposition verbreitet.[42] So heißt es etwa in einer krankenhausrechtlichen Kommentierung:

„Eine Herausnahme aus dem Krankenhausplan ist verfassungsrechtlich zulässig. Sie muss deshalb möglich sein, weil eine ‚Versteinerung' der Krankenhauslandschaft mit dem Anspruch von neuen Krankenhäusern auf gleichen Marktzutritt unvereinbar wäre [...]. Krankenhäuser in

---
[40] OVG Münster, NZS 2016, S. 23 (23).
[41] OVG Münster, BeckRS 2007, 28013, Rn. 36.
[42] Diff. *F. Wollenschläger*, Verteilungsverfahren, S. 517 f.: Berücksichtigung von Bestandsschutz und Investitionen im Rahmen der Auswahlentscheidung.

privater Hand, die auf der Grundlage eines Feststellungsbescheids auch mit eigenen Investitionen errichtet worden sind, fallen zwar unter den Schutzbereich der Eigentumsgarantie des Art. 14 GG (aA Multmeier, Rechtsschutz in der Krankenhausplanung, 2011, S. 124 ff.). Ihre Träger werden außerdem durch die Berufsausübungsfreiheit des Art. 12 Abs. 1 GG geschützt (BVerwGE 168, 1 Rn. 16). Eine nachträgliche Herausnahme ist daher eine grundrechtsrelevante Maßnahme. Der Vertrauensschutz der Krankenhausträger ist aber einschränkt. Sie werden nicht davor geschützt, solange in einem Krankenhausplan zu verbleiben, bis sich einmal getätigte (eigene) Investitionen amortisiert haben. Wegen der dynamischen Natur der krankenhausrechtlichen Regelungen müssen die Krankenhausträger ständig damit rechnen, dass besser geeignete Konkurrenten an ihrer Stelle den Planstatus erhalten. Die Krankenhausträger müssen sich ständig dem Wettbewerb stellen."[43]

Diese Auffassung ist nicht unbestritten. So tritt etwa *Udo Steiner* einer voraussetzungslosen Widerrufsmöglichkeit entgegen:

„Der Aufnahme eines Krankenhauses in den Krankenhausplan geht eine umfassende und sorgfältige rechtliche und sachliche Prüfung mit einem näher geregelten Beteiligungsverfahren voraus. Die Rechtswissenschaft spricht hier von einer komplexen Entscheidung. Die Aufnahme veranlasst Dispositionen – der Krankenhausträger stürzt sich sozusagen in die Zukunft – und begründet legitimes Vertrauen in den Fortbestand des Planstatus. [...] Der positive Feststellungsbescheid ist beides: rechtlich stabil und rechtlich instabil zugleich, jedenfalls nicht voraussetzungslos widerruflich. Es ist Sache des Gesetzgebers, das Widerrufsrecht so zu gestalten, dass es den Erfordernissen einer ‚dynamischen' Krankenhausplanung gerecht wird, aber auch die legitimen Bestandsinteressen eines Plankrankenhauses berücksichtigt."[44]

Unabhängig von den skizzierten Einwänden stellt sich die – im Rahmen der vorliegenden Untersuchung nicht weiter zu vertiefende – Frage, ob diese Grundsätze auch bei einer grundlegenden gesetzgeberischen Umgestaltung der Krankenhausplanung Geltung beanspruchen oder nur innerhalb eines (ggf. auch moderat veränderten) Planungsregimes.

b) Übergangsregelungen

Eingriffe in die Berufsfreiheit können nach der Rechtsprechung des Bundesverfassungsgerichts unangemessen und damit unverhältnismäßig sein,

„wenn das von Art. 12 Abs. 1 GG unter bestimmten Voraussetzungen geschützte Vertrauen in die rechtliche Fortführbarkeit einer beruflichen Tätigkeit nicht hinreichend berücksichtigt ist."[45]

Nach der Rechtsprechung des Bundesverfassungsgerichts

---

[43] *T. Würtenberger*, in: BeckOK KHR, § 8 KHG, Rn. 18.
[44] *U. Steiner*, NVwZ 2009, S. 486 (490); ferner VGH Mannheim, NVwZ-RR 2002, S. 507 (508); *M. Quaas*, in: Quaas/Zuck/Clemens, Medizinrecht, § 26, Rn. 594; *F. Shirvani*, GesR 2010, S. 306 (311, 312); *K. Vitkas*, MedR 2010, S. 539 (541).
[45] BVerfGE 155, 238 (281, Rn. 107). Näher hierzu auch *F. Wollenschläger*, in: Dreier, GG⁴, Art. 12, Rn. 145 ff.

3. Notwendigkeit von Übergangsregelungen und Bestandsschutz

„liegt es [regelmäßig] nicht im Ermessen des Gesetzgebers, ob er sich zu Übergangsregelungen entschließt; sofern das Gesetz nicht akute Missstände in der Berufswelt unterbinden soll, steht dem Gesetzgeber lediglich die Ausgestaltung der Übergangsvorschrift frei […]. Für die Überleitung bestehender Rechtslagen, Berechtigungen und Rechtsverhältnisse bleibt dem Gesetzgeber ein breiter Gestaltungsspielraum. Zwischen dem sofortigen übergangslosen Inkraftsetzen des neuen Rechts und dem ungeschmälerten Fortbestand begründeter subjektiver Rechtspositionen sind vielfache Abstufungen denkbar."[46]

In diesem Rahmen kommt dem Gesetzgeber auch eine Typisierungsbefugnis zu.[47] Hinsichtlich der Notwendigkeit von Übergangsregelungen gilt:

„Gesetzliche Regelungen, die für sich genommen die Berufsfreiheit in statthafter Weise beschränken, können gleichwohl gegen Art. 12 Abs. 1 GG in Verbindung mit dem Gebot des Vertrauensschutzes verstoßen, wenn sie keine Übergangsregelung für diejenigen vorsehen, die eine künftig unzulässige Tätigkeit in der Vergangenheit in erlaubter Weise ausgeübt haben. Eine Übergangsregelung, insbesondere das spätere Inkrafttreten des neuen Rechts, kann nicht zuletzt in Fällen notwendig sein, in denen die Beachtung neuer Berufsausübungsregelungen nicht ohne zeitaufwendige und kapitalintensive Umstellungen des Betriebsablaufs möglich ist und die bislang in erlaubter Weise ausgeübte Berufstätigkeit bei unmittelbarem Inkrafttreten der Neuregelung zeitweise eingestellt werden müsste oder aber nur zu unzumutbaren Bedingungen fortgeführt werden könnte […]."[48]

Angesichts der gravierenden ökonomischen Konsequenzen gelten diese Grundsätze nicht nur für das Verbot der Tätigkeit, sondern auch für die versagte Abrechnungsfähigkeit von Leistungen [siehe analog das zum Anspruch auf gleiche Planteilhabe Ausgeführte, III.2.a)].

Dementsprechend hat auch das Bundesverfassungsgericht betont:

„Diese Grundsätze wurden vorwiegend im Hinblick auf Neuregelungen der Berufswahl entwickelt, gelten jedoch entsprechend beim Erlass von neuen, weitergehenden Anforderungen an die Berufsausübung […]."[49]

Entscheidend für die Notwendigkeit von Übergangsfristen sind mithin der Umstellungsaufwand und die Konsequenzen der neuen Anforderungen für die Fortführung der Berufstätigkeit. Bejaht hat das Bundesverfassungsgericht etwa die Notwendigkeit einer angemessenen Übergangsfrist zugunsten von Call-by-call-Anbietern für die „Einführung der Preisansagepflicht bei der sprachgestützten Betreiberauswahl" mit Blick auf den damit einhergehenden Umstellungsaufwand und einen fehlenden sofortigen Handlungsbedarf.[50]

---

[46] BVerfGE 126, 112 (155); ferner BVerfGE 131, 47 (57 f.).
[47] BVerfGE 75, 246 (282): „Auch bei Übergangsregelungen ist der Gesetzgeber befugt, zu typisieren und von untypischen Ausnahmefällen abzusehen."
[48] BVerfGE 155, 238 (281, Rn. 108). Siehe ferner BVerfGE 131, 47 (57 f.).
[49] BVerfGE 131, 47 (58).
[50] BVerfGE 131, 47 (58 ff.).

Ein darüber hinausgehender Anspruch auf unveränderte Fortführung der Tätigkeit besteht aber grundsätzlich nicht, wie das Bundesverfassungsgericht für die Möglichkeit einer Betätigung im privaten Rettungsdienst herausgearbeitet hat:

„Diesen verfassungsrechtlichen Anforderungen wird die für die Beschwerdeführer maßgebliche Übergangsvorschrift in § 76 Abs. 3 SächsBRKG gerecht. Sie räumte den Inhabern von Genehmigungen zur Durchführung von Notfallrettung und Krankentransport nach dem Sächsischen Rettungsdienstgesetz ab dem Inkrafttreten des neuen Gesetzes zum 1. Januar 2005 eine vierjährige Übergangszeit ein, während der sie ihre Unternehmen nach der alten Rechtslage fortführen und sich auf die geänderte Rechtslage einstellen konnten. Damit bewegt sich der Gesetzgeber innerhalb des ihm verbleibenden Gestaltungsspielraums. Insbesondere erscheint der Zeitraum von vier Jahren ausreichend bemessen, um den betroffenen Leistungserbringern eine Ausrichtung und Anpassung ihrer Unternehmen an die veränderte Rechtslage zu ermöglichen.

Bei der gebotenen Gesamtabwägung ist zu berücksichtigen, dass die Beschwerdeführer für ihre unternehmerische Tätigkeit im Rettungsdienst keinen dauerhaften Bestandsschutz beanspruchen können. Auch wenn ihnen und ihren Unternehmen keine von ihnen verursachten Missstände vorzuwerfen sind, folgt aus dem verfassungsrechtlichen Gebot des Vertrauensschutzes nicht, dass Unternehmern im Freistaat Sachsen auf Dauer eine Tätigkeit im privaten Rettungsdienst ermöglicht werden muss. Selbst wenn dies auf die bisherigen Inhaber von Genehmigungen nach früherem Recht beschränkt bliebe, wäre die Beibehaltung eines privaten Rettungsdienstes nicht mit dem Systemwechsel zu vereinbaren, der in zulässiger Weise durch die Neuordnung des Rettungsdienstes im Freistaat Sachsen erfolgt ist. Steht wie hier die Gesetzesintention einer unveränderten beruflichen Betätigung entgegen, so gebietet es der Vertrauensschutz nicht, den Betroffenen die Möglichkeit hierzu im bisherigen Umfang zu erhalten […]."[51]

Ebenso wenig folgt aus dem

„Grundsatz des Vertrauensschutzes […] im Hinblick auf die vorherige Rechtslage [oder] auf die vorhandenen Betriebserlaubnisse […] ein uneingeschränktes Recht auf Amortisierung getätigter Investitionen […]. Für die gesetzliche Regelung ergibt sich dies schon daraus, dass grundsätzlich nicht darauf vertraut werden kann, dass eine günstige Rechtslage unverändert bleibt […]. Auch ein in umfangreichen Dispositionen betätigtes besonderes Vertrauen in den Bestand des geltenden Rechts begründet grundsätzlich noch keinen abwägungsresistenten Vertrauensschutz […]."[52]

Letzteres gilt insbesondere dann, wenn der Staat nicht „zu bestimmten Dispositionen veranlasst" hat, sondern diese „vielmehr auf eigenes unternehmerisches Risiko" erfolgten.[53]

In grundsätzlicher Hinsicht hat das Bundesverfassungsgericht ausgeführt:

„Auch wenn eine Rechtsänderung nicht konkret vorhersehbar ist, muss aber im Grundsatz mit Rechtsänderungen gerechnet werden. Der verfassungsrechtliche Vertrauensschutz geht nicht so weit, die Adressaten grundsätzlich vor Enttäuschungen ihrer in die Dauerhaftigkeit der Rechtslage gesetzten Erwartungen zu bewahren. Andernfalls wäre der dem Gemeinwohl verpflichtete

---

[51] BVerfGE 126, 112 (156).
[52] BVerfGE 145, 20 (94, Rn. 189).
[53] BVerfGE 145, 20 (94, Rn. 189). Vgl. auch BVerfGE 155, 238 (291, Rn. 133).

3. Notwendigkeit von Übergangsregelungen und Bestandsschutz   105

Gesetzgeber in wichtigen Bereichen gelähmt und an der Wahrnehmung seiner demokratischen Verantwortung gehindert. Der Konflikt zwischen der Verlässlichkeit der Rechtsordnung und der Notwendigkeit ihrer Änderung im Hinblick auf einen Wandel der Lebensverhältnisse und der Veränderung politischer Präferenzen wäre damit in nicht mehr vertretbarer Weise zu Lasten der Anpassungsfähigkeit der Rechtsordnung entschieden. Soweit nicht besondere Momente der Schutzwürdigkeit hinzutreten, genießt die bloß allgemeine Erwartung, das geltende Recht werde zukünftig unverändert fortbestehen, keinen besonderen verfassungsrechtlichen Schutz […]. Auch ein in umfangreichen Dispositionen betätigtes besonderes Vertrauen in den Bestand des geltenden Rechts begründet grundsätzlich noch keinen abwägungsresistenten Vertrauensschutz […]. Eine Garantie der Erfüllung aller Investitionserwartungen besteht nicht […]."[54]

Insgesamt für den Vertrauensschutz maßgeblich sind auch die Fragen, in welchem zeitlichen Horizont auf die Möglichkeit der unveränderten Fortsetzung einer Berufstätigkeit vertraut werden konnte, was etwa durch die Befristung von Erlaubnissen einschließlich der Modalitäten ihrer Verlängerung determiniert wird,[55] und bei erlaubnispflichtigen Tätigkeiten auch die Möglichkeit einer nachträglichen Beschränkung und Aufhebung der Erlaubnis[56]. Relevant sind auch die weitere Nutzbarkeit und Verwertbarkeit vorhandenen Betriebsvermögens sowie die Möglichkeit einer Abwicklung (etwa Kündigung von Mietverträgen).[57] Den staatlichen Regelungsspielraum erhöht ein besonderer sozialer Bezug der ausgeübten Berufstätigkeit,[58] der bei einer Beteiligung an der Gesundheitsversorgung der Bevölkerung vorliegt.

Hinsichtlich Vergütungsregelungen hat das Bundessozialgericht einen „Besitzstand derart, dass die Chance erhalten bleiben müsste, alle Leistungen weiterhin im bisherigen Umfang honoriert zu erhalten", verneint, er „kommt Niemandem, auch keinem Krankenhausträger zu."[59]

c) Bestandsschutz

aa) Berufsfreiheit (Art. 12 Abs. 1 GG)

Das Bundesverfassungsgericht hat in seinem Urteil vom 30. Juni 2020 ein Verständnis der Berufsfreiheit zurückgewiesen, nach dem diese Vertrauensschutz auch wegen frustrierter Investitionen gewähre:

„Art. 12 Abs. 1 GG bietet von vornherein nicht den von den Beschwerdeführerinnen geltend gemachten Vertrauensschutz wegen frustrierter Investitionen. Die Beschwerdeführerinnen halten einen solchen Schutz für erforderlich, weil ihre Investitionen in die nach altem Recht durch-

---

[54] BVerfGE 155, 238 (288 f., Rn. 125).
[55] BVerfGE 126, 112 (157). Siehe auch BVerfGE 102, 197 (220).
[56] BVerfGE 145, 20 (95, Rn. 191).
[57] BVerfGE 145, 20 (96, Rn. 194).
[58] Vgl. im Kontext von Spielhallen BVerfGE 145, 20 (94 f., Rn. 190).
[59] BSG, BeckRS 2010, 70879, Rn. 30.

geführten Anlagenplanungen im Rahmen des neuen Rechts ohne Wert sind. In der durch Art. 12 Abs. 1 GG garantierten Berufsfreiheit findet der nach Art. 14 Abs. 1 GG gewährleistete Schutz von Investitionsvertrauen (vgl. BVerfGE 143, 246 [383 ff. Rn. 372 ff.], oben Rn. 88) jedoch grundsätzlich keine Entsprechung. Art. 14 Abs. 1 GG bietet einen gewissen Schutz dagegen, dass Investitionen in das Eigentum durch Rechtsänderungen entwertet werden, weil er das Eigentum in der Hand von Alteigentümern generell auch als Dispositionsgrundlage schützt (vgl. BVerfGE 143, 246 [383 Rn. 372]). Wird hingegen mit Blick auf eine künftige unternehmerische Tätigkeit investiert, fehlt es an einer dem Sacheigentum entsprechend verfestigten Position, deren grundrechtlich geschützter Bestand zugleich unmittelbar Investitionssicherheit bieten könnte."[60]

Schutz besteht freilich über den vorstehend entfalteten Vertrauensschutz: „Damit sind die Betroffenen aber nicht schutzlos gestellt. Es bleibt ihnen insoweit der allgemeine Vertrauensschutz nach Art. 2 Abs. 1 in Verbindung mit Art. 20 Abs. 3 GG".[61]

bb) Eigentumsgarantie (Art. 14 Abs. 1 GG)

Auf die Eigentumsgarantie (Art. 14 Abs. 1 GG) gestützter Vertrauensschutz setzt eine eigentumsfähige Rechtsposition voraus.[62] Eigentum i. S. d. Art. 14 Abs. 1 GG stellen „alle vermögenswerten Rechte [dar], die Berechtigten von der Rechtsordnung in der Weise zugeordnet sind, dass sie die damit verbundenen Befugnisse nach eigenverantwortlicher Entscheidung zum privaten Nutzen ausüben dürfen".[63]

Fraglich ist, ob die Aufnahme eines Krankenhauses in den Krankenhausplan angesichts der damit verbundenen Qualifikation für die Investitionskostenförderung und die Berechtigung zur Behandlung im Rahmen der GKV Eigentum i. S. d. Art. 14 Abs. 1 GG darstellt.

Für öffentlich-rechtliche Anlagenzulassungen hat das Bundesverfassungsgerichts dies verneint, da diese Genehmigungen lediglich darauf zielen, „die Vereinbarkeit des Vorhabens mit den Bestimmungen zum Schutz der durch den Betrieb gefährdeten Güter, also das Vorliegen der Zulassungsvoraussetzungen festzustellen."[64] Erforderlich für eine Qualifikation als Eigentum ist vielmehr, dass die öffentlich-rechtlich vermittelte Rechtsposition „dem Einzelnen eine Rechtsposition verschaff[t], welche derjenigen eines Eigentümers entspricht".[65] Hierfür genügt noch nicht, dass der Genehmigung wirtschaftliche Bedeutung zukommt, sie veräußert werden kann und Marktwert hat oder zu ihrer Erlangung auch erhebliche Investitionen getätigt wurden.[66] Bejaht hat das Bundesverfassungsge-

---

[60] BVerfGE 155, 238 (282, Rn. 110).
[61] BVerfGE 155, 238 (282, Rn. 110).
[62] BVerfGE 155, 238 (275, Rn. 88).
[63] BVerfGE 155, 238 (270, Rn. 74).
[64] BVerfGE 155, 238 (272, Rn. 77; ferner 271, Rn. 76); ferner BVerfGE 143, 246 (328 f., Rn. 231).
[65] BVerfGE 155, 238 (271, Rn. 76).
[66] BVerfGE 155, 238 (272, Rn. 79 f.); ferner BVerfGE 143, 246 (329, Rn. 232).

richt den Eigentumscharakter der bergbaurechtlichen Bewilligung gemäß § 8 Bundesberggesetz. Denn diese „gewährt [...] das ausschließliche Recht, in einem bestimmten Feld Bodenschätze aufzusuchen, zu gewinnen und andere Bodenschätze mitzugewinnen sowie das Eigentum an den Bodenschätzen zu erwerben. Mithin wird die Nutzung des Bodens nicht lediglich, wie hier, zur Errichtung einer baulichen Anlage bewilligt, sondern gerade zum Erwerb des Eigentums an den darin enthaltenen Bodenschätzen."[67] Ein derartiger Eigentumsbezug fehlt der Planposition. Auch im Übrigen wird ein Eigentumsschutz der Planposition mangels hinreichender Verfestigung und Eigenleistung überwiegend verneint.[68]

Hinsichtlich Investitionen gilt, dass diese

„an sich [...] ebenfalls kein Eigentum im Sinne des Art. 14 Abs. 1 GG [bilden]. Sie sind für sich genommen schlicht Ausgaben. Zwar schützt das Eigentumsgrundrecht unter bestimmten Voraussetzungen davor, dass Investitionen in das Eigentum durch Rechtsänderungen entwertet werden. In Art. 14 Abs. 1 GG hat der rechtsstaatliche Grundsatz des Vertrauensschutzes für die vermögenswerten Güter insofern eine eigene Ausprägung gefunden. Das Eigentumsgrundrecht schützt damit auch berechtigtes Vertrauen in den Bestand der Rechtslage als Grundlage von Investitionen in das Eigentum und seiner Nutzbarkeit; ob und inwieweit ein solches Vertrauen berechtigt ist, hängt von den Umständen des Einzelfalls ab (BVerfGE 143, 246 [383 Rn. 372] m.w.N.). In jedem Fall setzt dieser eigentumsspezifische Vertrauensschutz für Investitionsentscheidungen aber eine eigentumsfähige Rechtsposition voraus, die faktisch durch Investitionen im Vertrauen auf den Bestand der Rechtslage geschaffen oder schon existierende Vertrauensgrundlage für Investitionen gewesen sein kann. Hingegen können nicht umgekehrt Investitionen selbst eine durch Art. 14 Abs. 1 GG geschützte Position bilden, wenn [...] kein Eigentum besteht."[69]

Eigentum an Infrastruktur kann indes die Basis für Bestandsschutz bilden:

„Vom Schutz des Eigentums nach Art. 14 Abs. 1 Satz 1 GG umfasst ist das zivilrechtliche Sacheigentum, dessen Besitz und die Möglichkeit, es zu nutzen [...]. Danach genießen das Eigentum und der Besitz der Beschwerdeführerinnen verfassungsrechtlichen Eigentumsschutz an den Werksgrundstücken und den Kraftwerksanlagen. Verfassungsrechtlich geschützt ist auch die Nutzbarkeit dieser Betriebsanlagen.
Unterliegt das Eigentum bereits zum Zeitpunkt seiner Begründung einem öffentlich-rechtlichen Nutzungsregime, ist der verfassungsrechtliche Schutz der Eigentumsnutzung gegenüber späteren Eingriffen und Ausgestaltungen im Grundsatz auf das danach Erlaubte begrenzt, wobei der Bestandsschutz für erlaubte Nutzungen von Rechtsgebiet zu Rechtsgebiet unterschiedlich ausgestaltet sein kann."[70]

Nach diesen Grundsätzen limitiert die volatile Planposition den Bestandsschutz, obgleich der Staat aufgrund der Investitionskostenförderung Anreize für Investi-

---

[67] BVerfGE 155, 238 (273, Rn. 83).
[68] O. Depenheuer, Finanzierung, S. 130 ff., 135; M. Quaas, in: Quaas/Zuck/Clemens, Medizinrecht, § 25, Rn. 32 (siehe aber auch § 26, Rn. 594); U. Steiner, NVwZ 2009, S. 486 (489); H. Thomae, Krankenhausplanungsrecht, S. 132 f.
[69] BVerfGE 155, 238 (275, Rn. 88).
[70] BVerfGE 143, 246 (327, Rn. 228 f.).

tionen setzt. Auch hier stellt sich wiederum die Frage, ob bei Änderungen der Rahmenbedingungen des Systems eine abweichende Bewertung angezeigt ist.[71] Gegenläufig ist freilich zu berücksichtigen, dass die Möglichkeit über den Status quo hinausgehender Mindeststrukturvorgaben sowie abweichende planerische Akzentsetzungen auch im bestehenden System angelegt sind.

Die Möglichkeit, sich weiter am Markt zu betätigen, hat das Bundesverfassungsgericht schließlich nicht einem u. U. gemäß Art. 14 Abs. 1 GG geschützten Recht am eingerichteten und ausgeübten Gewerbebetrieb zugeordnet, sondern der Berufsfreiheit.[72]

d) Fazit

Eine abschließende Bewertung der Fragen nach Übergangsregelungen und Bestandsschutz ist nur auf der Basis einer konkreten Regelung möglich. Maßgeblich sind die Konsequenzen der Reform für die Krankenhausträger, mithin der Aufwand für eine Umstellung und die Konsequenzen der Neuregelung für die Möglichkeit einer weiteren Marktteilnahme einerseits und andererseits die weitere Nutzbarkeit und Verwertbarkeit vorhandenen Betriebsvermögens, die Möglichkeit einer Abwicklung sowie eine Förderung aufgrund der im Krankenhausfinanzierungsrecht grundsätzlich vorgesehenen Fördertatbestände für die Schließung und Umstrukturierungen (§ 9 Abs. 2 Nr. 5 und 6 KHG). Zu Lasten der betroffenen Krankenhausträger wirkt – trotz der Anreizsetzung durch die Investitionskostenförderung – indes die volatile Planposition und der soziale Kontext des Reformanliegens.

Bei nicht unerheblichem Umstellungsaufwand und gravierenden Konsequenzen der neuen Anforderungen sind hinreichend lang bemessene Übergangsregelungen notwendig.

Etwaige Entschädigungstatbestände und daraus resultierende finanzielle Verpflichtungen für die Länder sind bei einer Regelung der Finanzierung der Reform zu berücksichtigen. In diesem Kontext sei auch darauf hingewiesen, dass der diskutierte Vertrauensschutz – jenseits seiner grundrechtlichen Dimension mit Blick auf die Krankenhausträger – angesichts der nicht unerheblichen Investitionskostenförderung durch die Länder auch eine bundesstaatliche Komponente aufweist. Die nach dem Grundsatz der Bundestreue gebotene Rücksichtnahme des Bundes auf die Länder verlangt, auch diesem Aspekt Rechnung zu tragen.

---

[71] Vgl. die Differenzierung zwischen Alt- und Neukrankenhäusern bei *O. Depenheuer*, Finanzierung, S. 135 ff. Vgl. im Übrigen *O. Bachof/D. H. Scheuing*, Krankenhausfinanzierung, S. 26 ff., 67 f.

[72] BVerfGE 155, 238 (274 f., Rn. 86 f.). Vgl. auch BVerfGE 143, 246 (331 f., Rn. 240).

IV.
Organisatorische Aspekte

1. Verlagerung von Entscheidungskompetenzen

Die Empfehlungen der Regierungskommission sehen eine Verlagerung von Entscheidungsbefugnissen auf außerhalb der Staats- und Verwaltungsorganisation stehende Gremien vor.[1] So „sollten" die im Rahmen der Einführung von Leistungsgruppen notwendigen „Definitionen [...] von einem unabhängigen, an das InEK assoziierten Ausschuss festgelegt und dann sukzessive weiterentwickelt werden."[2] Beim InEK (Institut für das Entgeltsystem im Krankenhaus) handelt es sich um eine gemeinnützige GmbH, deren Gesellschafter die Deutsche Krankenhausgesellschaft, der GKV-Spitzenverband und der Verband der Privaten Krankenversicherungen sind.[3]

Und weiter heißt es:

„Von diesen Ausgangswerten aus könnte durch eine Kommission zusammen mit dem InEK eine Weiterentwicklung mit dezidierter Abstufung pro Leistungsgruppe erfolgen. Dies birgt jedoch Schwierigkeiten und Risiken und sollte daher nur nach stabiler Einführung des neuen Vergütungssystems und mit Bedacht erfolgen. So ist die exakte Abgrenzung von Vorhaltekosten aus den o. g. Gründen schwierig und unterschiedlich hohe Vorhaltekostenanteile bergen das Risiko, dass es zu Leistungsverschiebungen in Leistungsgruppen mit geringem Vorhaltekostenanteil (d. h. hohem rDRG-Anteil) kommt."[4]

Hinsichtlich des Vorhaltebudgets ist „[d]ie Gewichtung der drei Komponenten [...] von einer unabhängigen Institution festzulegen."[5]

Insoweit sei daran erinnert, dass eine derartige Verlagerung von Entscheidungsbefugnissen einer besonderen verfassungsrechtlichen Rechtfertigung bedarf; bereits für die gemeinsame Selbstverwaltung ist umstritten, ob sich die Zuerkennung von Entscheidungsbefugnissen an diese verfassungsrechtlich rechtfertigen lässt, da in ihrer Organisationsstruktur eine Abweichung „vom Erfordernis lückenloser

---

[1] Näher dazu im DRG-Kontext *K. Raupach*, Übergang, S. 134 ff.
[2] Regierungskommission, Grundlegende Reform der Krankenhausvergütung, S. 17; ferner auch mit Blick auf die Level S. 10.
[3] Siehe https://www.g-drg.de/das-institut/wir-ueber-uns (21.6.2023).
[4] Regierungskommission, Grundlegende Reform der Krankenhausvergütung, S. 23.
[5] Regierungskommission, Grundlegende Reform der Krankenhausvergütung, S. 24.

personeller, durch Wahl- und Bestellungsakte vermittelter demokratischer Legitimation aller Entscheidungsbefugten"[6] liegt (Art. 20 Abs. 2 GG).[7]

2. Einbeziehung der kommunalen Ebene

Der Reformvorschlag der Regierungskommission setzt auf eine verstärkte Einbeziehung der kommunalen Ebene in die sektorenübergreifende Bedarfsplanung:

„Die sektorenübergreifende Planung des Levels Ii kann – und sollte zukünftig – in regionalen, paritätisch besetzten Gremien unter Beteiligung der Länder erfolgen, welche die regionalen Besonderheiten und lokalen Bedarfe berücksichtigen und in ihre Planung einbeziehen. Dies gilt ebenfalls für die Einbindung von Vertragsärztinnen und -ärzten in die Level-Ii-Kliniken."[8]

Insoweit sei, wie andernorts näher ausgeführt,[9] auf zwei Aspekte hingewiesen: Zum einen verbietet Art. 84 Abs. 1 Satz 7 GG die Zuweisung von Aufgaben an Kommunen durch Bundesgesetz, eine Norm, die – auch unter Berücksichtigung der vom Bundesverfassungsgericht anerkannten Befugnis zur begrenzten Anpassung kommunaler Aufgaben gemäß Art. 125a Abs. 1 Satz 1 GG[10] – einer bundesgesetzlichen Einbeziehung der Kommunen in die Bedarfsplanung angesichts der damit einhergehenden erheblichen Erweiterung gegenüber dem Status quo (zur bislang nur rudimentären Beteiligung § 90a SGB V, § 7 KHG – auf Landesebene Art. 7 BayKrG, §§ 14 f. KHGG NRW[11]) entgegensteht. Zum anderen können weitere Grenzen für eine Kooperation zwischen Trägern der mittelbaren und unmittelbaren Staatsverwaltung aus dem grundsätzlichen Verbot der Mischverwaltung folgen.[12]

---

[6] BVerfGE 107, 59 (91).

[7] Siehe für den Gemeinsamen Bundesausschuss verneinend *T. Kingreen*, VVDStRL 70 (2011), S. 152 (176 ff.); bejahend: BSG, BeckRS 2017, 129094, Rn. 46 ff.; ferner BSG, NZS 1999, S. 50 (53); BSGE 94, 50 (74 f.); E 96, 261 (276 ff.); E 120, 170 (182 ff.); *F. Hase*, MedR 2018, S. 1 (1 ff.); *W. Kluth*, Der Gemeinsame Bundesausschuss, S. 85 ff.; zweifelnd BVerfG (K), NZS 2016, S. 20 (22 f.); offen gelassen ferner BVerfGE 115, 25 (47); (K), NZS 2013, S. 297 (300).

[8] Regierungskommission, Grundlegende Reform der Krankenhausvergütung, S. 14.

[9] *F. Wollenschläger*, NZS 2023, S. 48 (51 ff.).

[10] BVerfGE 155, 310 (347 ff.). Ausführlich zu dieser *F. Wollenschläger*, in: BK-GG, Art. 125a, Rn. 55 ff. (218. AL Dezember 2022).

[11] Hierzu *F. Stollmann*, MedR 2023, S. 451 (456) – dort, S. 460 f., auch zu regionalen Gesundheitszentren.

[12] Zu diesem im Bund-Länder-Verhältnis BVerfGE 119, 331 (364 ff.); E 139, 194 (225 f.). Dazu und zur Relevanz jenseits desselben *F. Wollenschläger*, NZS 2023, S. 48 (52 f.).

V.

Zusammenfassung in Thesen

Vorbemerkung

1. Die dritte Stellungnahme der Regierungskommission formuliert bedeutsame Vorschläge zur Reform der Krankenhausversorgung einschließlich der Vergütung. Dass bundesweit Reformbedarf besteht oder eine bundeseinheitliche Lösung für wünschenswert erachtet wird, bedeutet im Bundesstaat des Grundgesetzes, der Gesetzgebungskompetenzen – gerade auch im Gesundheitswesen – zwischen Bund und Ländern aufteilt, noch nicht, dass der Bundesgesetzgeber zur Reform berufen ist. So weist auch die Regierungskommission darauf hin, dass die Umsetzung des Reformvorschlags angesichts der Kompetenzverteilung im deutschen Bundesstaat „juristische Herausforderungen" birgt.[1] Denn dem Bund steht keine umfassende Gesetzgebungszuständigkeit für das Krankenhauswesen zu, sondern lediglich eine partielle. Diese erfasst lediglich die wirtschaftliche Sicherung der Krankenhäuser und die Krankenhauspflegesätze sowie die Sozialversicherung; dagegen fällt die Krankenhausversorgung im Übrigen, namentlich die Krankenhausplanung und -organisation in die Zuständigkeit der Länder. Das Grundgesetz zeichnet mithin föderale Vielfalt und nur bedingt Bundeseinheitlichkeit bei der Gestaltung der Krankenhausversorgung vor, was man gutheißen oder kritisch betrachten kann, aber maßgeblich für die Bestimmung der zur Umsetzung des Reformvorschlags berufenen Ebenen ist. Dies ist in anderen, nicht minder bedeutsamen Lebensbereichen, etwa im Schulwesen oder im Polizeirecht, nicht anders.

Reformvorschlag

2. Der Reformvorschlag sieht eine Abkehr von der rein leistungs- und mengenorientierten Vergütung des DRG-Systems zugunsten einer Kombination aus leistungsabhängiger Vergütung und an Versorgungslevel sowie Leistungsgruppen geknüpfter Vorhaltefinanzierung vor. Dabei werden Leistungsgruppen und Level bundeseinheitlich definiert, bundeseinheitlich Mindeststrukturanforderungen für die Zuordnung eines Krankenhauses zu einem Level und für

---

[1] Regierungskommission, Grundlegende Reform der Krankenhausvergütung, S. 10.

die Erbringung von Leistungen formuliert sowie das mögliche Leistungsspektrum eines Krankenhauses nach dem jeweiligen Level ausdifferenziert, indem den Leveln Leistungsgruppen zugeordnet werden. Damit kann ein Krankenhaus Leistungen (adäquat vergütet) nur noch erbringen, wenn das ihm zugewiesene Level zur Erbringung der jeweiligen Leistung berechtigt und die Mindeststrukturanforderungen erfüllt sind.

Grundgesetzliche Kompetenzverteilung:
nur beschränkte Regelungsbefugnisse des Bundes im Krankenhauswesen

3. Das Grundgesetz sieht weder für das Krankenhauswesen im Allgemeinen noch für die Krankenhausplanung im Besonderen eine Gesetzgebungskompetenz des Bundes vor. Vielmehr bestehen nur punktuelle (konkurrierende) Bundeszuständigkeiten, namentlich für die wirtschaftliche Sicherung der Krankenhäuser und die Regelung der Krankenhauspflegesätze (Art. 74 Abs. 1 Nr. 19a GG) sowie für die Sozialversicherung (Art. 74 Abs. 1 Nr. 12 GG). Im Übrigen liegt die Gesetzgebungskompetenz bei den Ländern.
4. Der Kompetenztitel des Art. 74 Abs. 1 Nr. 19a GG soll dem Bund, wie das Bundesverfassungsgericht in seinem Beschluss vom 7. Februar 1991 unter Verweis auf Wortlaut und Genese des Kompetenztitels herausgearbeitet hat, „Spielraum zur Regelung finanzieller Fragen eröffnen, ihm jedoch den Bereich der Krankenhausorganisation und der Krankenhausplanung versperren".[2] Angesichts der Relevanz der Krankenhausplanung für die wirtschaftliche Sicherung der Krankenhäuser besteht ein kompetentielles Spannungsfeld, das Landesverfassungsgerichtsbarkeit und überwiegendes Schrifttum mit der Formel auflösen, dass „grundsätzliche und allgemeine Regelungen des Bundes zur Krankenhausplanung und -organisation auf Art. 74 Abs. 1 Nr. 19a GG gestützt werden [können], sofern deren Bezug zur wirtschaftlichen Sicherung naheliegend und offensichtlich ist und den Ländern dennoch eigenständige und umfangmäßig erhebliche Ausgestaltungsspielräume bleiben"[3]. Die notwendige Weite zu belassender landesplanerischer Spielräume folgt nicht zuletzt daraus, dass eine (ausschließliche) Gesetzgebungskompetenz der Länder infrage steht, die eine – über administrative Konkretisierungsbefugnisse hinausgehende – Befugnis zur legislativen, abstrakt-generellen Rahmensetzung impliziert.
5. Aus nämlichen Gründen begrenzt die Planungshoheit der Länder auch die in Art. 74 Abs. 1 Nr. 19a GG enthaltene Kompetenz zur Regelung der Krankenhauspflegesätze (Vergütung) durch den Bund. Diese Grenze ist überschritten, wenn die Vergütungsregelung – über die derartigen Regelungen zwangsläufig

---

[2] BVerfGE 83, 363 (379 f.).
[3] So BayVerfGH, MedR 2020, S. 399 (402).

innewohnende Steuerungswirkung, die sich der Gesetzgeber zunutze machen darf, hinaus – schwerpunktmäßig Versorgungsstrukturen steuert oder Planungsspielräume der Länder übermäßig beschneidet. Neben den Auswirkungen auf die Planungshoheit maßgeblich ist, ob die Entgeltregelung an planerisch (oder anderweitig vom Sachgesetzgeber) definierte Strukturen und Anforderungen anknüpft oder selbst Struktur- bzw. Qualitätsvorgaben aufstellt. Es besteht ein – auch kompetentiell fundiertes und vom Bundessozialgericht anerkanntes – Primat der Krankenhausplanung gegenüber Entgeltregelungen,[4] eine im Übrigen auch in den Grundsätzen der Widerspruchsfreiheit der Rechtsordnung und der Bundestreue wurzelnde Anforderung.

6. Des Weiteren müssen sich auf Art. 74 Abs. 1 Nr. 19a GG gestützte Regelungen als erforderlich i.S.d. Art. 72 Abs. 2 GG erweisen; ein Gesetzgebungsrecht des Bundes besteht demnach nur, „wenn und soweit die Herstellung gleichwertiger Lebensverhältnisse im Bundesgebiet oder die Wahrung der Rechts- oder Wirtschaftseinheit im gesamtstaatlichen Interesse eine bundesgesetzliche Regelung erforderlich macht." Diese Erforderlichkeitsklausel verdeutlicht zugleich, dass das Anliegen, gleichwertige Lebensverhältnisse im Bundesgebiet oder die Wahrung der Rechts- oder Wirtschaftseinheit im gesamtstaatlichen Interesse herzustellen, so wünschenswert dies im Einzelfall auch erscheinen mag, keine Kompetenz des Bundes begründet, sondern vielmehr Voraussetzung für die Aktualisierung einer anderweitig begründeten, der Erforderlichkeitsklausel unterliegenden Gesetzgebungskompetenz ist.

7. Die konkurrierende Zuständigkeit des Bundes für die Sozialversicherung (Art. 74 Abs. 1 Nr. 12 GG) erfasst zwar das Leistungserbringungsrecht und damit Qualitätsvorgaben; allerdings dürfen auch auf diesen Kompetenztitel gestützte Regelungen die Planungshoheit der Länder nicht übermäßig beschneiden, strukturrelevante, im Schwerpunkt die Krankenhausversorgung allgemein betreffende Regelungen sind dem Bund versperrt.

8. Eine ungeschriebene Annexkompetenz bzw. Kompetenz kraft Sachzusammenhangs kommt nach der Rechtsprechung des Bundesverfassungsgerichts „nur in äußerst engen Grenzen" in Betracht, wobei „[d]as Bedürfnis nach einer bundeseinheitlichen Regelung" keinesfalls genügt.[5] Vielmehr muss „das Übergreifen in die Gesetzgebungskompetenz der Länder unerlässliche Voraussetzung für die Regelung der in Rede stehenden Materie" sein und ist „[d]ie umfassende Regelung eines den Ländern vorbehaltenen Bereichs […] dem Bund in keinem Fall eröffnet".[6] Zulässig sind lediglich „Einzelregelungen"

---

[4] BSG, BeckRS 2018, 22328, Rn. 20.
[5] BVerfGE 98, 265 (299).
[6] BVerfGE 137, 108 (169f., Rn. 145).

bzw. die „punktuell[e] Inanspruchnahme einer Landeskompetenz"[7]. Das Art. 74 Abs. 1 Nr. 19a GG zugrunde liegende Primat der Länder für Fragen der Krankenhausplanung darf nicht durch einen Rekurs auf ungeschriebene Kompetenzen überspielt werden, zumal dieser Kompetenztitel bereits einen Übergriff in die Krankenhausplanung ermöglicht und begrenzt. Im Ergebnis lassen sich daher über die Figuren der Annexkompetenz bzw. der Kompetenz kraft Sachzusammenhangs keine weitergehenden Regelungsbefugnisse als die vorstehend skizzierten begründen.

Kompetenzwidrigkeit des Reformvorschlags der Regierungskommission

9. Der Reformvorschlag der Regierungskommission lässt sich nicht auf Bundesebene gemäß Art. 74 Abs. 1 Nr. 19a GG umsetzen. Zwar lässt sich ein hinreichender Bezug zur wirtschaftlichen Sicherung hinsichtlich der Kernregelungen grundsätzlich bejahen, wobei dies abschließend nur anhand einer konkreten Regelung beurteilt werden kann und vom Reformgesetzgeber entsprechend darzutun ist; allerdings beschneidet der Reformvorschlag die Planungsbefugnis der Länder in einem Ausmaß, dass keine eigenständigen und umfangmäßig erheblichen Ausgestaltungsspielräume mehr verbleiben.

   a. Unerheblich ist hierbei zunächst, dass durch den Reformvorschlag nicht unmittelbar Vorgaben für die Krankenhausplanung normiert, sondern Vergütungsregelungen getroffen werden sollen. Denn letzteren kommt erhebliche Planungsrelevanz zu. Hängt die Vergütung der Krankenhäuser, wie vorgesehen, von der bundesrechtlich definierten Berechtigung zur Leistungserbringung qua Levelzuordnung und der Einhaltung von bundesrechtlich definierten Qualitätsanforderungen ab, können die Krankenhäuser – jenseits eines erheblichen faktischen Anpassungsdrucks – den krankenhausplanerisch zugewiesenen Versorgungsauftrag (adäquat vergütet) nur noch nach Maßgabe detaillierter Strukturvorgaben des bundesrechtlichen Vergütungsregimes erfüllen. Die Struktur- und Qualitätsvorgaben des Reformvorschlags tangieren dabei offenkundig planerische Kategorien der Krankenhausplanung in erheblichem Umfange. Unverblümt formuliert der Reformvorschlag: Zur Verteilung des Vorhaltebudgets auf die einzelnen Krankenhäuser „nehmen die Bundesländer eine Einteilung der Krankenhäuser nach Leveln vor und vergeben Leistungsgruppen und damit Versorgungsaufträge."[8] Damit ist der Kern der Versorgungsplanung betroffen, nämlich zu bestimmen, wo welche Leistungen vorgehalten werden.

---

[7] BVerfGE 98, 265 (300); E 106, 62 (115).

[8] Regierungskommission, Grundlegende Reform der Krankenhausvergütung, S. 23 – Unterstreichung nicht im Original.

b. Die übermäßige Beschneidung legislativer Spielräume der Länder zur Rahmensetzung für die Krankenhausplanung resultiert daraus, dass der Reformvorschlag zunächst die Bedarfsbestimmung auf eine Leistungsplanung und auf die Zuordnung zu Leveln festlegt. Überdies erfolgt eine detaillierte Definition der Leistungsgruppen und Level. Die angestrebte Vereinheitlichung der Planungsebenen determiniert des Weiteren die Bedarfsbestimmung in räumlicher Hinsicht. Damit werden Grundstrukturen der Krankenhausplanung der Art nach und im Detail determiniert.
c. Verschärfend wirkt, dass Level und Leistungsgruppen an Mindeststrukturvorgaben gebunden werden sollen. Diese umfassen Qualifikationen, Kompetenzen, Erfahrungen und technische Ausstattung. Dies begrenzt den Raum für entsprechende Landesvorgaben deutlich. Erheblich beschnitten wird auch die Möglichkeit einer Landeszielplanung, da deren Kernelemente nunmehr bundesrechtlich determiniert sind, etwa in Gestalt der Absage an selbstständige Fachkliniken, der forcierten Schwerpunktbildung oder der Beschränkung von Kooperationsmöglichkeiten aufgrund der Standortfixierung.
d. Die detaillierten Vorgaben des Reformvorschlags bedingen zugleich, dass Gestaltungsmöglichkeiten auf der administrativen Planungsebene beschnitten werden, nimmt doch der Entscheidungsspielraum auf Landesebene mit einer zunehmenden Detailsteuerung auf Bundesebene ab. Im Übrigen illustriert der in großem Umfang prognostizierte Verlust bestehender Versorgungsaufträge mangels hinreichender Vergütung das Ausmaß des Eingriffs in die Landeskrankenhausplanung eindrücklich.
e. Die skizzierte Steuerung des Versorgungsgeschehens durch das Vergütungsregime widerspricht zugleich dem – ebenfalls kompetentiell fundierten – Primat der Krankenhausplanung gegenüber Entgeltregelungen. Das Vergütungsregime knüpft nämlich nicht an planerisch definierte Strukturen und Anforderungen an, sondern stellt in erheblichem Umfang eigenständige Struktur- bzw. Qualitätsvorgaben auf.
f. Schließlich spiegelt sich die konstatierte erhebliche Planungsrelevanz des Reformvorschlags darin, dass dieser selbst den Anspruch erhebt, nicht lediglich auf eine Vergütungsreform zu zielen, sondern auf eine Strukturreform, was auch sein Kontext erhärtet; so ist im Reformvorschlag etwa von einer „Restrukturierung der Krankenhauslandschaft auf Grundlage der hier vorgelegten Reformvorschläge" die Rede.[9]

---

[9] Regierungskommission, Grundlegende Reform der Krankenhausvergütung, S. 10.

10. Die Sozialversicherungskompetenz ist wegen der Regelung außerhalb des GKV-Regimes – was auch für das DRG-Vergütungssystem und die krankenhausplanungsbezogene Qualitätssicherung (§ 136c SGB V, § 6 Abs. 1a KHG) gilt – nicht einschlägig. Im Übrigen deckt dieser Kompetenztitel wegen des damit einhergehenden übermäßigen Eingriffs in die Planungshoheit der Länder und mangels Schwerpunkts auf der Regelung der Sozialversicherung keine umfassende Regulierung von Versorgungsstrukturen, wie sie der Reformvorschlag vorsieht (Strukturierung der Krankenhausversorgung nach detailliert definierten Leistungsgruppen und Leveln mit entsprechenden Mindeststrukturvorgaben, Zuweisung von Versorgungsaufträgen an Level, weitere Vorgaben für die Versorgungsstruktur, etwa zur Rolle der Fachkrankenhäuser). Dass das Sozialversicherungsrecht bereits jetzt relativ weit reichende versorgungs- und planungsrelevante Anforderungen der Qualitätssicherung formuliert (z. B. Mindestanforderungen für bestimmte Leistungen, § 136 Abs. 1 Satz 1 Nr. 2 SGB V; Mindestmengen, § 136b Abs. 1 Satz 1 Nr. 2 SGB V; Notfallversorgung, § 136c Abs. 4 SGB V), ist kein Gegenargument; vielmehr stellt sich umgekehrt die schwieriger greifbare Frage, wann für sich betrachtet kompetentiell noch rechtfertigungsfähige Einzelregelungen aufgrund ihrer Addition in einen übermäßigen Eingriff in die Planungshoheit der Länder umschlagen.

11. Dass der Bund die Krankenhausplanung nicht im Sinne des Reformvorschlags steuern kann, bedeutet nicht, dass Wirtschaftlichkeitserwägungen keine Rolle für die Krankenhausplanung spielen. Vielmehr ermächtigt Art. 74 Abs. 1 Nr. 19a GG den Bund, Regelungen zur wirtschaftlichen Sicherung der Krankenhäuser zu treffen. Dementsprechend hat der Bund in Einklang mit der grundgesetzlichen Kompetenzordnung die Krankenhausplanung der Länder nicht nur auf das Ziel einer wirtschaftlichen Sicherung der Krankenhäuser festgelegt, „um eine qualitativ hochwertige, patienten- und bedarfsgerechte Versorgung der Bevölkerung mit leistungsfähigen digital ausgestatteten, qualitativ hochwertig und eigenverantwortlich wirtschaftenden Krankenhäusern zu gewährleisten und zu sozial tragbaren Pflegesätzen beizutragen." Vielmehr sieht er auch das Erfordernis einer Planaufnahme als Voraussetzung für die Teilhabe an der dualen Finanzierung vor (§ 108 Nr. 2 SGB V und § 4 Nr. 1, § 8 Abs. 1 KHG), knüpft diese an einen entsprechenden Bedarf und erklärt namentlich die Kriterien der Bedarfsgerechtigkeit, Leistungsfähigkeit, Wirtschaftlichkeit und Qualität des Krankenhauses für maßgeblich. Lediglich eine Feinsteuerung ist dem Bund aufgrund der Planungshoheit der Länder versagt (vgl. § 6 Abs. 4 KHG). Schließlich greift auch im GKV-Regime ein Wirtschaftlichkeitsgebot (§ 2 Abs. 1, § 12 Abs. 1 SGB V).

12. Jenseits der Kompetenzfrage besonders hervorzuheben ist, dass der Reformvorschlag einen – auch vor dem Hintergrund der Widerspruchsfreiheit der Rechtsordnung relevanten – Systembruch in der dualen Krankenhausfinanzierung begründet, da erste und zweite Säule der Krankenhausfinanzierung nicht mehr synchronisiert wären, mithin Krankenhäuser in die Investitionskostenförderung einzubeziehen wären, obgleich ihnen kein Vergütungsanspruch zukommt. Vermeiden ließe sich dies nur, wenn die Investitionskostenförderung oder die Krankenhausplanung an die vom Bund vorgegebenen Vergütungsregelungen angepasst würden, was aber einen weiteren Eingriff in die Krankenhausplanung bedeuten würde und im Übrigen nochmals die hohe Planungsrelevanz des Kommissionsvorschlags unterstreicht.

Lösungsmöglichkeiten

13. Mittels einer *Vergütungsregelung unter Verzicht auf planungsrelevante Strukturvorgaben* lassen sich wichtige Anliegen des Reformvorschlags realisieren, namentlich die Fehlanreize beseitigende und dem Sicherstellungsauftrag dienende Umstellung von einer rein leistungs- und mengenorientierten Vergütung des DRG-Systems auf eine Kombination aus leistungsabhängiger Vergütung und v. a. an Leistungsgruppen geknüpfter Vorhaltefinanzierung. Im Zusammenwirken mit den Ländern ist überdies eine Harmonisierung von Planungs- und Vergütungssystematik hinsichtlich Leistungsgruppen möglich. Es bestehen aber folgende wesentliche Grenzen:
    a. Unzulässig ist es, Strukturvorgaben im Gewande von Vergütungsregelungen aufzustellen und damit das Primat der Krankenhausplanung gegenüber Entgeltregelungen zu verletzen. Die Vergütungsregelung muss an den krankenhausplanerischen Versorgungsauftrag anknüpfen, nicht aber eigenständige, die Planungshoheit übermäßig beschneidende Strukturanforderungen an diesen formulieren, etwa in Gestalt von flächendeckenden abrechnungsrelevanten Mindeststrukturvorgaben oder der vergütungsausschließenden Zuordnung bestimmter Leistungsgruppen zu bestimmten Leveln.
    b. Struktur- und Qualitätsvorgaben, an die eine Vergütungskompetenz anknüpfen darf, können auch als Element des Leistungserbringungsrechts über die Sozialversicherungskompetenz (Art. 74 Abs. 1 Nr. 12 GG) statuiert werden; auch diese unterliegt, wie aufgezeigt, Grenzen. Kein Schwerpunkt im Leistungserbringungsrecht liegt bei einer allgemeinen Regelung der Krankenhausversorgung vor, mithin wenn von konkreten Leistungen abstrahiert Versorgungsstrukturen reguliert würden, etwa Versorgungsstufen (Level) eingeführt und Qualitätsanforderungen oder die Berechti-

gung zur Erbringung von Leistungen an diese Level geknüpft würden bzw. die Rolle von Fachkrankenhäusern definiert würde, mag dies auch durch Qualitätsanliegen motiviert sein. Mit Blick auf leistungsbezogene Qualitätsvorgaben ist vor allem das Verbot einer flächendeckenden Regulierung zu beachten, die krankenhausplanerischen Anliegen der Länder, namentlich eine flächendeckende, erreichbare und ortsnahe Versorgung zu ermöglichen, nicht über Ausnahmetatbestände hinreichend Rechnung trägt.

    c. Die Ausgestaltung der Vorhaltevergütung bedarf einer eigenständigen verfassungsrechtlichen Prüfung, insbesondere hinsichtlich der Verfassungskonformität der Verteilungsparameter (Anspruch der Krankenhäuser auf gleichheitskonforme Teilhabe an der Vergütung, Art. 12 Abs. 1 i. V. m. Art. 3 Abs. 1 GG) und der Auswirkung auf die Planungshoheit der Länder. Letztere darf nicht unangemessen beschnitten werden; auch insoweit gelten das Primat der Krankenhausplanung gegenüber Entgeltregelungen und das Verbot strukturrelevanter Vergütungsvorgaben.

14. Nachdem die Umsetzung des Reformvorschlags wegen der beschränkten Bundeskompetenzen für das Krankenhauswesen nicht möglich ist, besteht eine weitere Gestaltungsoption in einer *Verfassungsänderung*. Dem Gewinn an Einheitlichkeit stünde der Verlust einer – auch für die Daseinsvorsorge – bedeutsamen Zuständigkeit der Länder gegenüber. Überdies wäre eine Zwei-Drittel-Mehrheit in Bundestag und Bundesrat erforderlich (Art. 79 Abs. 2 GG). Eine Reform der Gesetzgebungskompetenzen ist nicht nur vor dem Hintergrund einer Erweiterung bestehender Bundeskompetenzen zu sehen; vielmehr ist zu erörtern, welche Frage auf welcher Ebene geregelt werden soll.

15. Kompetenzkonform und rechtssicher ist auch eine *landesautonome Umsetzung des Reformvorschlags*, wobei eine landesübergreifende Koordinierung (Staatsvertrag; Musterentwurf) und eine Abstimmung mit dem Bund möglich ist.

16. Mit der Formulierung von *Rahmenvorgaben für die Landeskrankenhausplanung*, namentlich der Festlegung der Länder auf eine Planung nach Leistungsgruppen und Leveln sowie auf der Basis von Mindeststrukturvorgaben, wobei keine weitere (verbindliche) Konkretisierung erfolgt, ließe sich die Krankenhausplanung im Vergleich zum Status quo stärker – wiewohl nicht detailscharf im Sinne des Reformvorschlags – steuern. Planungsspielräume blieben im größeren Umfang erhalten; gleichwohl werden bereits gegen diesen Ansatz kompetentielle Einwände erhoben.

17. Analog zur Entwicklung von Qualitätsindikatoren für die Krankenhausplanung gemäß § 136c SGB V, § 6 Abs. 1a KHG ließe sich erwägen, den Re-

formvorschlag mittels entsprechender *Planungsvorgaben* umzusetzen, mithin eine Planung nach im Detail definierten Leistungsgruppen, Leveln und darauf bezogenen Mindeststrukturvorgaben bundesrechtlich vorzugeben, dabei zur Wahrung der Planungshoheit der Länder aber umfassende *Öffnungs- bzw. Abweichungsbefugnisse* vorzusehen.

  a. In der Sache muss den Ländern ermöglicht werden zu entscheiden, wo welches stationäre Versorgungsangebot vorzuhalten ist. Krankenhausplanerischen Anliegen der Länder, namentlich eine flächendeckende, erreichbare und ortsnahe Versorgung zu ermöglichen, muss über Ausnahmetatbestände Rechnung getragen werden können. Dies erfordert Abweichungsbefugnisse hinsichtlich Mindeststrukturvoraussetzungen und des Ausschlusses der Leistungserbringung qua Levelzugehörigkeit oder Art des Krankenhauses (Fachkrankenhäuser), die weder an zu restriktive Voraussetzungen noch die Zustimmung Dritter gebunden werden dürfen.
  b. Abgesehen davon, dass Grundstrukturen des Reformvorschlags zur Disposition gestellt werden müssten und damit auch dieses Modell keine verbindliche Steuerung im Sinne des Reformvorschlags ermöglicht, begegnet es – neben regulatorischen Einwänden – wegen der trotz Abweichungsbefugnissen in Anspruch genommenen überschießenden Regelungsmacht gewichtigen kompetentiellen Einwänden; diese schlagen jedenfalls dann durch, wenn in erheblichem Ausmaß in die Planungshoheit der Länder eingriffen wird. Bei der Einführung detailliert definierter Level und der Zuordnung von Leistungsgruppen zu Leveln ist dies wegen des erheblichen Struktureingriffs der Fall.
18. Die etwaige Inkaufnahme der aufgezeigten verfassungsrechtlichen Risiken geht selbst bei einem Bund-Länder-Konsens mit einem erheblichen Prozessrisiko einher, kann der Einwand einer mangelnden Kompetenzkonformität von jedem Krankenhausträger bei dem (zu erwartenden) verwaltungsgerichtlichen Angriff einer Planungsentscheidung oder im Kontext von Entgeltstreitigkeiten geltend gemacht werden.

Grundrechtliche Anforderungen

19. Planaufnahme- bzw. Vergütungskriterien, die Finanzierungstatbestände für die Leistungserbringung an die Zuordnung des Krankenhauses zu einem bestimmten Level oder an die Erfüllung von Mindeststrukturvoraussetzungen knüpfen, müssen sich an Grundrechten der Krankenhausträger messen lassen, bei privaten und freigemeinnützigen Krankenhausträgern vor allem an Art. 12 Abs. 1 (i. V. m. Art. 3 Abs. 1) GG. Damit unterliegen diese Vorgaben einem Verhältnismäßigkeitsvorbehalt. Beispielsweise verbietet das in Art. 12

Abs. 1 i.V.m. Art. 3 Abs. 1 GG wurzelnde Recht auf gleiche Planteilhabe aller Krankenhäuser mit dem Bundesverfassungsgericht eine *generelle* Bevorzugung größerer Häuser mit einem umfassenden Leistungsangebot, womit – entgegen dem Reformvorschlag, der keine tragfähige Begründung erkennen lässt – der Selbststand von Fachkliniken nicht beseitigt werden kann. Ebenso verbietet sich ein pauschaler Ausschluss standortübergreifender Kooperationen zum Nachweis der Leistungsfähigkeit. Auch Qualitätsanforderungen müssen sich, unbeschadet ihrer prinzipiellen Rechtfertigungsfähigkeit, in jedem Einzelfall als verhältnismäßig erweisen; erinnert sei etwa an die restriktive Linie des Bundessozialgerichts hinsichtlich Mindestmengenregelungen. Entsprechenden Anforderungen an die sachliche Rechtfertigung unterliegt auch die Zuweisung von Leistungsgruppen zu bestimmten Leveln.

20. Maßgeblich für die erst auf der Basis einer konkreten Regelung abschließend beantwortbaren Fragen nach *Übergangsregelungen und Bestandsschutz* sind die Konsequenzen der Reform für die Krankenhausträger, mithin der Aufwand für eine Umstellung und die Konsequenzen der Neuregelung für die Möglichkeit einer weiteren Marktteilnahme einerseits und andererseits die weitere Nutzbarkeit und Verwertbarkeit vorhandenen Betriebsvermögens, die Möglichkeit einer Abwicklung sowie eine Förderung von Schließungen und Umstrukturierungen. Zu Lasten der betroffenen Krankenhausträger wirkt – trotz der Anreizsetzung durch die Investitionskostenförderung – indes die volatile Planposition und der soziale Kontext des Reformanliegens. Bei nicht unerheblichem Umstellungsaufwand und gravierenden Konsequenzen der neuen Anforderungen sind hinreichend lang bemessene Übergangsregelungen notwendig.

21. Jenseits dieser grundrechtlichen Dimension weist die Frage nach Vertrauensschutz auch eine bundesstaatliche Komponente auf. Die nach dem Grundsatz der Bundestreue gebotene Rücksichtnahme des Bundes auf die Länder verlangt, der nicht unerheblichen Investitionskostenförderung durch die Länder Rechnung zu tragen.

Weitere verfassungsrechtliche Anforderungen

22. Angesichts der vorgesehenen Einbindung außerhalb der Staats- und Verwaltungsorganisation stehender Gremien sei festgehalten, dass die Übertragung von Entscheidungsbefugnissen auf derartige Gremien nur beschränkt zulässig ist. Überdies ist bei der vorgeschlagenen verstärkten Einbeziehung der kommunalen Ebene in die sektorenübergreifende Bedarfsplanung das Verbot einer Zuweisung von Aufgaben an Kommunen durch Bundesgesetz zu beachten (Art. 84 Abs. 1 Satz 7 GG).

VI.
Literaturverzeichnis

Axer, Peter: Föderalisierung der Sozialversicherung im unitarischen Sozialstaat, VSSR 2010, S. 1–26
ders.: Rechtsfragen einer sektorenübergreifenden Qualitätssicherung, VSSR 2010, S. 183–208
ders.: Kooperationen nach dem GKV-Versorgungsstrukturgesetz aus verfassungsrechtlicher Sicht, GesR 2012, S. 714–723
Bachof, Otto/Scheuing, Dieter H.: Krankenhausfinanzierung und Grundgesetz. Rechtsgutachten zum Entwurf eines Gesetzes zur wirtschaftlichen Sicherung der Krankenhäuser und zur Regelung der Krankenhauspflegesätze, 1971 (zit. *O. Bachof/D. H. Scheuing*, Krankenhausfinanzierung)
dies.: Verfassungsrechtliche Probleme der Novellierung des Krankenhausfinanzierungsgesetzes. Rechtsgutachten zum Entwurf eines Gesetzes zur Änderung des Krankenhausfinanzierungsgesetzes (Bundestags-Drucksache 8/2067), 1978 (zit. *O. Bachof/D. H. Scheuing*, Novellierung)
Becker, Frank: OPS-Komplexkodes – Das scharfe Schwert des DIMDI, KrV 2018, S. 96–101
Becker, Ulrich/Kingreen, Thorsten (Hrsg.): SGB V. Gesetzliche Krankenversicherung, 8. Aufl. 2022 (zit. Becker/Kingreen, SGB V)
BINDOC-Szenarioanalyse für Bayern vom 6.2.2023, abrufbar unter https://www.bindoc.de/auswirkungsanalyse-kh-reform-bayern (21.6.2023) (zit. BINDOC-Szenarioanalyse)
Bohle, Thomas: Rechtsfragen zum Krankenhausstrukturgesetz, GesR 2016, S. 605–616
Burgi, Martin: Konkurrentenschutz in der Krankenhausplanung, NZS 2005, S. 169–176
ders.: Moderne Krankenhausplanung zwischen staatlicher Gesundheitsverantwortung und individuellen Trägerinteressen, NVwZ 2010, S. 601–609
ders./Maier, Petra: Kompetenzfragen der Krankenhausplanung: Vom Bundesstaat zum Kassenstaat?, DÖV 2000, S. 579–588
ders./Nischwitz, Malin: Verfassungsrechtliche Parameter der Krankenhausreform: Der Reformbaustein Ambulantisierung, KrV 2023, S. 45–50
Clemens, Thomas: Rechtsfragen aus dem Krankenhausplanungs- und -entgeltrecht – Bereiche mit Verkoppelung verfassungs-, planungs- und entgeltrechtlicher Gesichtspunkte –, in: Ministerium für Gesundheit, Emanzipation, Pflege und Alter des Landes Nordrhein-Westfalen (Hrsg.), Düsseldorfer Krankenhausrechtstag 2015, 2016, S. 19–41 (*T. Clemens*, Rechtsfragen)
Depenheuer, Otto: Staatliche Finanzierung und Planung im Krankenhauswesen. Eine verfassungsrechtliche Studie über die Grenzen sozialstaatlicher Ingerenz gegenüber freigemeinnützigen Krankenhäusern, 1986 (zit. *O. Depenheuer*, Finanzierung)
ders.: Verfassungsgerichtliche Föderalismusreform. Chance und Bewährungsprobe für den deutschen Föderalismus, ZG 2005, S. 83–93
ders.: Grundrechtliche Freiheit in staatlicher Planung. Zulässigkeit des Betriebs von Privatkliniken durch Träger von Plankrankenhäusern, in: Jörg Ennuschat/Jörg Geerlings/Thomas Mann/Johann- Christian Pielow/Klaus Stern (Hrsg.), Wirtschaft und Gesellschaft im Staat der Gegenwart. Gedächtnisschrift für Peter J. Tettinger, 2007, S. 25–39

Dettling, Heinz-Uwe/Gerlach, Alice (Hrsg.): BeckOK KHR, Online-Kommentar (3. Ed. Stand: 1.2.2023) (zit.: BeckOK KHR)

Dettmer, Heinz: Verfassungsrechtliche Probleme der Krankenhausfinanzierung und Pflegesatzregelung, Diss. Göttingen 1979 (zit. *H. Dettmer*, Krankenhausfinanzierung)

Deutscher Bundestag. Wissenschaftliche Dienste, Zur aktuellen Diskussion über die geplante bundesweite Reform der Krankenhausvergütung, Ausarbeitung vom 27.3.2023, WD 9 – 3000 – 016/23 (zit. BT-WD, Reform)

Dreier, Horst (Hrsg.): Grundgesetz-Kommentar, Band II: Artikel 20–82, 2. Aufl. 2006 (zit. Dreier, GG²)

ders. (Hrsg.): Grundgesetz-Kommentar, Band I: Präambel, Artikel 1–19, 3. Aufl. 2013, Band I: Artikel 20–82, 3. Aufl. 2015 (zit. Dreier, GG³)

ders./Brosius-Gersdorf, Frauke (Hrsg.): Grundgesetz-Kommentar, Band I: Präambel, Artikel 1–19, 4. Aufl. 2023, (zit. Dreier, GG⁴)

Dürig, Günter/Herzog, Roman/Scholz, Rupert (Hrsg.): Grundgesetz. Kommentar, Loseblatt-Sammlung (Stand: 99. Lieferung September 2022) (zit. Dürig/Herzog/Scholz, GG)

Ebsen, Ingwer: Das System der Gliederung in haus- und fachärztliche Versorgung als verfassungsrechtliches Problem, VSSR 1996, S. 351–368

ders.: Die ambulante ärztliche Versorgung als Sachleistung der GKV im Überschneidungsfeld von Sozialversicherung und ärztlichem Berufsrecht sowie von Bundes- und Länderkompetenz zur Gesetzgebung, in: Maximilian Wallerath (Hrsg.), Fiat iustitia: Recht als Aufgabe der Vernunft. Festschrift für Peter Krause zum 70. Geburtstag, 2006, S. 97–114

ders.: Perspektiven der Krankenhausplanung in einem gewandelten Markt und einem föderalen Gefüge, in: Jürgen Klauber/Bernt P. Robra/Henner Schellschmidt (Hrsg.), Krankenhaus-Report 2006. Schwerpunkt: Krankenhausmarkt im Umbruch, 2006, S. 117–131 (zit. *I. Ebsen*, Krankenhaus-Report 2006)

ders.: Zur Rolle der Länder bei der Sicherstellung bedarfsgerechter medizinischer Versorgung in der GKV, G+S 2011, S. 46–52

ders.: Verfassungsrechtliche und einfachrechtliche Probleme der Qualitätssicherung, GuP 2013, S. 121–125

Grziwotz, Herbert: Partielles Bundesrecht und die Verteilung der Gesetzgebungsbefugnisse im Bundesstaat, AöR 116 (1991), S. 588–605

Hase, Friedhelm: Die Legitimität der untergesetzlichen Regelbildung in der GKV. Zum Verfassungsstreit über die Normsetzung des G-BA, MedR 2018, S. 1–12

Höfling, Wolfram/Augsberg, Steffen/Rixen, Stephan (Hrsg.): Berliner Kommentar zum Grundgesetz, Loseblatt-Sammlung (Stand: Januar 2023) (zit. BerlK-GG)

Halbe, Bernd/Orlowski, Ulrich: Kompetenzrechtliche Fragen der Vorgaben der Koalitionsvereinbarung zur Weiterentwicklung der Krankenhausplanung und Krankenhausfinanzierung, 2022 (zit. *B. Halbe/U. Orlowski*, Kompetenzrechtliche Fragen), abrufbar unter https://www.google.com/url?sa=t&rct=j&q=&esrc=s&source=web&cd=&cad=rja&uact=8&ved=2ahUKEwiAjM2_5aj-AhWA8LsIHdk7DzAQFnoECBgQAQ&url=https%3A%2F%2Fwww.uniklinika.de%2Ffileadmin%2Fdownloads%2F04_Rechtsgutachten.pdf&usg=AOvVaw0sPQ1qNwdR7odxsjgdgd8v (21.6.2023)

Huster, Stefan/Kaltenborn, Markus (Hrsg.): Krankenhausrecht, 2. Aufl. 2018 (zit. Huster/Kaltenborn, Krankenhausrecht)

Ipsen, Jörn: Verfassungsfragen der Krankenhausfinanzierung, in: Max-Emanuel Geis/Markus Winkler/Christian Bickenbach (Hrsg.), Von der Kultur der Verfassung. Festschrift für Friedhelm Hufen zum 70. Geburtstag, 2015, S. 181–190

VI. Literaturverzeichnis

Isensee, Josef: Thesen zu den verfassungsrechtlichen Problemen einer Reform der Krankenhausfinanzierung, in: Robert Bosch Stiftung (Hrsg.), Krankenhausfinanzierung in Selbstverwaltung – Verfassungsrechtliche Stellungnahmen. Vorschläge zu einer Neuordnung der Organisation und Finanzierung der Krankenhausversorgung. Teil II: Verfassungsrechtliche Stellungnahmen zum Bericht der Kommission Krankenhausfinanzierung der Robert Bosch Stiftung, 1990, S. 273–292 (zit. *J. Isensee*, Thesen)

ders.: Verfassungsrechtliche Rahmenbedingungen einer Krankenhausreform, in: Robert Bosch Stiftung (Hrsg.), Krankenhausfinanzierung in Selbstverwaltung – Verfassungsrechtliche Stellungnahmen. Vorschläge zu einer Neuordnung der Organisation und Finanzierung der Krankenhausversorgung. Teil II: Verfassungsrechtliche Stellungnahmen zum Bericht der Kommission Krankenhausfinanzierung der Robert Bosch Stiftung, 1990, S. 97–203 (zit. *J. Isensee*, Rahmenbedingungen)

Isensee, Josef/Kirchhof, Paul (Hrsg.): Handbuch des Staatsrechts, Band VI: Bundesstaat, 3. Aufl. 2009 (zit. HStR VI)

Jarass, Hans D./Pieroth, Bodo: Grundgesetz. Kommentar, 17. Aufl. 2022 (zit. Jarass/Pieroth, GG)

Kahl, Wolfgang/Waldhoff, Christian/Walter, Christian (Hrsg.): Bonner Kommentar zum Grundgesetz, Loseblatt-Sammlung (Stand: 218. Aktualisierung Dezember 2022) (zit. BK-GG)

Kingreen, Thorsten: Knappheit und Verteilungsgerechtigkeit im Gesundheitswesen, VVDStRL 70 (2011), S. 152–189

Kluth, Winfried: Der Gemeinsame Bundesausschuss (G-BA) nach § 91 SGB V aus der Perspektive des Verfassungsrechts: Aufgaben, Funktionen und Legitimation, 2015 (zit. *W. Kluth*, Der Gemeinsame Bundesausschuss)

ders.: Rechtsgutachten zu Fragen des Weiterentwicklungsbedarfs der Krankenhausplanung auf der Basis von Leistungsgruppen, 2023, abrufbar unter https://www.aok-bv.de/imperia/md/aokbv/hintergrund/dossier/krankenhaus/kluth_krankenhausplanung_lg_final.pdf (21.6.2023) (zit. *W. Kluth*, Krankenhausplanung)

Körner, Anne/Krasney, Martin/Mutschler, Bernd/Rolfs, Christian (Hrsg.): beck-online.GROSSKOMMENTAR zum SGB. Kasseler Kommentar. SGB V, 2022 (zit. Kasseler Kommentar)

Kuhla, Wolfgang: Gesetzgebungskompetenzen im Krankenhausrecht, NZS 2014, S. 361–367

Lafontaine, Jörg/Stollmann, Frank: Qualitätsvorgaben in der Krankenhausplanung, NZS 2014, S. 406–410

Lerche, Peter/Degenhart, Christoph: Verfassungsfragen einer Neuordnung der Krankenhausfinanzierung, in: Robert Bosch Stiftung (Hrsg.), Krankenhausfinanzierung in Selbstverwaltung – Verfassungsrechtliche Stellungnahmen. Vorschläge zu einer Neuordnung der Organisation und Finanzierung der Krankenhausversorgung. Teil II: Verfassungsrechtliche Stellungnahmen zum Bericht der Kommission Krankenhausfinanzierung der Robert Bosch Stiftung, 1990, S. 11–96 (*P. Lerche/C. Degenhart*, Verfassungsfragen)

Mangoldt, Hermann von/Klein, Friedrich (Hrsg.): Kommentar zum Grundgesetz, Bd. 8, 3. Aufl. 1996 (zit. v. Mangoldt/Klein, GG)

Mangoldt, Hermann von/Klein, Friedrich/Starck, Christian/Huber, Peter M./Voßkuhle, Andreas (Hrsg.): Kommentar zum Grundgesetz, 3 Bd., 7. Aufl. 2018 (zit. v. Mangoldt/Klein/Starck, GG)

Koalitionsvertrag 2021–2025 zwischen der Sozialdemokratischen Partei Deutschlands (SPD), BÜNDNIS 90 / DIE GRÜNEN und den Freien Demokraten (FDP), Mehr Fortschritt wagen. Bündnis für Freiheit, Gerechtigkeit und Nachhaltigkeit, abrufbar unter https://www.bundesregierung.de/resource/blob/974430/1990812/1f422c60505b6a88f8f3b3b5b8720bd4/2021-12-10-koav2021-data.pdf?download=1 (21.6.2023) (zit. Koalitionsvertrag 2021–2025)

Münch, Ingo von/Kunig, Philip/Kämmerer, Jörn Axel/Kotzur, Markus (Hrsg.): Grundgesetz. Kommentar. Band 1: Präambel bis Art. 69, 7. Aufl. 2021 (zit. v. Münch/Kunig, GG)

Neumann, Laura: Die externe Qualitätssicherung im Krankenhausrecht. Im Spannungsfeld zwischen Patientenschutz, Trägerinteressen, Zielen der gesetzlichen Krankenversicherung und staatlicher Regulierung, 2019 (zit. *L. Neumann*, Qualitätssicherung)

Pitschas, Rainer: Fallpauschalen im Krankenhaus – Rechtsfragen leistungsbezogener Krankenhausentgelte, NZS 2003, S. 341–346

ders.: Die Gesundheitsreform 2011 – Ein komplexes Programm für die Re-Regulierung des Gesundheitsrechts, VSSR 2012, S. 157–182

ders.: Umbruch der Versorgungsstrukturen im Gesundheitswesen und Grundgesetz, in: ders. (Hrsg.), Versorgungsstrukturen im Umbruch. Die Gesundheitsversorgung zwischen Länderinteressen und finanziellen Zwängen, 2012, S. 79–101 (zit. *R. Pitschas*, Versorgungsstrukturen)

ders.: Kompetenzgerechte Qualitätssicherung der Krankenhausversorgung? Verfassungsfragen rechtlich institutionalisierter Qualitätsvorsorge nach dem Krankenhausstrukturgesetz, GuP 2016, S. 161–167

Prehn, Annette: Bedeutung des ärztlichen Berufsrechts für den Vertragsarzt – eine verfassungsrechtliche Analyse, MedR 2015, S. 560–569

Quaas, Michael: Qualitätsindikatoren des G-BA als Teil der Krankenhausplanung – eine verfassungsrechtliche Gratwanderung, GesR 2018, S. 626–633

Quaas, Michael/Zuck, Rüdiger/Clemens, Thomas: Medizinrecht, 4. Aufl. 2018 (zit. Quaas/Zuck/Clemens, Medizinrecht)

Raupach, Karsten: Der Übergang zur DRG-basierten Vergütung von Krankenhausleistungen in Deutschland. Verfassungsrechtliche Fragen zur Einführung des neuen Vergütungssystems und Überlegungen zu den Konsequenzen für die zivilrechtliche Arzt- und Krankenhaushaftung, 2006 (zit. *K. Raupach*, Übergang)

Regierungskommission für eine moderne und bedarfsgerechte Krankenhausversorgung, Dritte Stellungnahme und Empfehlung: Grundlegende Reform der Krankenhausvergütung, 6.12. 2022, abrufbar unter https://www.bundesgesundheitsministerium.de/fileadmin/Dateien/3_Downloads/K/Krankenhausreform/3te_Stellungnahme_Regierungskommission_Grundlegende_Reform_KH-Verguetung_6_Dez_2022_mit_Tab-anhang.pdf (21.6.2023) (zit. Regierungskommission, Grundlegende Reform der Krankenhausvergütung)

Rennert, Klaus: Die Auswahl unter mehreren geeigneten Krankenhäusern bei der Aufnahme in den Krankenhausplan und ihre gerichtliche Kontrolle, in: Ministerium für Gesundheit, Emanzipation, Pflege und Alter des Landes Nordrhein-Westfalen (Hrsg.), Düsseldorfer Krankenhausrechtstag 2010. Aktuelle Entwicklungen im Krankenhausrecht, 2011, S. 75–92 (zit. *K. Rennert*, Auswahl)

Riedel, Eibe/Derpa, Ulrich: Kompetenzen des Bundes und der Länder im Gesundheitswesen – dargestellt anhand ausgewählter Regelungen im Sozialgesetzbuch, Fünfter Teil (SGB V), 2002 (zit. *E. Riedel/U. Derpa*, Kompetenzen)

Rixen, Stephan: In guter Verfassung? Das Vertragsarztrechtänderungsgesetz (VÄndG) auf dem Prüfstand der Gesetzgebungskompetenzen des Grundgesetzes, VSSR 2007, S. 213–234

Rübsamen, Katrin: Verfassungsrechtliche Aspekte des Fallpauschalensystems im Krankenhauswesen (DRG-Vergütungssystem), 2008 (zit. *K. Rübsamen*, DRG-Vergütungssystem)

Sachs, Michael (Hrsg.): Grundgesetz. Kommentar, 9. Aufl. 2021 (zit. Sachs, GG)

Schillhorn, Kerrin: Versorgungsauftrag und Mindestmengen, ZMGR 2011, S. 352–356

Schimmelpfeng-Schütte, Ruth: Rechtliche Bewertung der Festlegung von Mindestmengen, MedR 2006, S. 630–633

Schmidt, Reiner/Wollenschläger, Ferdinand (Hrsg.): Kompendium Öffentliches Wirtschaftsrecht, 5. Aufl. 2019 (zit. Schmidt/Wollenschläger, Kompendium)

Schmidt am Busch, Birgit: Die Gesundheitssicherung im Mehrebenensystem, 2007 (zit. B. Schmidt am Busch, Gesundheitssicherung)

Schneider, Hans-Peter/Kramer, Jutta (Hrsg.): Das Grundgesetz. Dokumentation seiner Entstehung, Bd. 18: Artikel 74 bis 75. Teilband II: Artikel 74 Nr. 17 bis Nr. 23 und Artikel 75, 2010 (zit. GG-Dok. 18/II)

Shirvani, Foroud: Fehlerhafter Planvollzug in krankenhausrechtlichen Konkurrenzsituationen, GesR 2010, S. 306–312

Simon, Michael: Krankenhauspolitik in der Bundesrepublik Deutschland, 2000 (*M. Simon*, Krankenhauspolitik)

Steiner, Udo: Die staatliche Krankenhausbedarfsplanung als Gegenstand der verwaltungsgerichtlichen Rechtmäßigkeitskontrolle, DVBl. 1979, S. 865–872

ders.: Höchstrichterliche Rechtsprechung zur Krankenhausplanung, NVwZ 2009, S. 486–491

Stollmann, Frank: Mindestmengen – Wildern in fremden (Länder-)Kompetenzen?, GesR 2012, S. 279–285

ders.: Qualitätsvorgaben in der Krankenhausplanung – Änderungen durch das Krankenhausstrukturgesetz, NZS 2016, S. 201–206

ders.: Neuausrichtung des Krankenhausplanungsrechts!? – Entwicklungen in den Ländern, MedR 2023, S. 451–461

Ternick, René: Qualitätsindikatoren des G-BA als Grundlage für die Krankenhausplanung, NZS 2017, S. 770–777

Thomae, Heike: Krankenhausplanungsrecht, 2006 (*H. Thomae*, Krankenhausplanungsrecht)

Vitkas, Konstantinos: Die (Teil-)Herausnahme aus dem Krankenhausplan. Ermächtigungsgrundlage, materiell-rechtliche Maßstäbe, maßgeblicher Entscheidungszeitpunkt, MedR 2010, S. 539–547

Vollmöller, Thomas/Starzer, Aygün: Juristische Stellungnahme zum Gutachten „Krankenhauslandschaft NRW", 2019, veröffentlicht als Landtag Nordrhein-Westfalen, Vorlage 17/2544, abrufbar unter https://www.google.com/url?sa=t&rct=j&q=&esrc=s&source=web&cd=&ved=2ahUKEwj__976_L_9AhXSjKQKHRk-AYMQFnoECA8QAQ&url=https%3A%2F%2Fwww.landtag.nrw.de%2Fportal%2FWWW%2Fdokumentenarchiv%2FDokument%2FMMV17-2544.pdf&usg=AOvVaw1iLH4TjRDoPFvcWXFgnHAn (21.6.2023) (zit. *T. Vollmöller/ A. Starzer*, Stellungnahme)

Waßer, Ursula: Festlegung von Mindestmengen in der ambulanten spezialfachärztlichen Versorgung – rechtliche Zulässigkeit und konkrete Anforderungen, GesR 2015, S. 587–594

Wenner, Ulrich: Das Vertragsarztrecht nach der Gesundheitsreform, 2008 (*U. Wenner*, Vertragsarztrecht)

Wissenschaftliche Kommission für ein modernes Vergütungssystem (KOMV), Empfehlungen für ein modernes Vergütungssystem in der ambulanten ärztlichen Versorgung. Bericht der Wissenschaftlichen Kommission für ein modernes Vergütungssystem – KOMV. Im Auftrag des Bundesministeriums für Gesundheit, 2019, abrufbar unter https://www.bundesgesundheitsministerium.de/fileadmin/Dateien/3_Downloads/K/KOMV/Bericht_der_Honorarkommission__KOMV__-_Dezember_2019.pdf (20.7.2023) (zit. KOMV, Vergütungssystem)

Wollenschläger, Ferdinand: Verteilungsverfahren. Die staatliche Verteilung knapper Güter: Verfassungs- und unionsrechtlicher Rahmen, Verfahren im Fachrecht, bereichsspezifische verwaltungsrechtliche Typen- und Systembildung, 2010 (*F. Wollenschläger*, Verteilungsverfahren)

ders.: Auswahlentscheidungen in der Krankenhausplanung vor dem Hintergrund der Konkurrenz von Fach- und Allgemeinversorgern, VSSAR 2020, S. 87–108 (Teil 1) und S. 187–212 (Teil 2)

ders.: Reformprojekt sektorenübergreifende Versorgung und Bedarfsplanung: verfassungsrechtliche Möglichkeiten und Grenzen, NZS 2023, S. 8–18 (Teil 1) und S. 48–54 (Teil 2)

Wollenschläger, Ferdinand/Schmidl, Annika: Qualitätssicherung als Ziel der Krankenhausplanung. Regelungskompetenzen der Länder und verfassungsrechtliche Grenzen für Maßnahmen der Qualitätssicherung, in: VSSR 2014, S. 117–167

dies.: Kompetentielle Grundfragen des Krankenhausstrukturgesetzes: das neue Qualitätsziel in der Krankenhausplanung, GesR 2016, S. 542–550

Wysk, Peter: Das Verhältnis von Bundes- zu Landesrecht am Beispiel des Krankenhausrechts, DVBl. 2015, S. 661–666

VII.

Stichwortverzeichnis

Abrechnungsberechtigung/-befugnis 12, 47, 49, 74, 91
Abweichungsklausel/-befugnis 49, 65, 70, 73, 80 ff., 119
Akzessorietät 18, 20, 30
Annexkompetenz 14 f., 22, 26, 47, 51, 59, 113 f.
Art. 74 Abs. 1 Nr. 12 GG
– erfasste Regelungsinhalte 25 ff.
– GKV-Bedarfsplanungskompetenz 27
– Leistungserbringungsrecht 21, 26, 28, 34, 67, 72, 113, 117
– Sozialversicherungskompetenz 25, 28, 31 f., 51, 67 f., 72, 116 f.
Art. 74 Abs. 1 Nr. 19a GG
– genereller Ausschluss der Krankenhausplanung 10 f.
– Grenze der Krankenhausplanung *siehe* Landeskrankenhausplanungskompetenz
– Grundgesetzänderung 1969 8 f., 16
– Regelung der Krankenhauspflegesätze 8, 10, 12, 15 ff., 21 f., 35, 43, 52, 54, 60, 74, 76, 111 f.
– → Vergütungsregelung
– wirtschaftliche Sicherung der Krankenhäuser 7 ff., 12 ff., 16, 21, 43, 47, 57, 59 f., 73 f., 91, 111 f.
– Zustandekommen 8 ff.

Bauleitplanung 13 f.
Bedarfsplanung 10, 27 ff., 41, 45, 55, 62, 75 f., 89, 93, 110, 120
Belegklinik 92, 94
Berufsfreiheit (Art. 12 Abs. 1 GG) 58, 88 f., 92 f., 95, 97, 102 f., 105 f., 108
– Abwehrrecht 88
– Anspruch auf Teilhabe 89
– berufsregelnde Tendenz 89

– Beschränkung 92 f., 103
– Drei-Stufen-Lehre 58, 90
– Eingriff 90, 95, 97, 102
– Leistungsrecht 89
Bestandsschutz 2, 28, 87, 99, 101, 104 f., 107 f., 120
Budgetrecht 18
Bundesgesundheitsminister 9, 37
Bundeskompetenz 8, 23 f., 26, 50, 70, 73 ff., 118
→ Gesetzgebungskompetenz des Bundes
Bundesministerium für Gesundheit 1
Bundesregierung 2, 8 ff., 16, 50, 76
Bundessozialgericht 11, 18 f., 30, 48 ff., 52, 55, 67, 79, 96 f., 99, 105, 113, 120
Bundestreue 23, 30, 108, 113, 120
Bundesverfassungsgericht 7, 10, 14, 23 f., 47, 50, 55 ff., 60, 83, 88 ff., 93 f., 102 ff., 108, 110, 112 f., 120
Bundesverwaltungsgericht 11, 17 ff., 30, 44 ff., 48, 57 f., 100
Bundeszuständigkeit 7 f., 10 f., 13, 43, 68, 112 f.
→ Gesetzgebungskompetenz des Bundes
Bürokratie 71, 73

Daseinsvorsorge 71, 75, 118
DRG-System 1, 3, 29, 35 f., 48 f., 53, 66 f., 70 f., 111, 116 f.
dritte Stellungnahme der Regierungskommission *siehe* Reformvorschlag der Regierungskommission

Eigentumsgarantie (Art. 14 Abs. 1 GG) 102, 106 ff.
Empfehlung der Regierungskommission *siehe* Reformvorschlag der Regierungskommission

Entgeltregelung 17 f., 22, 48, 54, 63, 71 ff., 89, 113, 115, 117 f.
Erforderlichkeitsklausel (Art. 72 Abs. 2 GG) 8, 24 f., 35, 113

Fachklinik 36, 42 f., 45, 62, 64, 92, 94 f., 115, 120
Fallpauschalen 4, 66 f., 70, 97
Föderalismusreform I (2006) 25

Gemeinsamer Bundesausschuss (G-BA) 36, 39, 42, 47 f., 59, 67 f., 80 f., 110
Gesetzgebungskompetenzen
– Aktualisierung 24 f., 32, 113
→ Annexkompetenz
→ Art. 74 Abs. 1 Nr. 12 GG
→ Art. 74 Abs. 1 Nr. 19a GG
→ Gesetzgebungskompetenz der Länder
→ Gesetzgebungskompetenz des Bundes
→ Kompetenz kraft Sachzusammenhangs
– Reform 75, 113
– ungeschriebene 15, 22, 51, 113 f.
Gesetzgebungskompetenz der Länder 13 f., 34, 61, 74, 111 ff.
Gesetzgebungskompetenz des Bundes 7 f., 12, 14, 24 ff., 30, 32, 34, 47, 52 f., 57, 65, 67, 112 f.
→ Art. 74 Abs. 1 Nr. 12 GG
→ Art. 74 Abs. 1 Nr. 19a GG
– Gesetzgebungsbefugnis 1, 15, 22, 24, 43, 52, 60, 63
– Historie 7 f.
– konkurrierende 7 f., 11, 15, 22, 24 f., 43, 52, 60, 63, 67, 112 f.
– punktuelle 7, 15, 112, 114
Gesetzgebungszuständigkeit der Länder 20, 43, 52, 61
→ Gesetzgebungskompetenz der Länder
Gesetzgebungszuständigkeit des Bundes 9, 25, 52, 111
→ Gesetzgebungskompetenz des Bundes
GKV-Gesundheitsreform 2000 27
GKV-Spitzenverband 109

Inhalt des Reformvorschlags der Regierungskommission 3 ff., 35 ff.
→ Leistungsgruppen
– Präambel 37

– Strukturierung des Bedarfs 36, 44, 47, 52, 54 f., 77
→ Versorgungslevel
→ Versorgungsstufen
→ Vorhaltefinanzierung
→ Vorhaltevergütung

Koalitionsvertrag 1 f., 29, 37, 53
Kommunen 2, 13, 23, 29, 66, 88, 93, 110, 120
Kompetenz kraft Sachzusammenhangs 13 ff., 22, 26, 51, 113 f.
Kompetenzübergriff 15
Kompetenzwidrigkeit 28 ff., 35, 43 ff., 47 f., 51, 58, 61, 71, 78, 82 f., 114 ff.
konkrete Normenkontrolle 85
Krankenhausentgelt 48, 69
Krankenhausentgeltgesetz (KHEntgG) 15, 18 ff., 48 f., 53, 69
Krankenhausfinanzierung 2, 8 ff., 12, 20, 34, 37, 58, 60, 64 f., 73 f., 117
Krankenhausfinanzierungsgesetz 10, 45 ff., 57, 80, 89, 91, 93
Krankenhaus-Kostendämpfungsgesetz 75 ff.
Krankenhaus-Neuordnungsgesetz 76
Krankenhausplan
– Aufnahme 12, 19 f., 28, 30, 44 f., 47, 53, 57, 59, 66, 88, 93, 102, 106
– Aufstellung 17, 78
– Herausnahme 100 f.
– Inhalt 19 f., 40, 44 ff., 49, 76 f., 90, 93
– Nichtaufnahme 88 ff.
– Verbleib 102
Krankenhausplanung
– administrative Ebene 44 f., 61 f., 79, 115
– Aufnahmeentscheidung 45, 61
– Aufnahmevoraussetzungen/-kriterien 45, 47, 59, 88, 100
– Auswahlentscheidung 45 f., 93, 100 f.
– Begriff 17 f.
→ Gesetzgebungskompetenz der Länder
– gesetzliche Vorgaben 46 f.
→ Krankenhausplan
– Landeszielplanung 62, 79, 115
– Planungskriterien 28, 66, 91
– Primat der 11, 15, 17 f., 20 ff., 34 f., 48, 54, 63, 71 ff., 113 ff., 117 f.
– Ziel 17

VII. Stichwortverzeichnis

Krankenhausplanungsgesetzgebungskompetenz 61
Krankenhausplanungshoheit der Länder 21, 27
→ Landeskrankenhausplanung
→ Spielraum der Länder
Krankenhausstrukturgesetz 44, 56, 59 f., 82 f.

Landeskompetenz 15, 26, 35, 114
→ Gesetzgebungskompetenz der Länder
Landeskrankenhausplanung 27 f., 52, 63, 67, 70, 74 f., 77 f., 80, 115, 118
Landeskrankenhausplanungsbehörde 35, 81
Landeskrankenhausplanungskompetenz 15
→ Krankenhausplanung
Landeskrankenhausrecht 70, 75, 100
Landesverbände der Krankenkassen und Verbände der Ersatzkassen 28 f., 35, 81
Landesverfassungsgericht 11, 13, 31 f., 112
Landeszuständigkeit 1, 8, 17 f., 28, 32, 52, 111, 118
→ Gesetzgebungskompetenz der Länder
Leistungserbringungsrecht *siehe* Art. 74 Abs. 1 Nr. 12 GG
Leistungsfähigkeit 28, 45 ff., 56 ff., 69, 91, 94 f., 116, 120
Leistungsgruppen 1 ff., 36 ff., 53 ff., 61 f., 64 f., 68, 70 ff., 77 ff., 91 f., 98 f., 109, 111 f., 114 ff.
Level *siehe* Versorgungslevel

Mindestmengen 28, 31, 35 f., 38, 68, 81, 87, 96 ff., 116, 120
Mindeststrukturanforderungen 1, 64, 91, 111 f.
→ Qualitätsanforderungen
Mindeststrukturvoraussetzungen 3 f., 36, 41, 54, 56, 64 f., 78 f., 81, 88, 99, 119
→ Qualitätsanforderungen
Mindeststrukturvorgaben 21, 38, 53, 55 f., 61 f., 65, 68, 71, 77 f., 81, 88, 95, 108, 115 ff.
→ Qualitätsanforderungen
Musterentwurf 75, 118

Oberverwaltungsgericht 32, 100 f.
Öffnungsklausel/-befugnis 58, 70, 73, 80 ff., 119

Planungshoheit der Länder 10 f., 14, 20 ff., 27, 34, 43, 48, 51, 60, 64 ff., 71 f., 82 ff., 112 f., 116, 118 f.
Planungsrelevanz 22, 35 ff., 39 f., 40, 43, 50, 59, 61, 63, 68, 70, 73, 75, 80, 94, 114 ff.
private Krankenhäuser 92 f., 119
Prozessrisiko 70, 84, 119

Qualitätsanforderungen 33, 47 f., 54, 56, 58, 61, 65, 67, 72, 79 f., 82, 96 f., 114, 117, 120
→ Abweichungsklausel/-befugnis
– Grundrechtskonformität 88 ff.
→ Strukturanforderungen
→ Strukturvoraussetzungen
→ Strukturvorgaben
Qualitätsindikatoren 59, 80, 118
Qualitätssicherung 21, 32, 34, 51, 56, 65, 67 ff., 95 ff., 116
Qualitätsvorgaben 22, 29, 34, 56, 58, 63, 67 f., 71 f., 82, 92, 95 f., 113 ff., 117 f.
→ Qualitätsanforderungen

Rahmenvorgaben 28, 45 f., 70, 75, 77 ff., 84, 98, 118
Reformvorschlag der Regierungskommission
→ Inhalt des Reformvorschlags der Regierungskommission
→ Regierungskommission
– Zielsetzung 37 f.
Regierungskommission
– Arbeitsauftrag 37
→ Reformvorschlag der Regierungskommission
– Zusammensetzung 2 f.

sektorenübergreifend 5, 15, 36, 38 f., 41, 62, 64, 110, 120
Sicherstellungsauftrag 27, 33, 39, 63, 66, 81, 87, 99, 117
Sozialstaatsprinzip 87, 95
Sozialversicherungskompetenz *siehe* Art. 74 Abs. 1 Nr. 12 GG
Spielraum der Länder 13 f., 32 f., 47, 51, 60, 62, 64, 79 f., 112, 114
– hinreichender 12, 14, 43 f., 47, 81, 83
– Planungsspielraum 43, 45, 47, 51, 60 f., 64, 70, 79, 80 f., 83 f., 113, 118
– Regelungsspielraum 13, 60, 65

Staatsvertrag 75, 118
Strukturanforderungen 22, 48, 52, 71, 99, 117
→ Mindeststrukturanforderungen
Strukturvoraussetzungen 4, 54, 72
→ Mindeststrukturvoraussetzungen
Strukturvorgaben 2 ff., 21 f., 32, 36, 40, 51, 54, 58, 61, 63, 65, 70 ff., 75, 92, 114, 117
→ Mindeststrukturvorgaben
Strukturrelevanz 17 f., 21, 31 ff., 37, 39, 41, 48, 54, 66 f., 72 f., 98, 113, 118

Trägervielfalt 45 ff., 93 f.
Typisierungsbefugnis 103

Übergangsfrist 103
Übergangsregelung 87, 98 f., 102 f., 108, 120
Untermaßverbot 99
Urteilsverfassungsbeschwerde 85

Verfassungsänderung 25, 53, 70, 74, 118
Vergütungskompetenz 16 f., 22, 30, 54, 71 f., 117

Vergütungsregelung 15 ff., 21 f., 24, 26, 35, 37, 41, 51, 53, 63, 66 f., 70 f., 73 ff., 88, 92, 105, 112, 114, 117
Vergütungszuschläge 19, 48
Versorgungsauftrag 3 f., 18, 20, 36 ff., 49, 54, 56, 61 ff., 67 f., 71, 76, 88, 114 ff.
Versorgungslevel 1, 3 f., 36, 53, 64, 111
→ Versorgungsstufen
Versorgungsstufen 2 f., 33, 37 f., 40 f., 44 ff., 52 f., 55, 61, 72, 75, 77, 79, 117
Vertrauensschutz 99 f., 102 ff., 120
Vorhaltefinanzierung 1, 3 f., 36, 39, 41, 53, 65, 70, 111, 117
Vorhaltevergütung 71 f., 79, 118

Weimarer Reichsverfassung 7, 88
Widerspruchsfrei der Rechtsordnung 23, 30, 34, 113, 117
Wissenschaftliche Kommission für ein modernes Vergütungssystem (KOMV) 17
Wissenschaftlicher Dienst des Deutschen Bundestages 13, 45 f., 63, 72

Studien zum Medizin- und Gesundheitsrecht

Herausgegeben von
Steffen Augsberg, Karsten Gaede und Jens Prütting

Die Schriftenreihe *Studien zum Medizin- und Gesundheitsrecht* (MGR) wendet sich an alle, die in Wissenschaft und Praxis mit den komplexen Rechtsproblemen des Gesundheitssektors beschäftigt sind, und dient damit dem intra- und interdisziplinären Austausch.

Das Medizin- und Gesundheitsrecht ist in besonderem Maße durch das Nebeneinander von raschem technologischem Fortschritt und gesellschaftlichen Veränderungen herausgefordert. Die einschlägigen Fragen sind häufig nicht pauschal dem Zivil-, Straf- oder öffentlichen Recht zuzuordnen, sondern verlangen eine Perspektiverweiterung. Sie lassen sich zudem nur beantworten, wenn die Erkenntnisse anderer Wissenschaftsbereiche, namentlich der Medizin, angemessen berücksichtigt werden. Die Schriftenreihe steht gleichermaßen für Habilitationsschriften und herausragende Dissertationen sowie für Monographien offen.

ISSN: 2699-6855
Zitiervorschlag: MGR

Alle lieferbaren Bände finden Sie unter *www.mohrsiebeck.com/mgr*

Mohr Siebeck
www.mohrsiebeck.com